高速公路路域水环境突发事件应急管理研究

王青娥　曾　磊　陈辉华　钱国平　编著

人民交通出版社股份有限公司

北　京

内 容 提 要

本书梳理了我国突发事件应急的现状和环境突发事件应急管理研究现状，构建了由统一高速公路路域水环境突发事件相关概念、对水环境突发事件进行分类分级、根据突发事件的类型和特征，提出情境相符的解决方案和应急预案、全过程监测、及时处理水环境突发事件等构成的高速公路路域水环境突发事件应急管理框架。从高速公路路域水环境突发事件致污机理、识别与分级预警、预案管理、应急决策、应急处置和应急管理信息系统开发6个方面详细论述了高速公路路域水环境突发事件应急管理内容和方法，并对4个典型案例进行了剖析。

本书可供从事高速公路建设与运营实践者使用，也可作为交通土建工程相关专业研究生教辅材料使用。

图书在版编目(CIP)数据

高速公路路域水环境突发事件应急管理研究/王青娥等编著.—北京：人民交通出版社股份有限公司，2019.9

ISBN 978-7-114-14988-7

Ⅰ.①高… Ⅱ.①王… Ⅲ.①高速公路—区域水环境—突发事件—交通运输管理 Ⅳ.①U412.36

中国版本图书馆CIP数据核字(2019)第199811号

Gaosu Gonglu Luyu Shuihuanjing Tufa Shijian Yingji Guanli Yanjiu

书　　名：高速公路路域水环境突发事件应急管理研究
著 作 者：王青娥　曾　磊　陈辉华　钱国平
责任编辑：时　旭
责任校对：孙国靖　魏佳宁
责任印制：刘高彤
出版发行：人民交通出版社股份有限公司
地　　址：(100011)北京市朝阳区安定门外外馆斜街3号
网　　址：http://www.ccpcl.com.cn
销售电话：(010)59757973
总 经 销：人民交通出版社股份有限公司发行部
经　　销：各地新华书店
印　　刷：北京虎彩文化传播有限公司
开　　本：787×1092　1/16
印　　张：13.75
字　　数：325千
版　　次：2019年9月　第1版
印　　次：2019年9月　第1次印刷
书　　号：ISBN 978-7-114-14988-7
定　　价：56.00元

前言

PREFACE

目前，我国正处于大规模高速公路建设期，这对公路建设项目与环境的协调发展提出了更高、更新的要求。做好水源保护区高速公路建设与运营期的水环境风险管理，建立水环境突发事件应急管理系统，对有效减缓公路交通对水敏感区的不利影响尤为重要，也是新形势下高速公路工程与环境和谐发展的关键问题。如何在实现高速公路开发建设的同时不以危害环境为代价，在建设和运营过程中实现水资源的保护，及时识别风险源，明晰突发事件发生机理，判断突发事件聚类分级，制订完善的应急预案和处置程序，改进水环境突发事件应急决策方法，开发应急决策支持系统和建设应急管理案例库，成为急需开展的研究课题。

水环境突发事件具有强危害性、突发性、罕见性、衍生性等典型特征，由于自然、人为或技术等原因，跨越水环境保护区的高速公路路域发生不可避免的事故灾害时，会威胁周边水体，甚至影响城市供水系统安全，因此急需提高应急管理能力，采取快速有效的应急救援行动，从而抵御事故发生、控制突发事故蔓延，最大限度降低损害。为预防和减少突发环境事件的发生，控制、减轻并消除突发环境事件引起的危害，规范突发环境事件应急管理工作，保障公众生命安全、环境安全和财产安全，环境保护部制定公布了《突发环境事件应急管理办法》(2015 年 6 月实施)，对各级环境保护主管部门和企事业单位组织开展的突发环境事件风险控制、应急准备、应急处置和事后恢复等工作做了明确规定。

高速公路路域水环境突发事件追根溯源是一类特殊风险事件，其应急决策既具有风险决策的一般特征，又具有与一般风险决策不同的典型特征，是一个多学科交叉的综合问题。它不仅涉及环境风险管理、应急决策，而且与工程技术、信息技术紧密相关。尽管我国在环境污染突发事件应急管理方面的研究已经取得了一定进展，也出台了相关规章制度，但是目前专门针对高速公路路域水环境突发事件应急管理的研究较少。一方面，是尚未引起足够重视；另一方面，是相关研究基础薄弱。

本书从高速公路路域水环境突发事件致污机理、识别与分级预警、预案管理、应急决策、应急处置和应急管理信息系统开发 6 个方面，结合案例详细论述了高速公路路域水环境突发事件应急管理的内容和方法，共包括 9 章。

全书由中南大学王青娥策划、组织撰写、统稿，主要撰写人员具体分工如下：第 1 章由王青娥、曾磊负责，第 2 章由陈辉华、鄢熥、胡艺负责，第 3 章由曾磊、钱国平、李文华、朱羽凌、张进负责，第 4 章由王孟钧、孙杨、朱羽凌负责，第 5 章由王青娥、刘泽南负责，第 6 章由王青娥、殷兰、柴玄玄负责，第 7 章由王静丽、张媛媛、柴玄玄负责，第 8 章由王青娥、鄢熥、熊贤颖负责，第 9 章由王青娥、张晗、刘泽南负责。

本书在撰写过程中得到了中南大学周庆祝教授的关心和指导，在此表示衷心感谢！亦参考了国内外许多相关书籍资料，一并表示感谢！

由于作者水平有限，书中难免存在疏漏不足之处，敬请各位读者专家批评指正并不吝赐教为感！

作　者

2019 年 7 月

目录

CONTENTS

第1章 概 述

1.1 研究背景与意义

1.1.1 现实背景

在我国交通运输体系中，公路运输占据着举足轻重的地位并起着不可替代的作用。目前我国仍处于高速公路建设高峰期，截至2018年底，我国高速公路总里程突破14万km，2020年将达15万km。伴随着高速公路的快速发展，公路建设及运营对周边环境的影响也大量凸显，特别是高速公路路域敏感水体的污染及保护问题。

高速公路施工期间的施工活动，如桥墩开挖（如钻孔、灌注、挖填方等）造成的水文扰动会影响施工区域地下水及地表水水质，也会改变河流形态，改变地表水、地下水径流。施工现场需要搅拌混凝土，会产生较大量废水，其水质浑浊、泥沙含量较高，需采取一定措施对废水进行处理；施工队伍生活污水及垃圾随意排放将直接进入水体，对水环境造成污染，进而影响当地水体水质。施工期间，由于海面航道冲突等原因，运输施工材料、设备的船只若与航道上行驶的客船或装有危险化学品、油类的货船发生碰撞，将导致船只倾覆、物品泄漏等事故，而施工机械漏油遇到明火则可能发生爆炸。高速公路施工现场采用的材料中存在许多可燃性、爆炸性、有毒性和腐蚀性材料，如氧气瓶、乙炔瓶、炸药等，当这些材料的化学能量没有得到恰当储存或在运输和使用中意外泄漏，都有可能污染到水环境。在施工机械运转过程中，施工车辆和施工材料冲洗的废水中，会产生以石油类和悬浮物为主的污染物，其与周围水环境融合，会造成附近河流水质的污染，尤其会使得水中悬浮物固体（SS）、总溶解性固体（DS）增加，导致水体浑浊，水质下降。

高速公路运营期是最容易发生水环境突发事件的阶段。例如，运营单位服务工作人员的生活污水排放；由于车辆排放所产生的颗粒污染物、筑路材料发生磨损产生的微粒、轮胎磨损产生的微粒、车身粘带的泥土以及车辆在运行过程中可能产生的滴漏油物质，所有颗粒物在路面都会不同程度积聚，在受到雨水冲刷后形成路面径流。路面径流污染物成分十分复杂，主要污染因子有PM2.5微粒物、各类金属，以及由于汽车燃料不充分燃烧所产生的有毒有机物PAH等。如果不经收集处理直接排入水体，将对保护区内水体产生较大影响。冬季降雪后，为保持公路畅通，喷洒的融雪剂（主要是工业盐）融化后随雪水流淌也会产生路面径流。这些污染物遭遇暴雨冲刷后若无法经过有效过滤就排入水体，会发生污染事件，污染地下水和水厂等，甚至危害人体健康。

高速公路运营期间，危险品运输车辆也会发生污染事故。车辆运输的主要危险品包括有毒有害的有机化工原料、爆炸品、工业品酸、压缩气体和液化气体、碱、盐、农药、放射性物质、油料等。载有危险品的运输车辆由于人为原因或是机械本身的故障发生泄漏事故或发生交通事故,如碰撞、倾覆等,危险品会随地表径流进入水源区,若发生爆炸事故也会导致污染物进入水体,甚至危险品会直接随车翻入水体中,各种形式的事故都会对水环境造成不同程度污染。

可见,高速公路在建设和运营期间会产生许多污染物,如固体物质、营养物质、重金属、油脂、细菌等,降雨冲刷路面形成的径流携带这些污染物进入水体,会在一定程度上污染地表水体和地下水体。此外,高速公路建设大多呈线性分布,不可避免地需要跨越一些重要河流、旅游区和水源保护区,这些敏感区域对路面径流排放的水质有更高的要求。当高速公路经过生活饮用水、地表水源地等一级保护区和二级保护区时,必须对路面径流进行收集处理,污染物控制指标需分别达到国家《地表水环境质量标准》(GB 3838—2002)Ⅱ类和Ⅲ类标准时方可排放。若路面径流不经处理直接排入受纳水体,将会造成水污染问题,特别是当危险品泄漏时,路面径流携带的危险品会对高速公路周边土壤和水体造成严重污染,导致整个生态环境质量的下降。

目前危险品高速公路运输存在以下局限性:①多头管理。既有公安、交通等主管部门,又有质检、环卫等监管部门。职能的交叉一方面导致职责不清,部门争利时有发生;另一方面造成管理重叠,标准不统一,企业无所适从。②人员资质不足。据统计,危险品运输事故中,40%事故的承运方无"道路危险货物准运证",43%事故的驾驶员和押运员无"危险货物运输资格证"。以上两方面的原因导致危险品高速公路运输事故处理复杂而又频频发生,而危险品高速公路运输事故对高速公路沿线水环境的影响又是重中之重。中国水网官方网站数据显示,全国每月都会有水污染事故的新闻报道:2000年9月,载有10t剧毒氰化钠溶液的卡车在陕西丹凤县境内翻车,导致约半车溶液流入汉江支流;2001年,装载11t氰化钠的卡车于河南省洛阳市洛宁县翻车,导致氰化钠溶液流入洛河支流涧河附近的沟壑;2002年11月,一辆载有100桶、共20t三氧化二砷(俗称砒霜)的大货车在金秀瑶族自治县七建乡至三角乡途中翻下山坡,滑入金秀河道,33桶三氧化二砷跌入河道,其中30桶不同程度破损,少量三氧化二砷散落河水中,造成污染事故;2011年6月,两辆货车于杭新景高速公路上发生追尾事故,导致约20t苯酚泄漏,雨水冲刷后,苯酚流入新安江中;2012年12月,山西某公司在苯胺运输中发生输送软管破裂事故,大量苯胺泄漏,在河水中产生跨界污染。

在高速公路路域发生的重大突发性水污染事故,严重破坏了路域水环境,尤其是对饮用水源造成严重污染,直接威胁到人民群众的身体健康和生命安全。

《中华人民共和国突发事件应对法》中第二十三条指出:"矿山、建筑施工单位和易燃易爆物品、危险化学品、放射性物品等危险物品的生产、经营、储运和使用单位,应当制定具体应急预案,并对生产经营场所、有危险物品的建筑物、构筑物及周边环境开展隐患排查,及时采取措施消除隐患,防止发生突发事件"。由此可见,我国对突发事件的防治非常重视,对任何易产生突发事件的隐患都提前监测并及时消除,避免突发事件带来的巨大损失。

《国家突发环境事件应急预案》(2005年5月发布,2014年12月修订)虽然针对突发环境事件应急组织指挥、监测预警、应急响应等作出了规定,明确了突发环境事件分级标准,为各级组织在应对突发事件中的职责分工提供了依据,但由于不同类型突发事件属性特征差异较大,只有针对特定类别的突发事件详细分级,才能辅助应急方案的生成。

2009年4月,交通运输部发布《公路交通突发事件应急预案》,内容涉及应急组织体系、运行机制、应急保障、监督管理等多个方面,成为我国公路系统制定具体项目突发事件应急预案的指导性文件。按照相关法规规定,遵从属地管理原则,要求各高速公路运营单位制定管辖范围内突发事件应急预案,如道路交通事故应急预案、大雾应急预案、桥梁结构应急预案等,但针对高速公路路域水环境突发事件的专项预案极少。

预案通常是针对各级各类可能发生的事故和危险源制定的现场处置方案,并明确事前、事发、事中、事后各个过程中相关部门和有关人员的职责。然而,实际突发事件往往比预计复杂得多,常常出现连锁式事件,使得单一应急预案无法快速准确地应对实际突发事件。

为预防和减少突发环境事件的发生,控制、减轻并消除突发环境事件引起的危害,规范突发环境事件应急管理工作,保障公众生命安全、环境安全和财产安全,环境保护部制定公布了《突发环境事件应急管理办法》(2015 年 6 月实施),对各级环境保护主管部门和企事业单位组织开展的突发环境事件风险控制、应急准备、应急处置和事后恢复等工作做了明确规定。

水环境突发事件具有强危害性、突发性、罕见性、衍生性等典型特征,由于自然、人为或技术等原因,当跨越水环境保护区的高速公路路域发生不可避免的事故灾害时,会威胁到周边水体,甚至影响到城市供水系统安全,因此急需提高应急管理能力,采取快速有效的应急救援行动,从而抵御事故发生、控制突发事件蔓延,最大限度降低危害。

1.1.2 理论背景

高速公路路域水环境突发事件追根溯源是一类特殊风险事件,因此其应急决策既具有风险决策的一般特征,又具有与一般风险决策不同的典型特征。它是一个多学科交叉的综合问题,不仅涉及环境风险管理、应急决策,而且与工程技术、信息技术紧密相关。本书从水环境风险、应急决策方法和环境应急管理系统 3 个方面进行相关研究,分析国内外研究现状和存在的不足。

1.1.2.1 水环境突发事件相关研究

水环境突发事件具有风险事件的本质特征,因此,突发事件应急决策研究可以借鉴风险管理理论和方法,包括水环境风险源定义与分类、水环境风险事件评价与分级、水环境突发事件应急预案等相关研究。

1)风险源定义

在讨论风险源之前有个不得不提的概念——危险源。关于风险源的研究都源于危险源,了解危险源研究现状是进行风险源研究的前提与基础。

最早系统地研究重大危险设施控制技术的国家是英国。1974 年 6 月,英国 Flixborough 爆炸事故发生后,英国安全与卫生委员会设立重大危险咨询委员会(ACMH),于 1976 年提出建立重大危险设施标准建议书,并于 1979 年和 1984 年对该标准进行了修改。其中形成了 4 类共 25 种物质(设施)的分类标准及其危险临界量。

欧洲共同体于 1982 年 6 月颁布了《工业活动中重大事故危险法令》(EEc Directive82/501,简称《塞韦索法令》),形成了 180 种(类)物质及其临界量标准,该法令的形成为危险源界定奠定了基础。另外,国际经济合作发展组织在《OECD Council Act(88)》中也列出了 20 种重点控制的危险物质。

1993年，第80届国际劳工大会通过的《预防重大工业事故公约》中将“重大危险源”定义为：“不论长期或临时的加工、生产、处理、搬运、使用或储存数量均超过临界量的一种或多种危害物质，或多类危害物质的设施(不包括核设施、军事设施以及设施现场之外的非管道运输)。”

我国重大危险源控制的研究工作始于20世纪90年代，2000年颁布了《重大危险源辨识》(GB 18218—2000)这一国家标准。它是我国危险源管理理论发展史上的里程碑，对风险管理具有重大意义。

我国颁布的《职业健康安全管理体系　要求》(GB/T 28001—2011)，将危险源定义为：“可能导致人身伤害和(或)健康损害的根源、状态或行为，或其组合。”

回顾危险源发展历程，可知危险源这一概念更多的是站在工业生产活动对作业人员身体健康、安全生产的角度考虑，而随着工业生产活动的频繁，越来越多的学者注意到生产事故不仅会危害人员身体健康，而且对生态环境也会产生深远影响甚至造成不可恢复的破坏。学者们也逐步从企业安全生产方面的风险研究拓展到基于环境保护视角下的风险研究。

风险源，顾名思义即风险发生的根源。“风险”的内涵深刻而丰富，虽使用频繁，但对其定义却是众说纷纭。国内外学者基于不同的研究视角(经济学、决策学、保险学)对“风险”的定义给出过相应的描述：美国学者海恩斯(Haynes)在其所著《Risk as an Economic Factor》(1895年版)中，最早提出风险的概念并将风险进行分类，他认为“在经济学中和其他学术领域中，风险仅意味着损害或损失的可能性，其在技术上并无任何内容”。日本学者龟井利明认为“在日本，把风险认为是损害发生的可能性，基本已成通说”。而在保险学领域，风险通常被理解为“损失的不确定性”。例如，在《Fundamentals of Insurance》(1986年版)中，美国学者罗伯特梅尔(Robertl. Mehr)对风险进行了定义，“风险即为损失的不确定性”；C. A. Kulp、John. W. Hal合著的《Casualty Insurance，Fourth Edition》中认为“风险为一定条件下财务损失的不确定性”；江生忠认为保险学中的风险一般是指狭义的风险，指损失的不确定性。《职业健康安全管理体系　要求》(GB/T 28001—2001)给出了事故(Accident)、危险源(Hazard)、危险源辨识(Hazard Identification)、事件(Incident)、风险(Risk)等术语的解释，风险被定义为“某一特定危险情况发生的可能性和后果的组合”。由此可见，基于不同的研究视角和领域，风险的内涵略有差异。相应地，风险源的含义、内容也必然不尽相同。

现有关于环境风险的研究成果不多，进行了环境风险源定义或界定的研究则更少，且仍有部分环境风险研究是从生产安全、职业健康角度进行的。

目前，国内外学者关于风险源的认识不尽相同：Whyte. Burton认为危害产生的源头是环境污染风险源，风险源乃污染事故发生的先决条件。Calow P. P认为环境风险源是指对生态、环境产生不利影响的一种或多种化学的、物理的或生物的风险来源。王社宁认为重大环境风险源是指可能引起重大环境污染事故发生，从而对环境或生态系统或其组分产生严重损害作用的部分。郭永龙等认为风险源即导致风险发生的客体以及相关的因果条件，可以是自然状态，也可以是人为因素造成的，一般具有能量；其产生具有随机性与潜在性，在物质上或能量上具有一定强度(或剂量)，可以通过数学、物理等多种方法来确定。郭振仁、张剑鸣、李文禧则认为环境风险源是指长期或临时生产、搬运、使用或者储存的有害物质，或者因人类活动造成的在自然界中相对集中累积的有害物质;这些物质在特定的自然、社会环境条件下,由于人为、意外因素或不可抗力,其物理、化学稳定性发生变化,导致环境受到严重污染和破坏,甚至造成人员伤亡,使当地经济、社会活动受到较大影响。杨洁等认为环境风险源的内涵不仅包括污染事件对周边敏感受体所产生的危害性影响,还包括环境风险释放的不确定性;区域范围内环境风险源主要是使用危险物质的企业、集中仓储仓库、储罐、危险物质的运输、毒害污染物的泄漏、废水废气事故性排放等。魏科技、宋永会等认为环境风险源是指能够引起环境污染事故发生,对环境、生态系统或其组分产生不利影响的因素。林长喜认为环境风险源是指可能发生泄漏有毒有害物质、释放有害能量,威胁人群生命健康,造成环境污染及财产损失的设备、设施、场所等系统的总称,即在一定范围内存在一定潜在风险危害因素的环境体系。

综上所述,国内外学者关于环境风险源的认识可概括为以下几类:①对环境风险源进行了简单的定性描述(王社宁、郭永龙、Whyte. Burton、魏科技、宋永会等);②以物质视角将环境风险源最终表述为能造成环境污染的有害物质(Calow P. P、郭振仁、张剑鸣);③环境风险源不仅是指能造成环境破坏的有害物质,还包括物的状态、环境因素(杨洁、林长喜)。显然,第二类研究较第一类更明确、具体,第三类研究在第二类研究的基础上,纳入物的状态、环境因素对风险源的描述,与实际情况更相符。现有研究虽然取得了一定成果,但是定义环境风险源的视角仍受到局限,关注焦点仍是环境风险源本身的属性(潜在危害性),虽然也有定义考虑了物的状态和环境因素,但是却忽略了具有主观能动性的人的因素。

2)风险源分类

风险源研究的基础是风险源分类。只有对风险源进行科学合理的分类,才能客观、准确地识别风险源,也有利于提高对风险源本质特征的认识。学者们为了更好地理解和认识环境风险源,基于不同标准、维度对环境风险源进行分类。

邱凉从事故发生原因、风险源位置两个方面对环境风险源进行了分类:基于风险事故发生原因,将风险源分为人为风险源和自然风险源;基于风险源位置,将风险源分为固定风险源、移动风险源及流域风险源。魏科技、宋永会、彭剑锋等从风险源受体、危害物质状态和风险源传播方式 3 个方面对风险源进行了分类:基于风险源受体,将环境风险源分为土壤环境风险源、大气环境风险源和水环境风险源;基于危害物质状态,将环境风险源分为固态环境风险源、液态环境风险源和气态环境风险源;基于传播方式,将环境风险源分为气态传播环境风险源和非气态(水、土壤)传播环境风险源。钱宇宁借鉴环境保护部发布的《集中式饮用水源地环境保护指南(试行)》,将环境风险源主要分为固定风险源、移动风险源和非点源风险源。邵磊根据环境突发事件发生方式及途径,将大气环境风险源分为爆炸性物质、易燃性物质、气态挥发性有毒物质。

随着环境风险源研究逐渐引起广泛关注,对其分类的研究在一定程度上加深了人们对它的认识和理解,但仍存在以下不足:①现有关于环境风险源分类的研究还有待深入、细化,不同风险源分类方法、分类标准应不尽相同;②目前环境风险源分类都是孤立的、宏观的,而环境风险源与人们生产活动密切相关,因此与实践活动相结合的环境风险源研究还有待加强。

3)水环境突发事件评价

近十多年来,我国发生过无数起水环境突发事件:有因船舶发生机械故障或交通事故导致油污泄漏、扩散污染水体,甚至造成跨界污染;也有因化工企业或电厂发生爆炸或因排放超标问题,造成流域水体污染严重、水质下降,使城市饮用水受到威胁、停供等。国际上有关组织对水环境安全关注程度较高,自20世纪90年代开始,就实施了一系列的水科学计划,以不同的尺度和学科,从全球、区域和流域3个层次来考虑在环境变化下的水资源安全问题。在水环境风险评价方面,侧重于应用模型对水环境安全进行评价与预测;在安全保障方面,侧重于水环境风险管理体系的研究。Rijiberma 制定了水资源承载力标准体系来衡量城市水环境安全保障程度;YokoHi 等对供水系统水质风险评价和控制进行了研究,为美国饮用水水源突发污染事件应急管理制定了全面的应急预案。

在国际海事组织(IMO)安全评价体系中,一种针对溢油事件的评价方法——事件决策网络法(EDN)能够较准确地评估溢油事件对海洋生态的影响,并能间接提升海洋安全状况。从1984年开始,自然资源损害评估(NRDA)模型开始应用于溢油事故的评估中,在此基础上开发了一种新版模型——溢油影响模型应用包(SIMAP),可以将其应用于各种溢油事件的自然生态资源损失评估中,具有一定普适性。

与国外水环境风险评价的研究相比,我国有关水环境风险评价研究依然处于起步阶段,基础理论研究薄弱,风险管理意识不足,相关风险评价研究主要是对国外评价理论和方法的综述、分析,引进国外风险理论和方法来研究我国环境中的风险问题等。

关于水环境突发事件风险评价的研究主要集中在对水环境污染事故风险评价和水环境污染事故风险评价体系两方面。风险评价方法与评价指标体系则是水环境突发事件风险评价的两个重要研究方面。

(1)水环境污染事故风险评价方法。

每一种风险评价方法都有其适用范围和局限性。应用于污染事故风险评价的方法有多因子积分等级评估法、检查表与层次分析结合法、类比统计法以及事故树分析法、稳态高斯模型法等。

水环境风险评价较早使用概率风险评价:李耕俭、师利明应用概率论原理,分析了高速公路运输化学品对水源污染风险事故发生的原因、性质及污染的危害性,给出了预测计算公式;张嘉治基于危险指数评价法构建水环境污染事故危险源的识别和分级评估体系;鲍全盛等假定在沙颍河河道中污染物只有稀释混合作用,得出为避免突发性污染事故发生,可以采取对河道保持10~15天蓄积水的风险管理措施。水环境突发事件具有不确定性及模糊性,现有文献分析水环境突发事件主要是基于随机理论与不确定性理论,如将随机数学、模糊数学、灰色理论、盲数理论等方法相结合来评估风险。张羽提出了"特征时间指数法",对事件进行快速鉴定和分级,为最终的应急决策提供参考;李政红、毕二平初步探索建立了一套包括危害识别、剂量—效应分析、暴露评价及风险表征4个步骤的用于地下水污染健康风险评价的方法;林长喜结合跨界重大水污染事故和场理论,提出跨界重大水污染事故风险场的概念,采用"压力—状态—响应"模型对跨界重大水污染事故进行风险源指标识别。

(2)水环境污染事故评价指标体系。

水环境污染事故的分级指标研究基于突发环境事故及其重大危险源指标。陈曦、吴以中等学者结合风险源、人员、管理、环境等因素,构建完善的突发环境事故风险等级评价体系;吴宗之、张铮等对重大危险源固有危险性从易受攻击性、事故易发性、事故严重度3个方面来进行诠释。

我国学者根据不同的侧重点从环境、资源、经济、社会、技术及管理等角度设计了诸多针对水环境指标的评价体系(张颖等、张文国等、李键等),主要有侧重水环境质量指标、水环境生态安全指标、水环境可持续利用指标和水环境承载力状态指标。李绍飞、冯平等结合海河流域地下水环境的具体情况,分别构建地下水资源量评价指标体系和水质评价指标体系,并将其应用于天津、沧州、衡水、石家庄和唐山5个典型区域的地下水环境风险评价中,验证所建立指标体系选取的合理性,为其他区域的地下水环境质量综合评价提供参考;张羽通过构建水源地突发性污染事件风险评价体系——“时序风险评价体系”,将突发性污染事件按其发生发展的时间顺序分为事前、事中、事后3个阶段,分别提出“风险预测评价”“风险应急评价”和“风险后果评价”3个子评价体系。

但是,不同的风险往往是以不同概率出现的,故无法准确定义。因此,国内学者开始引入模糊理论,对灾害进行模糊综合评价,主要运用模糊集、概率模糊综合评价、模糊重心评价等方法对指标权重进行处理,并构建用于城市自然灾害风险、高层建筑火灾、突发事件风险、矿井火灾等的模糊综合评价模型。

4)水环境突发事件风险分级

近些年来,水环境突发事件频发,水环境突发性污染事故及应急管理研究受到越来越多学者的重视。水环境突发事件具备风险事件的两大基本要素:瞬时突发性和后果严重性。具体来说,水环境突发事件并不是必然发生的,如交通事故泄漏具有明显的偶然突发性,同时,无论在海域还是内陆河流湖泊,水环境突发事件都会对生态环境、社会经济和人体健康造成不同程度的损失影响。

汪立忠、陆雍森等人制订了有针对性的水环境突发事件风险管理计划。张百灵等主要从法律法规、管理体制方面提出建议措施。幸红提出完善现行法律法规、建立协调机制及水环境突发事件预警系统和完善事故处理预案等措施。胡二邦等概括了突发性水污染事件的概念,参考化工、工程类风险评价,提出了水环境突发事件风险评价体系。一部分学者(陈佐、孙振世、黄新生、郑明强)等调查突发性船舶溢油、有毒化学品泄漏、公路事故等造成的水污染事件影响,并进行综述性评价和应急监测研究。

《中华人民共和国突发事件应对法》按照突发事件发生紧急程度、发展态势和可能造成的危害程度等因素,将自然灾害、事故灾难、公共卫生事件等突发事件分为特别重大、重大、较大和一般四级,并明确建立以统一领导、综合协调、分类管理、分级负责、属地管理为主的应急管理体制。可见,突发事件分类分级是保证责任明确、有序应对突发事件的前提和基础。目前常用的两种突发事件分级方法为静态分级方法和动态分级方法。

(1)突发事件静态分级方法。

美国应急体系将突发事件分为紧急事件、重大灾难、灾害、自然灾害、危害等,又按照事故严重程度划分为5个等级。

国内关于灾害危险评价做了大量研究,为进行突发事件静态分级提供了成熟经验。易燃、易爆、有毒的生产场所较为常用的做法是根据重大危险源死亡半径法进行分级。R. Anbalagan和Bhawani Singh提出了风险评价矩阵。易立新把德尔菲专家调查法和层次分析法相结合,提出了城市火灾危险指数、城市火灾抗灾指数、城市火灾风险指数的概念。王静爱等人采用风沙灾害致灾和承灾指数(CH),根据2000年的风沙灾害信息构建了风沙灾害危险度(WX)。王志荣等人基于火球热辐射和火焰热辐射伤害数学模型,结合热辐射破坏准则,设计液化石油气罐区火灾危险性定量评价模型。

(2)突发事件动态分级方法。

传统突发事件分级方法,如城市火灾危险指数、风险评价矩阵、模糊集、模糊识别理论与系统安全等方法主要是定性描述,大多数根据灾害影响和严重程度划分,评价级别标准和级别数主要依据经验打分确定,且分级标准不变或分级结果不随参加分级数目多少而变化,属于事后静态评估。这就导致突发事件静态分级方法无法与应急预案进行有效衔接,缺乏事前进行等级划分的动态分级研究,无法准确为应急决策提供依据和参考。

分级标准属于动态分级方法,是一种可变分级方法,包括神经网络方法及DT动态方法。最早采用动态分类方法的是我国林韵梅教授,她提出岩土稳定性分类,这种分类方法是基于聚类分析原理,与传统分级法的不同在于它揭示了分级三要素,即分级判据、分级档数和分级界限之间的内在规律。

目前,动态分级方法用于重大危险源的研究比较多。肖利民基于空间数据聚类分析方法提出了一种新的重大危险源动态分级法。罗景峰、许开立根据集对分析原理,通过构造重大危险源样本集合与评价标准集合的集对,得到多元联系度函数,实现对重大危险源的动态分级。王晓丽、王文杰通过LabVIEW平台开发出应用于码头储罐区的重大危险源动态分级系统。重大危险源动态分级的标准是不确定的,分级是随着危险源的数目及分级级数变化而变动的,因此,不同的分级方法得出的分级结果也不尽一致。

王薇基于模糊决策对突发事件分级评估算法做了改进研究,改进方法主要是将层次分析法扩展为模糊层次分析法,将专家权重引入到算法之中,基于模糊悲观型决策原则,将三角模糊数右模糊值设置为最后的评估级别划分标准值,将划为同一级别的突发事件归为一类。宋莎莎(2010)基于模糊层次分析法和聚类分析对突发事件进行级别划分。

现有研究主要是对水环境污染事故进行风险评价研究,有关水环境突发事件的研究主要集中于水环境突发性污染事故预警与应急管理的宏观研究,研究高速公路路域水环境突发事件的文献较少。虽然上述学者的研究可为水环境突发事件分类分级提供理论基础和参考,但并未将其运用到水环境突发事件分类分级中,将突发事件分类分级与应急决策联系起来的研究也较少。

5)水环境突发事件应急预案相关研究

从文献检索工具结果分析,在应急预案研究学科的分布方面,应急预案的研究主要集中在安全科学与灾害防治、行政学及国家行政管理、工业经济、环境科学与资源应用、建筑科学与工程等学科,安全科学与灾害防治占所有研究文献的38.27%、行政学及国家行政管理占比14.92%、工业经济占比10.37%、环境科学与资源应用占比7.23%、建筑科学与工程占比5.68%。应急预案的研究目的主要是以安全和行政措施为研究对象,在突发事件发生后,政府部门启动应急预案以维持社会稳定,减少财产损失。

在应急预案研究文献数量和研究趋势方面,我国对应急预案的研究文献达38000余篇。从2003年起至2008年,应急预案的相关文献逐年增加;2008年,全国各领域应急预案的相关文献达4400余篇。从2008年至2018年,应急预案的相关文献逐年递减;2018年,全国各领域应急预案的相关文献只有1700余篇。从研究数量和趋势上看,2003年以后,受"非典"的影响和启示,我国危机管理理论研究范围不断扩大、深度不断加强。应急预案也成了专家学者们关注和研究的热点问题。

目前在应急预案研究方面,已经产生了大量的理论成果。这些研究可以概括为以下几个方面:

(1)对某类突发事件应急预案的研究。其主要指对某一类具体的突发事件的应急预案进行相关研究,如陈传全的《水上交通事故应急预案的制定与评价》,以上海吴泾海事处为例阐述了如何制定与评价水上交通事故应急预案;李慧在《基于国际比较的企业环境污染事故应急预案评估体系研究》一文中在对上海市上百家企业环境污染事故应急预案进行调查评估的基础上,提出了完善企业应急预案编制的相关建议;李述麟的《大型体育赛事突发事件应急预案编制的技术及应用研究》提出了编制大型体育赛事突发事件的技术,并运用技术设计了具体的应急预案;张涛的《地方公安机关应对群体性事件预案建设研究》结合案例研究提出了完善地方公安机关群体性突发事件应急预案建设的对策;李蕾的《湘江航运安全事故应急预案研究》结合典型案例具体指出了如何分类制定应急预案及细化应急预案的内容。

(2)对突发事件应急预案的综合研究。张红的《我国突发事件应急预案的缺陷及其完善》通过对个案的分析,发现了我国应急预案存在的诸多缺陷并在借鉴国外经验的基础上提出了完善的对策和建议;钟开斌、张佳的《论应急预案的编制和管理》从应急预案的界定及框架、国际经验的借鉴、应急预案管理流程及保障措施、我国应急预案的现状及完善措施等方面进行了分析;闪淳昌的《加强应急预案体系建设 提高应对突发事件和风险的能力》从加强应急预案体系建设要抓好的几项工作的角度进行了系统阐述。

(3)对突发事件应急预案某个方面的研究。在突发事件应急预案编制应注意的问题方面,柳永法的《制定预案应注意的问题》对应急预案制定应注意的14个问题进行了分析和研究;刘功智、刘铁民的《重大事故应急预案编制指南》对应急预案的含义、编制应急预案的基本认识、应急预案的结构及内容、应急预案编制过程进行了研究;邢娟娟等编著的《中小学突发事件应急管理与预案编制》对编制中小学应急预案的程序及培训演练进行了阐述,列出了应急预案范例,并介绍了美国中小学应急预案的具体组成情况。在突发事件应急预案的评估方面,龚卫国的《突发公共事件应急预案评估及预警警示分析》提出在应急预案中引入模糊综合的评价方法对其进行评估;于瑛英等在《应急预案的综合评估研究》中提出了进行预案的前评估和后评估;禹竹蕊认为应该在应急预案编制前、编制中、演练和实施后4个阶段对预案进行动态评估。

(4)水环境突发事件应急预案研究。其主要以水域交通、污水排放和水域工业导致河流与海洋污染的应急预案的制定、应急决策和应急预案的实施研究为主。陈玲提出了利用GIS(地理信息系统)技术自动生成湖泊水源地突发性污染事故应急预案——以昆山市傀儡湖为例;阮仁良、张勇探讨了黄浦江上游水源地突发性水污染事故应急处置预案;陈蓓青、谭德宝等提出了三峡水库突发性水污染事件应急系统的开发,为三峡库区基础信息查询、突发性水污染事故预警预报及应急决策等提供一个精度高、现势性强、可共享的数字化辅助决策支持系统;姜涛结合广州港海事应急管理现状,充分运用公共管理、应急管理和交通运输应急管理等理论,对当前广州港水上突发事件中海事部门应急管理存在的问题进行分析,研究将水上应急管理要求运用到广州港海事应急管理工作中,提出了完善应急预案、提高队伍建设、建立突发事件信息系统、改进应急处置措施等建议。

上面的这些研究有效地帮助我们了解了我国应急预案研究的现状,为进行深入的应急预案研究提供了一定的平台和基础,值得我们在这方面进行更深入的思考。我国应急预案的相关研究相对丰富,应急预案体系和制度逐步完善。但是对应急预案的研究大部分以某领域或者某地区、大型项目的突发事件的形成机理、应急预案管理和应急救援的措施为主,仍未搜集和了解到以高速公路建造与运营对水环境的应急管理为研究内容的文献和学者。因此,本研究希望在高速公路路域水环境突发事件应急管理方面取得开创性成果。

1.1.2.2　应急决策相关研究

美国决策管理大师赫伯特·西蒙强调"管理即决策",而对于危机管理的核心恰恰是应急决策。对于突发事件的应急决策是指突发事件发生后,决策者为消除或减少事件造成的人员伤亡和财产损失,在时间、信息、资源等约束下根据突发事件情境及相关事件处置经验制定当前事件处置方案的过程。相比传统的决策问题,突发事件应急决策面临诸多挑战,包括不完全决策信息、决策时间较短、决策后果风险性较高以及决策环境复杂多变等。因此,传统决策理论与方法难以满足突发事件应急决策的要求,应急决策方法自然成为应急管理学科领域研究的热点。文献研究表明,目前主要对基于数理模型、应急预案、案例推理以及情景分析的四类突发事件应急决策方法进行了广泛研究。

1)基于数理模型的应急决策方法

早期决策问题研究是管理学范畴的研究课题,大量决策方法研究大都从管理学的成本、收益角度出发,研究决策问题的数理模型并求取模型最优值。许多学者在对应急决策问题进行研究时,广泛应用了多属性分析、贝叶斯分析、博弈理论、PSA及经验模型等。例如,MCDA(多准则决策分析)方法通过构建决策树,分析出各级决策指标,并对各级决策指标进行建模与评价,由于该方法简便可行,其应用十分广泛。例如,Kiker研究环境决策问题时,考虑对于伦理和道德问题不允许实验的约束,通过设计政治、经济、生态等多个标准指标,实现决策问题建模与分析;Xu等人应用多属性分析方法辅助核反应堆事故应急决策,根据决策目标要求构建属性树,并为重要属性建立效用函数,据此评估备选方案效用值;Mesmer综合运用效用理论、博弈理论,对人群的个体疏散行为进行建模,分析了人群选择应急疏散出口的决策过程。邹文帅、寇纲等的研究将应急决策环境定义在信息不对称和不确定的基础下,在这种环境下不能以单一方法应用到应急决策制定上,所以引入三种处理不确定性环境下的多目标决策理论,对原有应急决策方法进行进一步改进,最后以核电站事故应急决策验证引入灰色关联度和三角模糊算法决策方式的有效性。刘霞、严晓在应急决策生成模型的研究基础上,通过分析突发事件决策信息网、突发事件演变网和组织决策者行为网三网耦合的情景权变特征,验证两者之间的耦合机理,为应急动态群应急决策提出一种新的解决范式。基于数理模型的决策方法应用原理清晰的数学理论或模型,能够有效地辅助决策建模与评估,在突发事件建模、预测、风险评估、决策优化等方面都得到了广泛应用;但对于突发事件应急决策问题,事件突发性、多样性导致了建模困难,基于数理模型的决策方法很难应用到此类问题的决策中。

2)基于应急预案的应急决策方法

应急预案一般是指在出现重大事故或者发生自然灾害的情况下,通过预先制定相关计划和方案以确保应急救援行动高效、迅速并有序地展开。应急预案通常需要指出"在突发事件发生前后以及发生过程中,谁负责做什么,何时做,以及相应的策略和资源准备"。基于应急预案的应急决策方法主要包括 8 个步骤:成立预案编制小组、风险识别与风险评估、分类分级、处置措施设计、应急机构及其人员职责确定、应急能力评估、评审与发布、演练与调整,如图 1-1 所示。

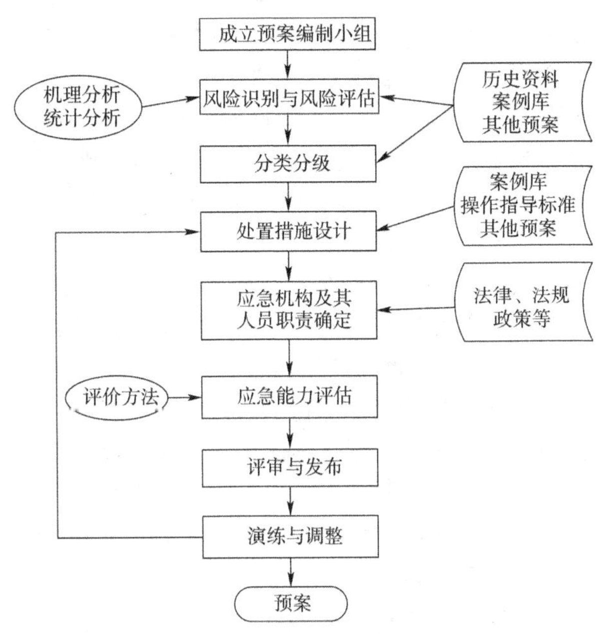

图 1-1 应急预案的一般编制流程

《国家突发公共事件总体应急预案》于 2005 年 1 月 26 日在国务院常务会议上通过,指导全国应对突发事件计划以及对突发事件应急预案的编制,各部门在包括地震、防洪、公安以及森林火灾在内的一些专业领域建立针对应急预案的应急管理系统,并在实际运用过程中发挥了极大的应急救援指导作用。在理论研究层面,在对应急预案的结构、类型以及组成内容研究的基础上加上了包括数学优化及项目管理技术在内的方法,已经逐渐过渡到研究预案评估、预案优化选择以及快速生成新预案等方面。在编制应急预案上,相关的文献在应急预案编制原则和编制方法上做了一定的工作。在预案重构方面,我国学者计雷、池宏认为突发事件的发展与响应过程实质上是一个双方动态博弈的过程,根据这个观点提出了"动态博弈网络技术",为解决动态网络下阶段状态的评估定级、关键链管理以及资源优化配置与调度等相关问题提供了新方法。在应急预案启动方面,学者们主要关注何时启动应急预案的研究,主要分为时间离散情形下和事件连续情形下的预案启动时刻研究。

3)基于案例推理的应急决策方法

案例推理技术作为人工智能学科的一个分支,自 1982 年美国耶鲁大学 Roger Schank 教授在 Dynamic Memory 提出以来,受到了学术界的广泛关注。案例推理方法主要沿两个方向展开:①理论上的研究,重点包括案例表示、案例检索以及案例修正;②应用上的研究,如军事指挥、交通事故、火灾救援等。应急决策作为案例推理技术应用的主要领域,同样受到学者们的广泛关注。较早时,张建华、刘仲英将案例推理技术引入紧急预案信息系统,充分利用了之前分布式存在的原有案例处置经验,解决了仅仅依靠规则推理技术存在的预案系统建立、维护困难以及无法自动学习等弊端。而后,汪季玉等将案例推理技术与应急决策支持系统结合起来,从理论上构建了一类基于案例推理的应急决策支持系统。在此理论框架下,应急决策中案例推理方法研究也主要循着"改进案例推理方法以适应突发事件决策应用"和"案例推理方法应用于各类突发事件"这两个方面展开。在第一个方面,达世敏利用相似粗糙集和 Prolog 人工智能语言,解决了案例的表示、推理和维护问题;张英菊和仲秋雁在"全局概念树—突发事件本位模型—事件元模型"三层架构的基础上采用了一个通用的案例描述与组织方法,且为了解决应急案例属性复杂及属性值缺失等问题,设计了基于结构相似度和属性相似度双层结构的案例全局相似度计算算法;于婷借鉴中国工程院院士范维澄教授提出的突发事件三角形框架,将次生衍生灾害纳入框架,形成四要素框架模型,并对四要素子集合的相似度分别进行计算,再求其加权总和,以期提高检索效率。在第二个方面,Chang 等人给出了集成案例推理的灾难救助辅助决策支持的理论知识管理框架;刘烯把案例推理方法应用到城市火灾事故的决策指挥中进行探讨;石浩等人研究了城市突发事件的决策系统,开发了基于案例推理的城市突发事件应急救援指挥系统;F. Ricci 等人从如何利用案例推理的方法制订森林火灾救援计划的角度进行了研究;姜丽红、陈德华研究了公安突发案件时的决策支持系统;廖振良、刘宴辉等人则将案例推理的人工智能技术与关于突发性环境污染实践的应急预案系统设计相结合,具体包括案例推理系统 EERPS 的结构和功能模块;樊治平提出了两种基于相似案例分析的应急方案选择的决策方法。

4)基于情景分析的应急决策方法

情景分析法可用于研究突发事件应急决策。具体来看,国外主要将情景分析研究侧重点放在一些关于情景和情景分析的概念、情景分析的实现过程以及具体的方法上,国内则多侧重于对情景分析的应用。

在 1976 年由赫尔曼 · 卡恩和维纳合力编著的《公元 2000 年》中第一次出现了"情景"一词。书中这样描述:关于未来是具有多样性的,一方面,在未来可实现的、潜在的结果通常有几种;另一方面,通向未来结果的途径不唯一,将可能出现的未来以及通向这种未来途径的描述构成一个情景,便可通过情景分析实现对 2176 年经济条件的提出。所谓"情景"是指对未来的一个结果以及实现这个结果所需要途径的一系列事实描述。在此之后,不同领域的专家从各自研究领域和角度对情景的定义作出阐释,其中较有代表性的是 Gershuny,他认为所谓情景,是指对未来事件及条件的一般性描述;Porter 则认为情景是未来可能出现的结果并理解为对未来可能出现结果的一些自圆其说的观点;Schnars 认为情景是一些可能出现但又不确定的未来情形;最后,MetCHans 的解释与现在的观点最为相似,他在《情景规划》中指出,情景是一种被期望的未来,也是对包括"什么可能会发生?或如果……会发生什么?"在内的问题的答案,情景既非预测也非想象。随后,国内很多学者相继对"情景"的概念进行了界定,其中一些主要研究学者以及相关研究成果如表 1-1 所示。

国内"情景"定义的主要研究 表1-1

年份	学者	研究内容
1994	宗蓓华	情景是对事物未来发展情况所有可能性的描述。具体描述内容包括对各种情况基本特点定性和定量描述以及各种情况发生的可能性的描述
2008	方志耕	情景是一个包括很多重要参数在内的集合。以构建情景地图为例,可将地图中大小区域分为不同的"颗粒",即形成情景点,情景点间用数学模型等多种方式联系起来可构成情景网络。情景同时也是指要素的集合,这些要素既可以是过去的,也可以是基于现状的
2009	姜卉、黄钧	情景主要是指决策主体将要面临的突发事件发生及发展的态势
2009	李仕明	在情景与非常规突发事件应急决策管理相关联的基础上,可将其定义为:情景是在某种主观意愿下对事物态势及其发展过程的规划和设计,包括事物的发生、发展的"情势"和"景况"两方面。在情景中,情势指的是趋势并体现为过程,景况则指的是结果并体现为状态
2009	孙斌	情景就是通过对环境发展的因果关系和内部一致性的关注,并按照时间的发展和推移对环境进行细节描写未来环境中可能发展的态势
2012	刘铁民	情景是指认识和凝练以往事件的发生及运行规律,也就是指运用应急准备等一系列拼图和积木搭建的一种愿景

一般来说,关键变量间的关系在未来基本保持不变且包含大量历史数据的前提下,基于应急预案的应急决策方法比较有效,但在动荡多变和错综复杂的环境下,即由于关键变量间的历史联系假设与实际中遇到的情况不相符合,从而导致在突发事件发生的情况下,应急预案的应急决策方法很难起作用。由于本身基于长期计划假设的特点,运用情景分析法能够充分克服不足并发挥作用。突发事件天生具备罕见性、动态演变性、后果严重性,使得传统的"预测—应对"范式失效,而"情景—应对"范式的研究如雨后春笋般兴起。

国外一些相关领域的学者对情景分析的具体技术问题也做了一定研究。1988 年,Brauers Jutta 和 Weber Martin 认为为了有效获取专家知识,可以通过利用 JPT(Joint Probability Table)来减少不一致性现象。1991 年,Schoemaker 在对情景规划与传统规划技术进行比较的基础上,不仅提出在何种情况下应该如何应用情景规划的问题,还讨论了将情景规划与决策树方法相结合的问题。1998 年,Bood 和 Postma 认为应该适时地提高情景分析法的应用,是由于传统预测技术提供不可信结果这个桎梏。2002 年,Oryang 基于情景分析并引入概率理论,建立了交叉影响以确定情景概率技术方法对专家知识进行处理的定量分析模型。2005 年,Mietzner 和 Reger 分析了应用情景分析法讨论战略规划问题上的优缺点。

相对来说,国内研究情景分析法起步较晚且早期理论成果较少,应用范围较窄,且一般作为实时决策的方法。宗蓓华在国内交通运输企业发展战略制定中应用了情景分析方法;宁钟、王雅青则在供应链风险识别问题上采用了情景分析法;孙建军、柯青将情景分析法应用在情报研究中;王义成、丁志雄等人则通过情景分析技术研究了未来可能影响太湖流域洪水灾害的洪水风险动因和响应;电子科技大学研究团队分别在 2013 年、2014 年做过非常规突发事件情景概念以及"情景—应对"理论的综述。

由以上论述可知,传统的情景分析方法主要是指一种基于情景的长期规划的工具,而所谓的情景一般是指对事件发生时或发生后相关情况的一种假设。对于非常规突发事件的情景,应急决策主体一般将重点放在事件发生后且随时间流逝不断演变的实际情况中,通常来说受到时间有限、信息不全等各方面的影响,应急决策主体必须在对事件当前情景判断以及对未来发展态势把握的基础上,通过对全局的考量和谋划,作出非常规、非程序化的一次性判断。由此看来,在进行水环境突发事件应急决策时,应用情景分析法必须重新界定并研究情景的概念、分析过程及分析方法等。

以上四种应急决策方法都可作为应对突发事件的决策方法,但由于各类突发事件的特殊性及方法之间的差异性,实际应用中还存在各自的局限性。

(1)基于数理模型的决策方法,应用原理清晰的数学理论或模型,能有效地辅助决策建模与评估,在突发事件建模、预测、风险评估、决策优化等方面都得到了广泛应用,但由于事件突发性,该方法往往不能满足时效性要求。

(2)基于应急预案的应急决策方法,在应用于小范围的特定危机问题时,能起到较好的作用;但其决策的依据是应急预案,针对某特定突发事件的应急预案往往无法应用到发生在其他突发事件的应急决策中,而过于宽泛的应急预案又无法给出具体明确的解决方案,应急预案的内容很难达到完备性,事件的突发性超出事先准备的能力范围,存在没有一致性预案的情况,这时单纯基于应急预案的决策方法就会失效。

(3)基于案例推理的应急决策方法,需要大量的各行业针对各类典型突发事件中的成熟、复杂案例进行整理、归纳和表示工作。由于突发事件的罕见性、事件情景信息的缺失性,必须对事件情景信息获取、案例组织与表示、案例检索等关键技术的具体实现方法进行深入研究,使该方法的广泛应用变成可能。

(4)基于情景分析方法在过去应急决策中应用的研究相对缺乏,其主要应用于应急预案编制、应急物流规划等方面,已有研究主要关注基于过去情景的情景构建。对于突发事件情景的表达、分析与推演等关键技术的研究还处于探索阶段,缺乏基于数据的定量模型分析和研究,且传统的情景分析法多适合于企业、经济等领域的长期规划。如何将情景分析法创新性地应用于突发事件应急决策领域、如何对事件的当前状态进行分析、如何对情景的关键要素进行识别、如何构建事件未来的情景等,还都是亟须解决的问题。

1.1.2.3 环境突发事件应急管理信息系统相关研究

环境突发事件应急管理系统属于应急管理系统的范畴。环境应急管理系统立足于使应急指挥决策化、处置科学化、管理智能化,主要通过应急管理理论及方法运用,辅助制定应急决策方案,根据应急决策方案,采取有效处置措施,控制突发事件造成的损失。

科技的不断发展为突发事件应急辅助决策提供了有力支持。近年来,一些国家不断加强国家应急系统建设,在严峻的形势下,特别是各发达国家政府,制定了一系列应急管理措施,逐步建立了应急管理机制和信息化建设系统。美国 EPA 化学紧急情况预防和控制办公室(CEPPO)联合美国国家海洋和大气管理局(NOAA)开发了计算机辅助管理的紧急软件(CAMEO),主要为化学突发性环境污染事故应急管理提供技术指导和决策支持。2001年,在欧洲开始的全球环境和安全的监测(GMES),负责实施信息处理环境和安全的服务,在地球同步卫星和地面观测数据的基础上,对数据进行分析,为最终用户的决策提供支持。测绘事故现场可快速提供应急服务、环境监测及评估和其他信息服务，不仅能保障公众安全，还可有效地应对突发环境污染事件。此外，为解决工业发展中遇到的重大事故灾难对健康和环境的威胁，欧盟发布了塞维索指令（Sevesoirective），把管理对象实施分类分级管理，同时要求企业建立安全管理体系，加强企业的日常管理。

我国环境应急管理体系与国外相比有很大的差异。首先，我国根据国家、省、市、县四级行政体制建立了相应的环境应急责任体制，因此，环境应急管理平台按照政府部门体制可分为：国家级环境应急管理平台、省级环境应急管理平台、地市级环境应急管理平台以及大型国有企业建设的企业级突发事件应急管理平台。其次，各地市还建设了综合性应急管理系统，这些公共事件应急管理平台集公安、人防、水利、安监、环保、林业、城管等部门的综合应急管理于一体，形成了地方政府层面的应急管理平台。

综上所述，环境应急管理平台有以下几方面的特点：

（1）环境应急管理系统大都采用了 GIS（地理信息系统）、GPS（全球定位系统）、3G 通信、PDA（智能手机/平板电脑）、摄像、视频会议等先进的信息技术及设备。

（2）各级各地政府大力支持应急管理能力建设，环境应急管理系统一般都在应急指挥大厅环境下运行。

（3）系统建设规范性较差，存在着国家、省、市、企业应急管理系统数据不共享，处理突发事件时系统不能连通，缺乏数据更新管理机制，可靠性低等问题。

（4）环境应急管理平台与其他部门应急管理平台数据共享性差。例如，环境应急管理平台不能共享公安系统的（地址门牌、人口、交通等）数据，安监部门也不能共享环保部门的应急监测、应急资源、应急专家等信息。

计算机科学与信息技术的快速发展催生出环境应急管理信息系统这一研究热点。环境应急管理信息系统一般由数据中心及数据交换平台、预测预警系统、数字预案系统、决策支持系统、指挥调度系统、现场处置和反馈系统、灾后评估系统和培训演练系统等子系统构成。根据突发事件应急管理的全过程，城市级环境应急管理信息平台的整体设计方案突出不同功能模块的设计：应急基础信息管理（事前预防）、应急指挥调度辅助决策（应急指挥调度）和应急事故评估（事后恢复）。建立环境应急决策支持系统，可为有关部门采取污染控制措施提供方便、快捷、有效的技术支持。高鹏飞等开发了可为水污染事件处理决策提供有效信息支持的模型库管理系统（MBMS）。构建应急管理决策系统平台可对火灾、爆炸与毒气泄漏等重大突发事故做分析模拟，辅助城市灾害应急管理，可有效提高应急响应速度和效率。

目前研究较多的是利用 GIS 信息手段，开发应急决策支持系统。突发环境灾害应急系统借助 GIS 技术可在一定程度上为应急管理人员提供辅助决策支持，除实现危险品和重点危险源的智能管理，还可以准确定位突发环境安全事故位置，从而提升环境管理和环境事故应急处置水平。从系统论的观点出发，有机结合物理信息系统与经济信息系统，将 GIS、GPS 及 RS（遥感系统）与应用系统有机集成，构建包含仿真模型和集预案库的多维、实时、动态于一体的环境事故应急处置系统，从根本上改变和优化应急指挥的决策模式。

随着高速公路建设发展规模日益扩大，由此带来的安全隐患以及风险也日益严重，各类水环境突发事件给依靠高速公路路域水域生存的人或物带来了不同程度的危害，由此引发的社会和自然环境问题也日益受到人们重视。从 20 世纪 90 年代至今，随着突发事件频发，世界各国开始重点研发各种监测预警等支撑技术，促进了应急管理系统在各个领域中的飞速发展。从应用领域的角度来看，目前国内外应急决策支持系统主要集中于以下几个领域：核问题、火灾、地震环境污染等。例如，美国联邦政府建立的森林防火应急管理系统、消防应急系统、互联网应急管理系统等。我国国家环保总局也成立了突发性环境污染事故调查工作小组，并于 1997 年启动了“重大污染事故预警系统”项目，建立集环境污染事故隐患的调查、评价、预测、预防、应急处理方法于一体的计算机软件系统。其根据高速公路水环境突发事件应急管理的特点，提供实时的现场数据采集、快速有效的现场指挥以及科学高效的决策支持等应急管理系统研究。目前，国内外一些已有的研究成果也具有借鉴价值，但几乎很少对高速公路路域水环境应急管理系统进行研究和开发。因此，针对水环境突发事件环境应急管理，如何高效利用有限资源，提高对突发事件的反应速度，已成为各级政府、各行业部门关注的热点。

现有关于高速公路工程环境风险管理的研究主要集中于影响安全生产、职业健康的危险源分析研究，也有尝试对高速公路运营期路面径流处理和突发交通事故对水环境的影响做相关研究分析的，但缺乏对公路项目全寿命周期风险源的系统、全面的认识。针对突发事件分类分级进行研究的较多，但专门针对高速公路路域水环境突发事件分级研究的文献极其有限，尤其是具体到最大可信事故的等级划分因素与方法研究的更少。基于目前以预案管理为主的应急处置方案生成模式，有关突发事件应急组织的研究较多，水环境突发事件应急决策研究鲜有报道，特别是对决策方法和手段缺乏研究。随着信息技术的发展，应急管理系统开发与应用日益受到重视，但是高速公路应急管理系统的研究与应用仅停留在某些关键工程，如大桥的运营应急管理系统设计与初步开发，无法满足日益提升的高速公路路域水环境突发事件应急管理需求。

尽管我国在环境污染突发事件应急管理方面的研究已经取得了一定进展，也出台了相关规章制度，但是目前专门针对高速公路路域水环境突发事件的应急决策研究较少，一方面主要是由于尚未引起足够重视；另一方面是相关研究基础薄弱。目前，我国正处于大规模高速公路建设期，对公路建设项目与环境的协调发展提出了更高、更新的要求，做好水源保护区高速公路建设与运营期水环境风险管理，形成水环境突发事件应急管理系统，对有效减缓公路交通对水敏感区的不利影响尤为重要，亦成为新形势下高速公路工程与环境和谐发展的关键问题。如何在实现高速公路开发建设的同时不以危害环境为代价，在建设和运营过程中实现水资源的保护，及时识别风险源，明晰突发事件发生机理，判断突发事件聚类分级，完善水环境突发事件应急决策方法，开发应急决策支持系统成为亟须开展的研究课题。

1.2 研究内容与章节安排

全书共 9 章。

第 1 章阐述了研究背景与意义、主要概念的界定，并对符号进行了说明。

第 2 章基于高速公路路域水环境突发事件的特征、类型和生命周期分析，阐述了高速公路路域水环境突发事件应急管理的基本问题，包括原则与过程、应急管理体系建设核心内容等。

第 3 章通过对水环境风险源定义及特征分析，识别水环境风险源，并从不同的视角进行分类，为后续研究水环境突发事件的致污机理提供了基础。继而依据水环境污染物的迁移特征，揭示水环境突发事件的发生机理，构建路域水环境突发事件致污机理模型。

第 4 章首先对建设期及运营期两阶段水环境突发事件进行识别，对突发事件分级的特征、过程、作用与意义进行阐述；其次比较不同突发事件分级的方法，选择动态分级综合评价方法，以水环境突发事件中对水环境影响最大的最大可信事故为例，通过问卷调查与访谈设计最大可信事故分级指标，构建水环境突发事件动态模糊综合模型；最后将分级结果与预警标准联系起来，提出突发事件预警标准制定的原则及预警级别划分的要点，并选取某水源保护区内已发生的几次最大可信事故为例进行算例演示，验证高速公路路域水环境突发事件聚类分级与预警方法的有效性与合理性。

第 5 章阐述了应急预案编制的主要目的、内容、方针与原则，以及应急预案的制定程序；明确应急预案审查与备案主体、审查内容、审查要求等，以及应急预案的演练形式、要求与频次等；阐述应急预案评估的概念与内容，并介绍了三种应急预案评估方法。

第 6 章在水环境突发事件内涵与特征分析的基础上，从机理方法论的角度出发，对水环境突发事件应急决策的机理进行分析；然后，分析水环境突发事件应急决策基本流程和关键内容，对比分析智能规划、案例推理与情景检索方法，结合水环境突发事件的特性，分析总结提炼高速公路路域水环境突发事件应急决策的特征，提出基于情景检索的应急决策方法开展水环境突发事件的应急决策。

第 7 章主要从宏观角度论述了应急组织体系的构成，分别论述了应急资源保障中物资资源和人力资源保障的基础作用、现场指挥与调度的重要性、信息的处理和报告的“生命线”意义等。

第 8 章从高速公路路域水环境突发事件应急管理系统的需求分析入手，进行了系统分层结构设计、流程设计、功能设计、数据库设计及模块设计。

第 9 章着重分析了高速公路路域水环境突发事件应急管理的四个典型案例。

1.3 相关概念界定

1.3.1 路域水环境

高速公路是社会和经济发展的重要推手，在方便人们出行以及促进区域经济发展的同时，高速公路的建设和运营会对公路沿线周边生态环境造成一定影响，尤其是容易对作为生态环境重要组成的水环境造成直接或间接影响。虽然学者们在研究、分析公路建设和运营对公路沿线生态环境的影响时经常使用“路域水环境”一词，但并没有对“路域水环境”作统一、明确的定义，而要定义“路域水环境”，首先应对“路域”进行界定。明确界定高速公路路域有利于明确研究范围，也有利于聚焦研究对象，提高研究的针对性和有效性。

现有许多涉及路域及路域水环境的研究成果（赵坚、马果、任海霞、王初等）并未对“路域”进行界定，只是模糊地表达为道路沿线两侧一定范围内的含义，缺乏对路域所包含范围的明确限定。众所周知，高速公路属于线性工程，沿线环境错综复杂，尤其是在跨越河流、湖泊等水源地时，由于水文条件的影响，其范围较其他情形明显不同。

国内有部分学者对路域范围进行了明确界定。江玉林等认为新建公路路域是指公路建设的直接影响区，常指公路界桩范围内的区域。赵艳纳认为路域是一个模糊的概念，长度可以是几十千米，也可以是几千千米，而其宽度主要受公路的等级、公路建筑界限以及公路沿线是否属于环境敏感区等因素制约，针对公路路域的范围，其认为主要是指受工程主体（路基、隔离带）及其他临时工程影响的区域。韩同福认为公路路域主要是指在征地红线和临时征地区域内的全部范围和设施，如中央分隔带、路基以及弃渣场和取土场等。秦艳琪、张振武认为岩溶区高速公路路域水环境范围一般是指高速公路中心线两侧200m以内区域、跨河桥梁上游100m至下游1000m范围内的水环境。崔精在研究路域生态系统时，将路域范围界定为从公路中心线向两侧各延伸200m。

我国《公路环境保护设计规范》（JTG B04—2010）中明确规定了公路设计应调查和收集公路中心线两侧各200m范围内的地表水资源分布，并调查影响水体的环境功能。根据我国《公路建设项目环境影响评价规范（附条文说明）》（JTG B03—2006）中关于地表水影响评价的规定，评价范围为公路中心线两侧各200m范围内，路线跨越水体时，扩大为路中心线上游100m至下游1000m范围内。由以上两项规范的内容可知，高速公路沿线受影响的区域是公路沿线的一定范围，但由于环境条件不一样，受影响的区域不尽相同。

参照国内相关研究成果及相关规范，结合高速公路的自身特点，笔者认为，高速公路路域水环境是指高速公路中心线两侧各200m范围内，当跨越水体时扩大为高速公路中心线上游100m至下游1000m范围内的水环境。高速公路路域水环境的特点体现在，高速公路建设与运营对路域水环境的影响是客观存在的，同时具有不确定性，特别是跨越水源保护区的桥梁建设及危险品运输，一旦发生突发事件，导致污染事故，将严重影响路域水环境。

1.3.2 水环境突发事件

根据《中华人民共和国突发事件应对法》，突发事件是指突然发生，造成或者可能造成严重社会危害，需要采取应急处置措施予以应对的自然灾害、事故灾难、公共卫生事件和社会安全事件。从该定义可以看出，突发事件如果处置得当，不一定会造成危害；如果处置不当则可能造成危害，即转化成突发事故。前文介绍的几个事故因果连锁理论及现有的大量文献中，并没有严格区分突发事件与突发事故。突发事故的相关研究成果对突发事件应急管理研究同样具有借鉴意义。

突发性环境污染事故是指没有固定的排放方式，在瞬时或短时间内突然排放大量污染物质，对环境造成损害的事故。溢油事故，有毒化学品的泄漏、爆炸、扩散等非正常大量排放废水造成污染的事故都属于突发性环境污染事故。

突发性水污染事故属于突发性环境污染事故的一种，是指违反水资源保护法规的经济、社会活动与行为，由于自然灾害、机械故障、人为因素及意外因素影响或不可抗力的自然灾害等原因造成污染源突然排放污染物，进入水体污染水环境的事故。

高速公路客流量大、行车速度快，极易发生突发事件。对于穿越水源保护区的高速公路来说，高速公路突发事件随时可能对周边水体造成污染。借鉴现有研究成果对突发性环境污染事故及突发事件的定义，将高速公路路域水环境突发事件界定为高速公路路域段内，由于机械故障、人为因素、管理不善及环境不确定因素等，高速公路风险源偏离正常运作状况，致使污染物突然排放，对高速公路路域水环境造成威胁的事件。

1.3.3 最大可信事故

最大可信事故是指预测概率不为零且对环境危害最严重的重大事故。

根据污染事件调查统计，危险品（有毒有害危险化学品和油类）的泄漏事故以及交通事故是高速公路路段最常发生的事故之一，也最容易对周边水环境造成污染。杨云峰分析并得出结论：对地表水环境危害最大的事故是公路运营期间危险品运输在跨越地表河流等水体路段时，由重大交通事故引起的危险品泄漏。李云涛等人指出大量的公路项目在规划、建设和运营时期，公路运输危险品的安全问题更加凸显。朱双元调查发现高速公路运营期间，车辆危险品运输极易引发环境污染事故，虽然发生概率非常小，但是一旦发生，危险品流入地表水体，必将造成严重的污染事故。道路运输事故排污（何厚波等，2006）是道路交通事故（主要是指油罐车或有毒有害化学品运输车辆泄漏或发生交通意外）在瞬时或短时间内把污染物倾倒在路面后随地表径流进入水体，或直接翻车，把污染物倾倒入水体引发的水环境污染事故。韩晓刚等人总结突发性污染事件可以在短时间内造成水质污染，处置不当则可能产生城市供水安全问题等不利影响。

危险化学品具有爆炸性、易燃性、毒害性、腐蚀性和放射性，一旦发生泄漏事故，易造成人员伤亡和财产损毁。载有危险物品及油类货物的车辆在运输过程中很容易发生追尾、碰撞等交通事故，继而由交通事故引起危险化学品、油类泄漏事故的危害性更大，随时可能引起泄漏物质的燃烧甚至爆炸。一旦发生，就会对周边的水环境造成影响，污染水源，引发周边村庄和下游居民的饮水安全问题。

综上所述，高速公路路域最大可信事故即重大交通事故引发危险品泄漏，经各种途径进入水体，对高速公路路域水环境造成污染的一类水环境突发事件。

1.3.4 应急决策

1.3.4.1 应急决策的定义

所谓决策，就是作出决定或选择。对于决策的含义有以下三种阐述。第一种把决策理解为作决定的全过程，全程有三个步骤：第一步分析现状，提出要解决的问题；第二步明确解决后要达到的效果；第三步确定实施方案。这种阐述在应急决策研究中比较普遍。第二种是更加有针对性的阐述，把决策理解为从一系列可以达成预期目标的解决方案中选择效果最优的方案，最后的决定权来自决策者本身，是比第一种更加狭义的解释。第三种对于决策的认识引入了风险的概念，让决策的过程与现实情况更加符合，是指在特定环境下才能发生的风险事件解决方案的确定。这类风险事件发生的时间、地点等基本属性都无例可依，所以决策有一定风险，即决策是包含风险的一系列选择活动。

将在突发事件情境下对事态进行研判进而采取应急处置方案的过程性活动统称为应急决策。

1.3.4.2 应急决策流程

水环境突发事件发生后，决策者面临的情况复杂无序。首先，应该明确的是决策流程问题。水环境突发事件应急决策流程针对事件发生阶段的特征,为应急决策提供基本思路,应急决策过程包括事件接报及目标拟订、识别控制、应急方案生成、应急方案评估4个阶段。如图1-2所示。

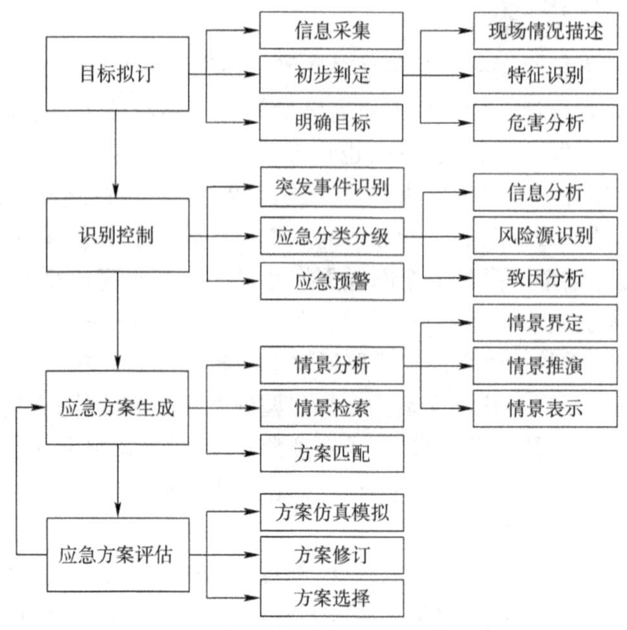

图1-2 应急决策基本流程

(1)目标拟订。当突发事件发生时,决策主体通过监控系统采集获取突发事件的各种信息,确定事发现场的主要情况,初步判定事件危害程度;通过分析现场环境条件以及应急救援力量,确立行动意图,拟订任务目标。

(2)识别控制。科学分析突发事件的基本信息,识别风险源和风险事件,研究突发事件的内在致因,采取预防措施,防止损失的进一步扩散和演化,若危机超过当前所能控制的范围,需要分析界定突发事件范畴,对其进行应急分类分级,划定突发事件级别,根据分级结果采取科学、合理的预警方法,发出预警信号,启动应急方案。

(3)应急方案生成。决策主体根据以往发生过的相似事故案例的应急处理措施及处理经验,结合当前事件情景和任务目标,制定与当前突发事件相匹配且具有最大相似度的事故应急方案,并明确应急方案顺利实施的保障措施。

(4)应急方案评估。决策主体利用模拟仿真对当前事故的应急方案进行评估,判断应急方案的好坏,考量应急方案实施的效果,及时总结归纳经验并反馈应急方案编制与实施的意见,根据反馈的信息,不断完善修订应急方案,最大限度地提高应急方案的合理性,将突发事件带来的负面影响降至最低。

第 2 章 高速公路路域水环境突发事件应急管理基础

2.1 高速公路路域水环境突发事件的特征与生命周期

高速公路路域水环境突发事件是应急管理理论与实务操作的出发点,应急管理 4 个阶段的具体内容与突发事件特征密切相关。因而,从容应对高速公路路域水环境突发事件、提高应急管理水平,要明确水环境突发事件基本概念以及水环境突发事件特征;对水环境突发事件进行分类,根据突发事件的类型有针对性地提出解决方案和应急预案等;界定水环境突发事件的生命周期,为全过程监测、及时处理水环境突发事件奠定基础。

2.1.1 水环境突发事件的特征

由于高速公路路域水环境突发事件发生形式、扩散范围以及危害程度不同,且水污染物没有固定的迁移方式和排放途径,导致各类水环境突发事件具有各自的独特性。对水环境突发事件特征进行分析,有助于加深对其本质的认识。

水环境突发事件具备了突发事件的两大基本特征:瞬时突发性和后果严重性,是典型的突发事件。突发性水污染事件一旦发生,造成的直接后果就是水体受到污染、水环境系统遭到破坏、城市供水系统面临威胁。大型污染事件甚至可能引起饮用水污染,使居民及鱼类中毒,导致大面积、长时间停水,付出的环境成本非常大。高速公路路域水环境突发事件的显著特征有:

(1)罕见性。水环境突发事件发生概率很低,需要特定的条件,是由一系列事件综合、连锁而导致的,且是一个从量变到质变的转变过程。其罕见性主要表现在:一是事件发生次数少,时间间隔较长,无迹可寻;二是各类水环境突发事件发生方式、发生条件、演化规律、扩散规模等不同,使得水环境突发事件具有特殊性,历史上找不到完全同样的案例供借鉴。

(2)不确定性。一方面,突发事件是由人与物的不安全因素耦合作用导致的,而这种耦合作用具有时间和空间上的随机性,无法准确辨识;另一方面,突发事件受污水体具有不确定性,高速公路跨越的水域很多,不能确定哪几个水域会被污染。突发事件污染源的不确定性,污染物类型、数量、迁移途径等的未知性,事件发生的时间、地点和方式都不确定,往往发生前兆很不明显,导致事件危害程度难以预测。

(3)流域性。水体具有流动性,导致水环境突发事件也具有流动性,只要污染物进入水体就会迅速扩散,向水体四周蔓延,影响整个流域,使突发事件危害程度被放大。

(4)衍生性。水环境突发事件在发展过程中随着时间推移在不断发展演化,由于相关因素很多且关系复杂多变,若控制不当,则会衍生出其他领域突发事件,并相互作用,导致一系列连锁事件的发生,这种情况下,突发事件的控制难度和危害程度均将空前增大,极易引起社会的恐慌,引发各种社会问题。

2.1.2 水环境突发事件的生命周期

突发事件往往经历潜伏期、形成期、爆发期、演变期和消退期5个阶段,相应的水环境突发事件应急决策的关键工作贯穿于风险识别、致污分析、应急分级,应急决策方案生成的全过程。

(1)潜伏期。在突发事件初始的潜伏阶段,水环境突发事件未发生,但是风险源却是客观存在的,可能导致突发事件产生。此阶段的应急决策工作主要是风险源识别、监控监测、预警预防,以有效防范水环境突发事件发生,降低水环境突发事件发生概率。

(2)形成期。在事件潜伏期并不能完全避免突发事件发生,若突发事件没有在潜伏期被有效防止,就会进入突发事件形成期,也就是突发事件发生阶段。这个阶段由于某一个或者多个风险源的爆发,通过突发事件表现出来,此阶段是有效控制突发事件扩展或最大限度减少事件危害的最好时机。

对于高速公路路域水环境突发事件而言,由于突发事件的发生并不意味着水污染,污染源可能需要通过各种途径扩散,才会导致水环境污染。所以在水环境突发事件形成期,应急决策工作需要根据水环境突发事件的致污机理,把握时机,第一时间对各种风险源进行识别和判断,依据突发事件的污染物迁移特征,尽可能对风险源以及污染物采取隔离措施,减少水污染的可能,将危机控制在可控范围内。

(3)爆发期和演变期。若污染物在扩散迁移过程中没有得到有效控制,就会扩散流入高速公路路域水体中,突发事件进入爆发期;水环境突发事件的严重性将进一步增大,水环境突发事件处理难度也将加大。此阶段应急决策关键工作进入全面战时应对时期,根据污染物进入水体的扩散机理,实时切断污染发生和扩散条件,采取科学的应急决策方法,形成并实施有效、合理的动态应急方案。突发事件进入演变期,此时期应主要关注突发事件的应急处置是否可控、有无进一步扩大和发展的趋势,方案实施效果及事件的发展态势如何。突发事件此时会不断变化,应急处置方案也应动态调整,尽可能减小事件带来的损失。

(4)消退期。通过应急方案的实施,水环境突发事件带来的危害有所控制,进而逐渐进入消退期,但并不意味着应急决策工作的结束,突发事件应急决策过程存在诸多不确定性,一旦处理不当就会引发新的危机事件,将造成更难以挽回的损失。因此这个阶段的应急决策工作主要是:针对水环境突发事件,收集应急方案实施所反馈的信息,评估决策方案的效果,促进方案改进,使得应急决策更完善,以指导今后相似突发事件的处置应对。

2.2 应急管理学科基础与方法

近年来,一些重大突发事件频发,特别是非常规突发事件日益增多,如“9·11”恐怖袭击事件、2003年“SARS”事件、2005年“卡特里娜”飓风、2008年“低温雨雪冰冻灾害”、汶川特大地震、2010年海地地震及玉树地震等都造成了大量的人员伤亡和财产损失。上述事件反映了应急管理学科存在理论研究深度不够、“接地气”乏力以及学科知识体系有待完善等问题。应急管理在研究与实践中存在着不足,引起了专家、管理者和工作者对突发事件应急管理研究的高度重视并对应急管理学理论进行研究,以解答应急管理学中的关键科学问题,为重大突发事件处置中的实际工作提供原理和方法。

2.2.1　应急管理学科基础

应急管理(Emergency management,EM)是为了降低突发灾难性事件的危害,对造成突发事件的原因、突发事件发生和发展过程以及所产生的负面影响的科学分析,有效集成社会各方面的资源,对突发事件进行有效的应对、控制和处理的一整套理论、方法和技术体系。应急管理是近年来管理领域中出现的一门新兴学科,是一个综合了运筹学、战略管理、信息技术以及各种专门知识的交叉学科,是专门研究突发公共事件现象及其发展规律的学科,是关于突发事件应急管理优化的学科。

应急管理作为一个学科,从萌芽到成熟需要一个过程,而且具有面向实践的特点,这预示着它具有较强的生命力与发展潜力。应急管理学科名称提出时间不长,但追踪其渊源,可以考证到巫术应急、宗教应急及工业应急等境况。应急管理作为一门新兴学科,目前还没有一个被普遍接受的定义,较具有代表性的是美国联邦应急管理局(FEMA)的定义:应急管理,是通过组织分析、规划决策和对可用资源的分配,以实现对灾难影响的减除、准备、应对和恢复,其目标是拯救生命、防止伤亡、保护财产和环境。计雷等人对应急管理的定义:所谓应急管理,是在应对突发事件的过程中,为了降低突发事件的危害,达到优化决策的目的,基于对突发事件的事前预防、事发决策、事中响应和事后恢复各个过程进行分析,有效集成社会等方面的相关资源,建立必要的应急指挥系统,采取一系列应急措施,对突发事件进行有效预警、控制和处理的过程。中国行政管理学会从政府角度出发,认为政府应急管理,就是指政府为应对突发事件而进行的一系列有计划、有组织的管理过程,主要任务是有效地预防和处置各种突发事件,最大限度地减少突发事件的负面影响。

目前,应急管理学科知识体系尚未成熟,但国内外专家学者对应急管理学科理论方法探讨较多。不同领域的学者从地理学、公共管理学、安全学、灾害学及社会学等角度对应急管理学科知识体系的内容提出了自己的理解:以公共事务为研究对象的、关注应急管理学科的基础管理理论;以面向工矿企业实践的关注公共安全与应急技术;以自然灾害为研究范畴的关注灾害或事故造成的社会效应问题。不同学者基本都是遵循既往研究基础、专业或领域背景、个人兴趣等基准来进行研究,要想使应急管理学科知识体系得到广泛认同,必须考虑政府、企业及社会公民等不同层面的现实需求,建立在需求基础上,不同领域学者协同架构一个可遵循的、被社会广泛认同的知识体系是最起码的出发点。

欧美国家中,美国的应急管理学科探讨较早,早期许多研究者从地理学、社会学领域探讨洪涝、地震等灾害问题,经历了对“冷战时期”“恐怖主义”等突发事件后,美国联邦紧急事态管理局组建了应急管理学院(Emergency Manage- ment Institute,EMI),开始关注突发事件的应急管理业务,较早地开展了应急管理培训工作,逐渐形成了一套学科知识体系并不断完善。受美国应急管理学科体系的影响,加拿大、澳大利亚、英国、德国、日本等许多国家的高校都陆续开展了较具自身特色的应急管理学科体系建设。

借鉴国外经验,结合本国国情,我国许多科研院所、高等院校结合自身强势业务背景也都开展了应急管理理论、技能及方法等方面的研究。国家民政部较早组建了紧急救援中心，开展应急救援科研及科普工作，同时依托北京师范大学建立减灾与应急管理学院，大力开展应急管理学科理论方法体系探讨；中国地震局组建了中国地震应急搜救中心，依托强势地质地震技术背景，在地震搜救技能方面进行了大量工作；交通运输部组建了海上搜救中心，并成立了南海、东海等打捞局，开展应急救助工作；武警学院也组建了应急救援教研室，系统性开展应急救援学科建设工作；国家行政学院、中科院政策所也从传统优势介入，组建了应急管理专业学会和委员会。政府相关职能部门在直面对口灾害救援的同时，都积极开展有效的应急管理学科体系建设工作，在有效救灾的同时，对于推动全社会形成应急管理的科普意识也起到了重要作用。

与此同时，高等院校也开展了应急管理学科体系研究，如河南理工大学依托传统强势矿山安全及矿山抢险救灾方向，拓展公共安全与应急管理学科，在国内较早地进行应急管理学科知识体系建设，并初步建立了应急管理学科课程体系，包括应急搜寻与救援、应急避难所运营管理等课程建设。暨南大学从公共治理角度系统性地开展应急管理知识体系建设；清华大学从国家层面开展公共安全应急平台、政府公共事务应急管理等工作；大连海事大学成立海上救助与打捞专业，从学科体系层面开展应急管理研究；华中科技大学开展交通物流应急预警知识体系建设。此外，防灾科技学院、劳动保护学院、华南农业大学等高校也陆续开展了应急管理知识体系建设工作。

2.2.2 应急管理方法

1)运筹学/管理科学方法

应急管理中有关资源布局和调配、人员疏散技术与模型等问题主要采用了运筹学/管理科学的研究方法。Green 和 Kolesar(2004)对 30 多年来在《Management Science》上发表的有关应急管理领域运筹学模型和应用进行了回顾，阐述了这些原始模型在何种程度上影响应急反应的决策，讨论了由于恐怖主义的出现而引发的应急管理，新情景下运筹学建模和应用的潜在方向。这两篇文章对运筹学/管理科学角度的应急管理研究进行了很好的总结和提炼。从目前的研究来看，运筹学领域有关应急管理的研究最为充分，但对多主体、多层次应急资源的合理调配和协调等问题的研究仍较为匮乏。

2)基于博弈论的方法

严格来讲，博弈论是运筹学中的一部分，但经过多年的发展，博弈论已经发展出自身的方法和体系。同时，随着博弈论研究的深入，其在应急管理研究中的地位也已凸显。对突发事件应急管理的博弈研究对象主要是应急管理的主体和客体，以及应急管理不同层级主体之间的博弈分析。突发事件应急管理过程是一个不完全信息的动态博弈过程。计雷(2006)阐述了动态博弈网络技术在应急管理中的应用，并描述了应急管理动态博弈问题的三个主要特征，即突发事件是动态演变的；关于事件发展的信息是从模糊到清晰、从不完全到完全的；在不完全信息下所制定的方案要能够便于在信息完全时刻下的及时调整。将突发事件和突发事件管理者之间的关系表述为完全信息动态博弈过程存在缺陷，原因在于所有突发事件状态和方案都是可以穷尽的，但现实的问题是我们无法预料突发事件的所有状态空间，因此对应的方案集合也是无法穷尽的。

3)复杂系统工程方法

复杂系统研究是当前系统科学的主要研究方向之一,也是应急管理系统研究中采用较多的方法。复杂适应系统是一类代表性的复杂系统,其基本思想是:系统的复杂性起源于个体的适应性,系统中的个体在与环境和其他个体的交流中不断进行着演化学习,并且根据学到的经验改变自身的结构和行为方式,在整体上突现出新的结构、现象和更复杂的行为。复杂系统的信息不同于一般传统决策分析中的信息。例如,复杂系统通常会呈现对特定假设的极度敏感,通常有很强的不确定性,决策的利益相关者没有有关系统的模型和系统的输入参数,或者对模型和参数无法达成一致的意见。在这种强不确定性情况下,传统决策分析工具无法应用或者无法表达决策制定者的目标。而基于情景的计划可以帮助人们认识到,未来并不是过去的归纳总结,但可以帮助人们达成一致意见。但情景方法无法提供量化的决策分析,并对给出的政策选择作出排序。计算机支持推理结合了数量分析和情景分析,可以在高度不确定的情况下给出可能模型集合,从而更好地模拟未来的状况。使用者可以在这些模型中通过计算机可视化和搜寻进行选区。基于 Agent 的模型是将社会看成多个自主互动代理人演化系统的计算研究,是从复杂适应性系统的角度对社会体系问题进行研究的工具,也是目前应急管理中最为常见的应用方法。

4)模拟仿真方法

对突发事件起因的研究涉及对意外情况的建模和仿真。“意外建模”被《技术评论》杂志视为2008 年十大新兴技术之一。微软研究中心适应性系统和互动组的主管 Horvitz 认为使用“意外建模”技术,融合大量数据,人类心理学和机器学习可以帮助人类管理意外事件。目前有关意外建模的研究方法多数出现在计算机人工智能研究方面。

案例库的建立是应急管理中经验研究的重要部分。由于单纯的案例库并不能完全应对现代复杂突发事件,因此基于模拟仿真技术的研究方法在应急管理中得到了广泛应用。应急管理中有关人员疏散技术与模型主要采用了基于仿真的研究方法。此类研究包括安全通道的设计、群体规划与管理以及紧急疏散仿真等方面,通过计算机群体仿真技术实现虚拟现实仿真。目前,针对自然灾害等事件的模拟仿真系统已经取得了很大进展,如美国基于计算机网络的分布式地震模拟试验和计算技术,日本的三向地震模拟振动台等。

2.3 应急管理的原则与框架

应急管理工作的目标是通过采取科学合理的应对、控制和处置措施,减少人员伤亡和财产损失,减少不良社会影响,即避免和降低突发事件的危害,实现突发事件损失最小化。因此,以水环境突发事件为出发点,应急管理过程中涉及的所有方面都应是应急管理对象,包括涉及的所有应急资源及其使用。

管理必须具备一定的法制、体制和机制保证,同时离不开技术手段的支撑。针对水环境突发事件,以事件损失最小化为目的,在整个突发事件应对过程中,在制度保障和技术支撑的基础上,科学有效地管理、调度和使用与该事件有关的所有资源。资源包括应急管理的组织机构、应急救援力量、应急救援物资和应急救援预案等与应急管理的四阶段密切相关的所有力量。

应急管理工作的对象范围非常广泛。一方面,应急管理的预防、准备、响应和恢复 4 个环节所涉及的全部内容都属于管理对象的范畴;另一方面,应急管理所涉及的法制、体制和机制也都是管理的对象。

2.3.1 应急管理的原则

突发事件应急管理具有很大的挑战性,全面做好突发事件应急管理工作,要以科学发展观为指导,认真总结经验,不断深化对应急管理工作的认识,在具体管理工作中坚持遵循以下原则。

1)依法原则

必须通过行政立法,建立健全应急管理机制,明确机构设置、层级、权利与责任,以实现统一管理,确保指挥顺畅、政令畅通。同时必须按照信息公开要求,除属于法律规定不应公开的信息外,应做到依法、公开、透明。

2)以人为本原则

要做好应急管理工作必须依靠人,从突发事件的预防到应急处置,都离不开人员的参与;加强应急管理的基本目的就是保障人民的生命和财产安全。一些突发事件不仅影响正常社会秩序,更给人类生命带来严重威胁。在应急管理体系中,生命安全是最重要的价值目标,应急管理体系中的各项应对处置工作必须围绕生命优先原则开展。

3)统一指挥、分工协作原则

突发事件具有突发性、不确定性、衍生性等特点,影响范围大,造成的危害严重,防范处置工作往往涉及多地区、多部门,要实现同一目的,需要统一指挥、分工协作,这既是应急管理体系有效运行的要求,更是应急管理体系综合性特点的本质要求。

4)分类、分级处置原则

对突发事件进行分类、分级,针对不同类型、不同级别的突发事件,制定不同的预案,采用不同的应急处置办法。同时要对机构进行分类、分级,使得相应机构与相应突发事件挂钩,以便职责要求明晰、处置及时有效,提高应对处置的工作效率。

5)资源协调管理原则

这种资源不仅包括保障系统中的资源,还包括来自政府各系统、各部门、企事业单位、公共组织以及其他社会组织的各类资源。在应急管理体系中,能够对资源进行协调使用、合理管理。

6)可持续发展原则

突发事件应急管理是一项长期艰巨的工作,不但要着眼于当前的具体应急工作,而且要与社会环境发展相结合,制定出一个长期战略规划,纳入高速公路可持续发展过程中。

2.3.2 应急管理框架

美国联邦应急管理局指出,应急管理是指对突发事件的一个准备、缓解、反应和恢复的过程,这是一个动态的过程。Robert Heath(1998)认为,危机管理(应急管理)就是通过寻找危机根源、本质及其表现形式,分析它们所造成的冲击,运用缓冲管理更好地进行转移或缩减危机的来源、范围和影响,提高危机初始管理的地位,改进危机冲击反应管理,完善修复管理,从而迅速有效地减轻危机造成的损害。因此,Robert Heath 将危机管理过程概括为 4R 模式,即缩减(Reduction)、预备(Readiness)、反应(Response)、恢复(Recovery)4 个阶段。在 4R 模式的基础上,提出应急管理的主要过程包括:预防减灾、应急准备、应急处置以及恢复重建 4 个阶段。4 个阶段构成一个循环,每一阶段都起源于前一阶段,同时又是后一阶段的前提,有时前后两阶段之间会存在交叉和重叠。根据该观点,本书的应急管理框架图如图 2-1 所示。

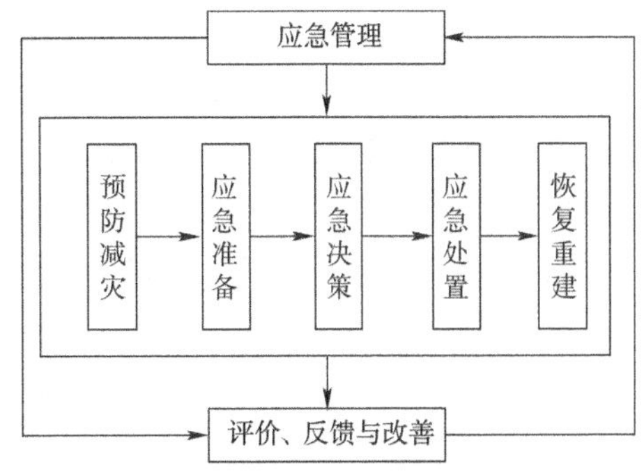

图 2-1　应急管理框架图

1)预防减灾

预防减灾即风险控制。突发事件预防是指在突发事件发生之前,采取一系列预防性措施,尽可能减小突发事件发生的可能性或者降低突发事件发生后的危害程度。对于任何应急管理而言,预防都是一个重要环节,因为在预防阶段最容易控制,且花费也最小,只要对各种细小的变化多加注意,防微杜渐,化解矛盾,就可以防止突发事件发生或者减轻其危害。这个阶段要加强风险管理工作,加强对风险源识别和风险事件的监控预测,采取相应的隔离预防措施,以减少风险事件演变为突发事件,防患于未然,减小突发事件发生的可能性。

2)应急准备

应急准备指针对特定或者潜在的突发事件所做的各种应对准备工作。计划充分是应急管理的一项主要原则,在突发事件发生之前,必须做好相应的恢复计划,才能有备无患。它是连续不断的过程,且需要丰富的专业知识,目的是一旦突发事件发生,就能采取合适的行动,使损失最小化,降低紧急状况出现时未知因素带来的危害。应急准备包括利用现代信息技术,对信息数据进行收集处理,对突发事件进行风险分析,争取及时做出突发事件分级预警。如果没有充分有效的预防和准备工作,应急响应不会达到预期效果,主要包括两方面措施:一方面是收集突发事件所有相关信息数据,对事件进行分级预警;另一方面是尽可能增加灾害发生时的可调用资源。

3)应急决策

应急决策是指根据当前所掌握的信息数据,编制适应当前突发事件的应急预案,在实施过程中动态调整预案,并对预案进行评估,就应急组织进行技能培训和模拟演练,落实应急资源保障等。应急决策在危机事件管理中处于核心位置。应急决策关系到危机事件处置的成败,是贯穿于公共危机管理全过程的灵魂。应急决策与平时常规决策很不相同,它们在价值选择、目标取向和实际结果上有很大的区别。危机事件的突发性、风险性和不确定性,使每一个应急决策都尤为重要。突发事件的应急决策不仅包括针对事件发生时制定各种可能的应急方案并作出决策,更应包括事件发生前,对导致危机能量不断积聚的各种危险因素进行识别与预防。

4)应急处置

在突发事件发生发展的过程中,采取各种紧急救援措施,是应急管理的关键阶段。突发事件发生后,需要及时出击,在尽可能短的时间内遏止危害发展趋势,及时收集灾情,报告信息，实施应急处置方案，通过调动各方资源、人员和技术，控制局面，紧急救援，实施控制隔离，提供基本安全保障。在此阶段，需要注意的是各种紧急救援行动的实施要防止二次伤害，防止事态进一步恶化。

5)恢复重建

在经历突发事件后，人和物都会受到程度不同的冲击和影响。在突发事件得到有效控制之后，为了恢复正常的状态和秩序，需要进行各种善后工作。一旦危害得到控制，就启动恢复计划，提供灾后救济救助，重建被毁设施，尽快恢复正常的社会生产秩序，进行灾害和管理评估等善后工作，并对应急预案进行修订，总结经验，对应急管理进行改进和提升。

2.4 应急管理“一案三制”

应急管理体系是一个完整的系统工程，通常包含“一案三制”。“一案”即应急预案，是应急救援体系的重要组成部分，是根据发生或者潜在的突发事件，为确保应急救援行动有序、及时、高效地开展，尽可能减小危害带来的损失而预先制订的有关计划和方案；应急预案包括各级政府总体预案、专项预案和部门预案，以及基层单位的预案和大型活动的单项预案。“三制”指应急管理法制、管理体制和管理机制，要保证不同部门的人力、物力资源在应急管理体系框架下高效运行，还必须有相应的应急管理机制、体制和法制，使之规范化、制度化和法定化。

2.4.1 应急预案

应急预案是应急管理工作的一个核心内容，它是针对可能的重大事件或灾害，为保证迅速、有序、有效地开展应急与救援行动、降低事件损失而预先制定的有关计划或者方案。它是在辨识和评估潜在重大危险、事件类型、发生的可能性、发生过程、突发事件后果及影响严重程度的基础上，对应急机构职责、人员、技术、装备、设施、物质、救援行动及其指挥与协调等方面预先做出的具体安排。应急预案是应急管理工作的具体反映。

应急预案是为了提高政府保障公共安全和处置突发事件的能力，最大限度地预防和减少突发事件及其造成的损害，保障公众的生命财产安全，维护国家安全和社会稳定，促进经济社会全面、协调、可持续发展，以及宪法及有关法律、行政法规制定的具有指导性的文件。

应急预案管理是指通过对信息进行分析，预测事物的发展趋势，识别可能带来的威胁，并针对这些情况制定相应的预备性处置方案，同时根据具体的事态发展及时调整行动方案，以控制事态的发展，将可能发生的损失降至最低，维护整体利益和长远利益。具体地讲，预案管理的主要内容有预案的编制、预案的演练、预案的选择、预案的评估、实施过程中预案的动态调整、预案的修订等。具体有关应急预案的相关内容将在后文描述，此处不再赘述。

2.4.2 应急管理法制

应急管理法制体系建设是开展突发事件应急管理工作的保障，是保证应急管理工作规范化、科学化的重要基础。我国高度重视突发事件应对法制建设，不断完善应急管理法律法规，依法规范了突发事件应对工作，基本建立了以《中华人民共和国宪法》为依据、以《中华人民共和国突发事件应对法》为核心，包括法律、行政法规、部门规章和地方性法规的应急管理法律法规体系。

应急管理法制旨在以法律手段保障突发事件的应对处置，其调控的对象是突发事件及其引发的危机。应急管理法制，是现代应急管理体系的重要内容，也是规范应急管理的重要保障。

2.4.3　应急管理体制

应急管理体制是经过应急管理实践检验并证明行之有效的、较为固定的方法。任何组织的工作机制，不因组织负责人的变动而随意变动，而单纯的工作方式、方法是可以根据个人主观意识而改变的。

应急管理体制主要指应急指挥机构、社会动员体系、领导责任制度、专业救援队伍和专家咨询队伍等应急管理机构的组织形式。与一般的组织结构不同，应急管理体制是一个开放的体系结构，由许多可独立展开应急活动的单位体构成。从整体上看，应急管理体制属于模块化结构，可针对不同类型、不同级别和不同地域范围的突发事件，快速灵活地构建起相应的应急处置结构。应急管理体制结构分三层，即决策层、执行层和行动层。

我国应急管理体制按照“统一领导、综合协调、分类管理、分级负责、属地管理为主”的原则建立。从机构和制度建设上看，既有中央级的非常设应急指挥机构和常设办事机构，又有地方政府对应的各级应急指挥机构，并建立了一系列应急管理制度。从职能配置上看，应急管理机构在法律意义上明确了在常态下编制规划和预案、统筹推进建设、配置各种资源、组织开展演练、排查风险源的职能，规定了在突发事件中采取措施、实施步骤的权限。从人员配置上看，既有负责日常管理的从中央到地方的各级行政人员和专职救援的队伍，又有高校和科研单位的专家。

完善应急管理体制，提高预防和处置突发事件的能力，是关系国家经济社会发展全局和人民群众生命财产安全的大事，是坚持以人为本的重要体现。通过加强应急管理组织建设，建立健全社会预警机制、突发事件应急机制和社会动员机制，可以最大限度地预防和减少突发事件及其造成的伤害，保障公众的生命财产安全，维护国家安全和社会稳定，促进经济社会全面、协调、可持续发展。

2.4.4　应急管理机制

为了保证应急管理的有效运转，必须建立完备的应急管理机制。2006 年 7 月，《国务院关于全面加强应急管理工作的意见》指出，要“构建统一指挥、反应灵敏、协调有序、运转高效的应急管理机制”。应急管理机制建设的目的，是实现从突发事件预防、处置到恢复的全过程规范化流程管理。

应急管理机制是所涉及的各种制度化、程序化的应急管理方法与措施构成的有机整体及相互协调的关系。

应急管理机制以应急管理全过程为主线，涵盖事前、事发、事中和事后各个时间段，包括预防、准备、响应和恢复等多个环节。《国家突发公共事件总体应急预案》对我国的突发公共事件应对工作的运行机制进行了明确的规定，主要内容包括预测与预警、应急处置、恢复与重建和信息发布 4 个方面。根据应急管理的预防、准备、响应和恢复 4 个阶段划分,以及突发事件应急管理的过程,应急管理机制一般包括预防与准备机制、监测与预警机制、启动机制、信息报送机制、决策处置机制、协调联通机制、信息发布机制、社会动员机制、善后恢复机制、评估与学习机制和应急保障机制等。

应急管理机制是提高应急管理能力的关键要素,基于现代信息技术、决策支持技术和管理技术,在突发事件预防与应急准备、监测与预警、应急处置与救援以及善后恢复与重建等全过程中,以快速、有效地预防和处置突发事件为目的,建立具有一定强制性的应急工作制度、规则与程序,形成应急组织和资源之间的运作机理,即相互协调配合的工作关系。机制的核心是保障应急管理统一指挥、反应灵敏、高效运转,其主要内容是实现流程化应急管理。

第3章 高速公路路域水环境突发事件致污机理

本章首先介绍了以海因里希(W. H. Heinrich)、博德(Frank Bird)、亚当斯(Adams)及北川彻三为主要代表的事故因果连锁理论及以能量意外释放论为主要代表的其他事故致因理论,为研究水环境突发事件发生机理提供了理论依据。其次,通过对水环境风险源定义及特征分析,识别水环境风险源,并从不同的视角进行分类,为后续研究水环境突发事件的致污机理提供了基础。最后揭示水环境污染物的迁移特征,并在此基础上研究水环境突发事件的发生机理,构建路域水环境突发事件致污机理模型。在实际工作中,熟练运用致污机理及模型对突发事件发生的原因加以分析,可从源头上有效预防事故发生,有利于对突发事件的风险预防管理,并有助于在高速公路路域水环境突发事件中作出正确的应急决策,为水环境突发事件应急管理提供理论依据。

3.1 事故因果连锁理论

事故因果连锁理论是从大量典型事故本质原因分析中所提炼出来的事故机理和事故模型。它们反映出了事故发生的内在规律,运用这些机理和模型能够对事故发生的原因进行定性和定量的分析,对事故进行预测和预防,有利于对风险进行有效管理,并根据该理论和模型作出正确决策。事故因果连锁理论归属于事故致因理论体系。事故因果连锁理论提出人的不安全行为和物的不安全状态的概念,并揭示人的不安全行为和物的不安全状态与事故发生的内在关系。

正如链式反应的机理和过程,事故发生是一连串事件按一定顺序互为因果依次发生的结果,这是事故因果连锁理论所表达的基本观点。其代表性理论主要有:海因里希事故因果连锁理论、博德事故因果连锁理论、亚当斯事故因果连锁理论和北川彻三事故因果连锁理论。海因里希事故因果连锁理论认为,人的缺点和不足促使人的不安全行为和物的不安全状态产生变化,进而发生事故,它主要追究人的先天遗传因素以及社会环境方面的问题,所以又被称为事故因果论。而博德事故因果连锁理论的观点则认为,事故发生的根本原因是管理失误;亚当斯事故因果连锁理论则将人的不安全行为和物的不安全状态称为现场失误,并对现场失误的管理原因进行了分析,因而博德和亚当斯的理论又被称为管理失误论。北川彻三事故因果连锁理论则考虑了不同社会因素对事故伤害发生和预防的重要影响,超出安全管理工作的范围。

3.1.1 海因里希事故因果连锁理论

20世纪二三十年代,美国人海因里希通过分析、概括当时美国工业安全的实际经验,在《工业事故预防》一书中提出了一种事故因果连锁理论(Accident Causation Sequence Theory)。海因里希详尽分析了导致伤亡事故的各种因素、因素之间以及因素与事故之间所具有的连锁关系,得出伤亡事故是一连串风险事件相继发生而导致的结果,并不是孤立事件。海因里希把工业事故的发生和发展过程描述为具有一定因果关系的事件的连锁发生过程,即:

(1)事故导致人员伤亡。

(2)人的不安全行为或(和)物的不安全状态导致事故发生。

(3)人的缺点造成人的不安全行为和物的不安全状态。

(4)不良环境的影响或者先天遗传因素造就人的缺点。

在该理论中,海因里希提出的事故因果连锁过程包括5种因素:遗传及社会环境(M)、人的缺点(P)、人的不安全行为或物的不安全状态(H)、事故(D)、损害或伤害(A)。

(1)遗传及社会环境。人的缺点以及人的不安全行为是遗传和社会环境直接造成的。一个人由于受到遗传因素的影响,会养成一些不良的性格,如鲁莽、固执、粗心等。而社会环境可能会影响人的安全素质培养,不良的社会环境会助长其不良性格发展。所以遗传及社会环境因素是事故因果链的起点。

(2)人的缺点。海因里希认为,人的缺点由先天缺陷和后天不足两部分组成,其中先天缺陷是受遗传和社会环境影响而造成的,如鲁莽、固执、易过激、神经质等不良性格;而后天不足主要是指缺乏安全生产知识和技能的能力。因此他认为人的缺点是使人产生不安全行为或造成物的不安全状态的主观原因。

(3)人的不安全行为或物的不安全状态。所谓人的不安全行为或物的不安全状态是指那些曾经引起过事故,或可能引起事故的人的行为、机械或物质的状态,它们是造成事故的直接原因。海因里希认为现场工人和管理者等的自身缺点容易造成人的不安全行为或物的不安全状态,而人的不安全行为是造成事故的主要原因。

(4)事故。事故是指由物体、物质或放射线等发生作用使人体受到伤害的、突发的且不可控的事件。例如,坠落、物体打击等使人员受到伤害的事件是典型的事故。

(5)伤害。此处指由事故造成的伤害。海因里希用多米诺骨牌具体形象地对事故连锁过程进行描述,即事故的发生是一连串事件按一定顺序互为因果依次发生的结果,故该理论又被称为多米诺骨牌理论(Domino Theory),如图3-1所示。

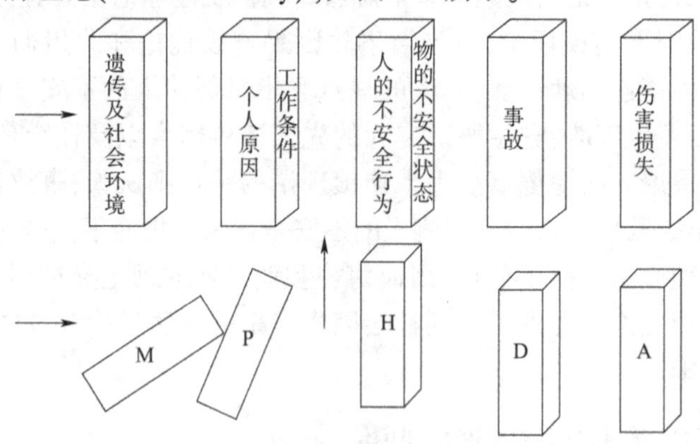

图3-1 海因里希事故因果连锁模型

如果第一块骨牌倒下(初始因素出现),则后面的骨牌将相继被压倒,直到最后一块骨牌倒下即造成伤害。可见,伤害是因果连锁进行连续传导的最后结果,能否造成最后的伤害不仅要看第一块骨牌是否倒下,还要看中间骨牌之间的关系是否连续。如果在连锁反应过程中,其中某一骨牌被移走(不连续),那么连锁传导则会立即终止,也就不会造成伤害。

由于遗传与社会环境、人的缺点是客观存在的,因此,海因里希认为在企业安全管理工作中,重点是要将人的不安全行为或物的不安全状态移去,以中断事故出现因果连锁传导。当然,通过改善社会环境可以使人具有良好的安全意识,加强相关培训能使人提升安全技能,或者加强应急抢救措施等一系列工作都能在一定程度上移去某一骨牌,从而使得骨牌的稳定性增强,事故也就得到了有效的预防和控制。从该理论汲取的积极意义是在高速公路路域水环境突发事件管理过程中必须重视和加强对参建人员和管理者的岗前教育、培训,消除人的不安全行为;通过加强对物的日常保养、维护和监控,消除物的不安全状态。

海因里希事故因果连锁理论也存在不足之处,一方面它对事故因果连锁关系的描述过于简单和绝对,另一方面它将人的不安全行为和物的不安全状态的原因归结于人的缺点,追根溯源是由于人的遗传因素和社会环境因素导致了事故的发生,在一定程度上反映了其认识的局限性。因此,在对高速公路路域水环境突发事件管理过程中,海因里希事故因果连锁理论可以在一定程度上说明事故发生的原因,但不能完整地说明事故的发生机理,也就难以对突发事件的预防和控制进行有效的指导。

3.1.2 博德事故因果连锁理论

美国前国际损失控制研究所所长博德提出了比海因里希事故因果连锁理论更接近于现代安全观点的事故因果连锁模型。博德事故因果连锁理论认为,人的不安全行为或物的不安全状态是导致事故发生的直接原因,个人因素及与工作有关的因素则是间接原因,并强调管理的缺陷是事故发生的根本原因,即管理上存在的问题或缺陷导致了间接原因存在,而间接原因进一步导致了直接原因的存在,最终导致事故发生。

博德事故因果连锁模型(图3-2)中提出了5个影响因素,但其代表的含义与前一个模型中影响因素的内涵存在明显区别。

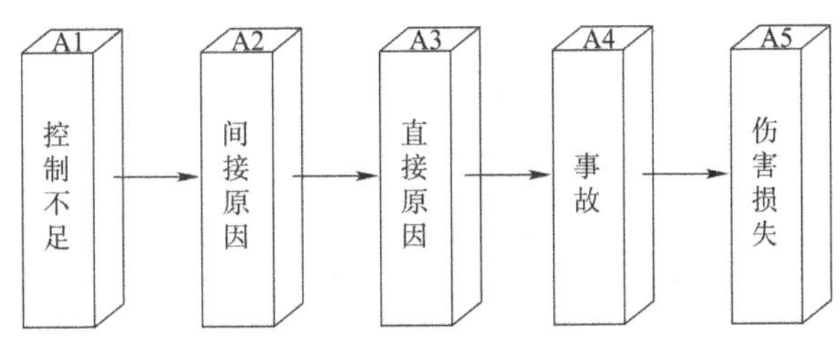

图3-2 博德事故因果连锁模型

A1-管理;A2-起源(工作方面原因、个人原因);A3-征兆(人的不安全行为、物的不安全状态);A4-接触;A5-结果

(1)管理缺陷的原因。在绝大多数事故中,依靠工程技术完全消除物的不安全状态是不可能的,所以事故发生的主要原因是除工程技术之外的管理疏忽或者是由于管理制度不规范而导致的,即管理缺陷的出现成为事故因果链的起点,也因此需要通过完善安全管理工作才能有效防止事故发生。

(2)个人及工作条件的原因。管理的缺陷会对工作人员和工作条件产生影响。具体表现为:在实际工作中由于管理缺陷,未能重视工作条件对工人生理机能产生影响;不重视安全及风险;忽视工人生理和心理状态的评价以及环境和设备设施运行状态的监控与评价等。这些影响都会导致人、物不安全行为和状态的出现,因此需要将这些个人及工作条件的原因找出并有效控制,才能防止后续原因的发生,进而防止事故发生。

(3)直接原因。人的不安全行为或物的不安全状态的交叉相互作用是导致事故发生的直接原因。需要强调的是在安全管理的实际工作中,不能仅仅停留在直接原因上,还要重视隐藏在背后的管理缺陷的原因,及时找出根本原因并采取有效的控制措施,以防止事故发生。

(4)事故。博德认为事故是能量超出承受阈值后的转移,或者是人体承受这种能量转移后,出现不安全状态,造成意外发生。

(5)损失和伤害。损失指事故造成的经济损失,伤害指事故造成的人员身体机能或心理创伤,包括死亡。在实际情况下,可以通过及时采取恰当有效的措施将损失和伤害最大限度地减小。例如,对应急救援人员进行科学培训、对设备进行及时的抢修以及对受伤人员进行迅速并正确的抢救等。

博德认为,虽然人的不安全行为和物的不安全状态这两种因素是导致事故发生的重要原因,但是究其原因,这两种因素只是一种表面现象,而事故发生的内在原因则在于管理失误。管理失误主要表现在对导致事故的根本原因控制不足,也可以说是对危险源控制不足。

博德理论对于高速公路路域水环境突发事件管理有较好的借鉴作用。一方面,从风险源到突发事件演化过程中,管理缺陷是一重要的推力;另一方面,考虑到了工作环境的影响,提供了更为全面的思考。

3.1.3 亚当斯事故因果连锁理论

英国伦敦大学约翰·亚当斯提出的事故因果连锁理论的核心理念与博德模型相近,亚当斯事故因果模型着重从管理体系、管理失误、现场失误、事故和伤害或损失等方面分析了事故致因,其内容如表3-1所示。

亚当斯事故因果连锁理论　　表3-1

<table>
<tr><th rowspan="2">管理体系</th><th colspan="2">管理失误</th><th rowspan="2">现场失误</th><th rowspan="2">事故</th><th rowspan="2">损失</th></tr>
<tr><th>领导者在下述方面决策错误或没决策</th><th>安全技术人员在下述方面管理失误或疏忽</th></tr>
<tr><td rowspan="7">管理目标
组织结构
组织机能</td><td>政策</td><td>行为</td><td rowspan="7">人的不安全行为、物的不安全状态</td><td rowspan="7">事故</td><td rowspan="7">对人的伤害、对物的损坏</td></tr>
<tr><td>目标</td><td>责任</td></tr>
<tr><td>权威</td><td>权威</td></tr>
<tr><td>责任</td><td>规则</td></tr>
<tr><td>职责</td><td>指导主动性</td></tr>
<tr><td>考核</td><td>积极性</td></tr>
<tr><td>权限授予</td><td>业务活动</td></tr>
</table>

亚当斯理论将失误分为管理失误和现场失误两类,并将人的不安全行为和物的不安全

状态归于现场失误,在区分管理失误和现场失误内涵的同时也明确了两者之间的关系,即管理失误是现场失误的直接原因。该模型重点对造成现场失误的管理原因进行了研究,认为管理体系中管理目标的清晰度、组织结构的合理性、组织机能的健全程度决定了管理人员在实际管理过程中是否会失误及其失误程度,进而导致现场出现人的不安全行为和物的不安全状态。

亚当斯因果连锁理论主要是从组织和组织管理视角对事故原因进行了分析研究,对人的因素、工作条件和环境条件因素涉及不多,与高速公路路域水环境突发事件管理实际上存在一定差异,也造成其在高速公路路域水环境突发事件管理中运用的局限性。

3.1.4 北川彻三事故因果连锁理论

通过对海因里希事故因果连锁理论、博德事故因果连锁理论以及亚当斯事故因果连锁理论的分析,可以看出这三种不同的事故因果连锁理论都是从企业内部视角出发去研究事故发生的原因,而日本的北川彻三则认为,对于事故的发生,细究其原因是很复杂的,不应局限于仅仅从企业内部出发,还应看到企业外部条件的影响。这些企业外部的条件,主要是指一个国家或地区的政治、经济、文化和科技发展等诸多社会因素,它极其重要地影响了企业内部伤害事故的发生和预防。因此,北川彻三在充分考虑社会因素的影响后,在海因里希事故因果连锁理论的基础上做了一定的修正,提出了北川彻三事故因果连锁理论。该理论的内容如表3-2所示。

北川彻三事故因果连锁理论 表3-2

根本原因	间接原因	直接原因	其他	
管理	技术	人的不安全行为、物的不安全状态	事故	伤害
学校教育	教育			
社会	身体			
历史	精神			

相对于博德事故因果连锁理论来说,北川彻三肯定了人的不安全行为和物的不安全状态是导致事故发生的直接原因,间接原因则在于技术、教育、身体及精神方面。最大的区别是在考虑事故发生的根本原因中加入了社会方面的众多因素。

事故发生的间接原因主要来自技术、教育、身体和精神方面。技术原因主要指机械、装置、设施的设计、建造及维护存在缺陷,教育原因指因教育培训不充分而导致人员缺乏安全知识及操作经验,身体原因指人员的身体状况不佳,精神原因则指人员的不良态度、不良性格、不稳定情绪。一般来说,在实际中,技术和教育原因比较普遍,后两种原因相对较少。

事故发生的根本原因主要来自管理、学校教育、社会和历史方面。管理原因指领导者不重视、作业标准不明、制度有缺陷、人员安排不当以及职工积极性不高等管理上存在缺陷;学校教育原因指教育机构的安全教育不充分;社会和历史原因是指社会安全观念落后,安全法规或安全管理和监督机构不完备等。

北川彻三事故因果连锁理论中提出的根本原因所涉及的因素超出了一般企业安全工作的范围。但是对于高速公路路域水环境突发事件管理,充分认识这些根本原因因素,对综合利用可能的科学技术、管理手段、法律法规、教育改革以及安全文化措施来改善间接原因因素，从而达到预防伤害事故发生的目的，这是十分必要的。

3.1.5 其他事故致因理论——能量意外释放论

能量意外释放论是由吉布森(Gibson)在1961年提出的，哈登(Hadden)等人在1966年引申。吉布森认为事故是一种不正常的或不希望的能量释放并转移于人体或设备，如果意外释放的能量作用于人体并超过人体的承受能力，则造成人身伤害；如果作用于设备、建筑物等物体并超过它们的抵抗能力，则造成损坏；能量是否产生人员伤害，除了与能量大小有关外，还与人体接触能量的时间、频率、部位以及能量集中度有关；各种形式的能量是造成伤害或损坏的直接原因。

能量意外释放理论阐明了事故发生的物理本质，体现了人类认识的一大飞跃，为人们认识事故原因提供了新的视野，是事故致因理论发展过程中的重要一环；指明了防止事故就必须管理好能量，防止其意外释放，并指出控制能量的有效措施是对其进行屏蔽，将人与物，人、物与能源隔开；建立了预防事故的基本方法：首先确认某个系统内的所有能量源，然后确定可能遭受该能量伤害的人员及其伤害的严重程度，进而确定控制该类能量异常或意外转移的方法；依照该理论可以建立的伤亡事故进行统计分类，是一种可以全面概括、阐明伤亡事故类型和性质的统计分类方法。

能量意外释放理论的不足之处是：由于意外转移的机械能是造成工业伤害的主要能量形式，这就使得按能量转移观点对伤亡事故进行统计分类的方法虽然具有理论上的优越性，但在实际应用上却存在困难，它的实际应用尚有待于对机械能的分类作更加深入细致的研究，以便对机械能造成的伤害进行分类。另外，该理论没有揭示导致能量意外释放的深层次原因，不能从根本上采取措施，从而防止事故的发生。

对于高速公路路域水环境突发事件应急管理而言，利用能量意外释放理论进行致因分析时，由于该理论将事故归因于能量的意外释放，因此仅适用于存在能量以及能量的载体因素。根据对其他几种事故因果连锁理论的分析可知，导致人的不安全行为及物的不安全状态的原因在于管理因素及人为原因，而这两种因素都无法用能量来衡量和分析，因此，能量意外释放论在水环境突发事件应急管理中的应用具有一定的局限性。

3.1.6 案例分析——海因里希事故因果连锁理论的应用

1)案例描述

一天上午，某建筑公司1名瓦工和其他3人站在宿舍楼6层两阳台中间搭设的毛竹脚手架上浇筑阳台混凝土，由于没有专门搭设卸料平台，吊运的混凝土只好卸在该脚手架上临时铺设的钢模板上。8时49分左右，当第三斗混凝土卸在钢模板上，这名瓦工上前清理料斗时，脚手架右侧内立杆突然断裂，钢模板滑落，瓦工随钢模板坠落到地面，脑部和内脏严重摔伤，经抢救无效死亡。

2)事故原因分析

(1)直接原因。

在海因里希事故因果连锁理论的基础上，假定人的安全知识、安全意识、安全习惯是经后天的培养等形成的，包括由其所在单位的安全环境的影响，而并非成长历史、遗传因素和社会环境所决定。在本案例中，受害者瓦工的安全知识不足、安全意识欠缺、安全习惯不佳是第一块骨牌。第二块骨牌是事故发生的间接原因。第三块骨牌是人的不安全行为或物的不安全状态。下面针对这一块骨牌，进行详细的分析。

①物的不安全状态分析。

根据《高处作业分级》(GB/T 3608—2008)，该案例的作业高度高达20m，属于三级高处作业。该作业严重违反了《建筑施工高处作业安全技术规范》(JGJ 80—2016)，其卸料平台属随意搭建，用毛竹脚手架代替专门的高空作业设施，不能达到高处作业的安全要求，存在重大的安全隐患。本案例在物的方面(卸料台)本身存在着危险，也就是物的不安全状态，即事故的直接原因。

②人的不安全行为分析。

高处作业属于特种作业，应该由专门的人员和专门的设施进行作业。本案例在20m高的卸料台上作业本身就是一种不安全行为，加之操作人员安全意识低、安全知识缺乏，导致事故发生。这种危险表面上“看不到、摸不着”，与可见的危险有所不同。

(2)间接原因。

该建筑公司安排1名瓦工和其他3人，为了图省事和减少开支，随意搭设毛竹脚手架进行作业，可见该公司对安全的重视程度不够，安全生产管理机制不健全，安全生产管理制度不完善。更谈不上落实安全生产责任制、三级安全生产教育制度、现场安全操作规程、给员工配备合格的安全防护用品等。该建筑公司对作业现场的安全监督管理不力，在此案例中不是由经过培训的专业施工人员进行施工。

3)事故预防对策

根据海因里希事故因果连锁理论，就本案例而言，其对策措施从三个方面进行考虑。

技术方面：应编制预防高处坠落事故的安全技术措施，在所有高处作业前应依据有关规定进行专门的逐级安全技术交底。

管理方面：提高对安全生产重要性的认识，认真落实安全生产责任制，确保和加大对安全生产的投入，配备满足施工安全要求的安全管理人员，切实做到照章指挥，以人为本，关爱生命。切实加强安全检查，对特殊高处作业应实行跟踪检查或旁站监督，确保安全防护用品合格等。

教育方面：广泛开展安全学习和教育。如《建筑施工高处作业安全技术规范》(JGJ 80—2016)和《建筑工程预防高处坠落事故若干规定》(建设部—建质〔2003〕82号)等，加强对安全管理人员的安全知识教育和责任心教育。

3.2　突发事件风险源识别

突发事件往往经历潜伏期、形成期、爆发期、演变期和消退期5个阶段，其中潜伏期即突发事件初始的潜伏阶段，这个阶段水环境突发事件未发生，但风险源却是客观存在的，可能导致突发事件产生。因此在该阶段，应急管理重点工作主要是风险源识别，以有效防范水环境突发事件的发生，降低水环境突发事件的发生概率。水源保护区高速公路从建设到投入运营需要经历长期的过程,水环境风险源的识别是一个长期完善的过程,不可能在某一时间将所有风险源全部识别。

客观、准确认识高速公路路域水环境突发事件风险源,了解污染事件的触发因素,不仅有助于风险的事前控制,通过分析路域水环境突发事件风险源的特性及从不同维度对水环境风险源进行分类,加深对路域水环境突发事件风险源的认识,为下一节的路域水环境风险源污染作用机理研究探讨提供基础,也有利于提高事中应急救援的高效性和应急处置方案的针对性,最大限度减少因水环境污染造成的人员伤亡、行车中断、财产损失,缩小受灾范围,降低社会负面影响。

3.2.1 水环境突发事件风险源的定义与特征

1)高速公路路域水环境突发事件风险源的定义

国际上关于环境风险源的相关研究始于20世纪70年代,中国突发事件风险研究是从20世纪90年代开始的,且相当部分的相关研究是借鉴或套用危险源定义来讨论和分析环境风险源的。虽然风险源与危险源都具有潜在危害性和事故发生之前不确定性的特点,包括类型、危害后果等不确定性,但是基于不同研究视角和针对不同研究主体,其表达的含义却不尽相同。例如,从职业健康角度,根据我国颁布的《职业健康安全管理体系　要求》(GB/T 28001—2011)对危险源的定义:可能导致人身伤害和(或)健康损害的根源、状态、行为或其组合,可见其关注的焦点是生产安全、人的职业健康,此时风险源即危险源;但从环境保护的角度看,风险源的关注焦点则集中于事故对周围环境的影响,与危险源关注重点和研究视角有着明显区别,在研究方法上也不尽相同,如危险源的研究方法主要采用作业条件危险性评价法(LEC方法),环境风险源主要采用概率风险评价法。因此,在研究水环境风险源时仍沿用危险源的定义就越发不合适。

目前,关于高速公路建设项目环境风险的研究主要是集中于影响安全生产、职业健康的危险源的分析研究,对于高速公路建设项目环境风险源的相关研究较少,尤其是关乎人们生产、生活、生存的水环境风险源研究更少。少量关于高速公路路域水环境影响的研究也主要集中于高速公路运营期水环境风险源的相关研究分析,主要有以下两方面:①路面径流污染特征分析和路面径流处理技术研究;②突发交通事故影响河流环境研究分析。关于高速公路项目对水环境影响的研究中,对高速公路建设期和运营期路域水环境风险源研究较少,缺乏对公路建设项目全寿命周期风险源系统和全面的认识。

关于高速公路路域水环境突发事件风险源(以下简称为水环境风险源),本书定义其不仅指能污染受纳水体水质的有毒、有害物质,还应包括在高速公路项目全寿命期内能导致高速公路中心线两侧各200m范围内,当跨越水体时扩大为高速公路中心线上游100m至下游1000m范围内导致水质污染、破坏的有毒、有害物质泄漏、扩散、迁移的行为及环境因素。

2)高速公路路域水环境突发事件风险源的特征

(1)客观性。

高速公路建设是为了满足人们生存和发展的需要,实现特定目的,运用科学技术,通过有效组织利用各种资源的实践活动。高速公路建设中的各项工作需要消耗人力、物力、财力及对技术、管理进行整合，使得建设期内一些水环境风险源客观存在并且不以人的主观意志为转移或消亡。例如，桥梁基础施工过程中产生的钻渣、钻孔废水以及拆除围堰造成水体中的固体悬浮颗粒增加，施工材料（沥青、油料）、结构模板上的油污以及生产、生活废水（混凝土搅拌、生活污水）等。投入运营后，必然会有机动车尾气排放物、因交通事故泄漏的油类等其他有害物质残留在路面上，路面径流和交通事故是运营期内重大的水环境风险源，并且这两种风险源是客观存在且无法避免的。人们只能在一定的程度上改变风险源的发展条件，以降低事故发生的概率并减少损失，而不能彻底消除风险源。

（2）不确定性。

虽然风险源是客观存在的，但是，对于特定风险源，其转化为水环境突发事件的可能性却是不确定的。由于高速公路建设及运营阶段是一个动态过程，受内部环境和外部环境变化的影响，风险源导致污染事故发生的条件及影响范围也处在一个动态变化的状态。尤其是在高速公路运营阶段，在突发事件发生之前，风险源的种类、风险源发生的时间、风险源出现的空间位置以及风险源导致的危害结果都具有不确定性。

（3）隐蔽性。

高速公路工程是由若干个工序组成的，其从实施到完成必然经历一个长期的过程，同时由于涉及的人员、机械设备繁多，水环境风险源无法在某一时刻同时完全显现出来。换言之，高速公路路域水环境风险源具有一定的隐蔽性，不易被意识到和及时发现。它们往往是由于周围环境的变化、机械设备的磨损、工作人员的不恰当行为引起的。例如，由于施工环境的破坏导致边坡水土流失，造成水体污染；由于机械设备日常保养缺失，导致机械燃油的漏、滴现象；由于工作人员未严格遵守环境保护措施，导致生产、生活废水、污水排入水体，造成污染。总之，在高速公路建设、运营期，有许多水环境潜在风险源，只有外界环境发生变化才可能出现，属于触发型的风险源。

（4）可管控性。

水环境风险源既具有客观性，又具有隐蔽性，但其只有在具备了相应条件时才可能转化成风险事故，才可能对水环境造成危害。随着设计、施工技术的进步和管理水平的提高，人们对风险识别、控制、管理的能力逐渐提高，认真做好监测、岗前教育、机械设备日常维护工作和增强应急救援能力，从而通过改变或切断风险源转为事故的条件，或者通过有针对性地适用处理措施，达到降低突发事件发生的概率或者减小突发事件发生造成损失的目的，使其在一定程度上得到有效管控。

3.2.2　水环境突发事件风险源识别原则

1）科学性

水源保护区高速公路水环境风险源识别主要关注运营期和建设期内各类危害性大的风险源识别。虽然建设期水污染危害程度较运营期小，但其受外界因素影响较明显，如果不能科学地识别，容易造成人们在思想上忽视建设期内的风险源，进而容易导致各类污染事件在施工过程中不断重复出现。科学识别造成重大污染事故的风险源，是防范环境污染事故、科学开展环境风险管理的核心。科学建立水环境突发事件风险源识别方法，从源头上消除风险源，可在较大程度上规避水环境突发事件的发生。

2)全面性

如前所述,高速公路路域水环境风险源识别主要关注运营期和建设期内各类危害性大的风险源。一方面,高速公路建设是由若干个分部分项工程组成的,而每个分部分项工程又是由若干不同的施工工序形成的,应该通过对建设期各施工工序进行分析,或者通过一些施工工艺汇编等资料找出可能存在的风险源,然后将可能存在的风险源进行罗列汇总,需要在思想上充分重视建设期的风险源识别。另一方面,高速公路运营是个长期的过程,其间可能发生突发事件,会给水环境带来不同的风险,当风险累积到一定程度时,水环境风险将会凸显。因此,应该对高速公路突发事件进行全面研究,加强运营期间风险源识别的意识。

3)动态性

水环境风险源的识别是一个复杂的、动态的过程。水环境风险源受到时间、人的活动及自然环境的影响,使原本稳定的水环境逐渐趋于不稳定,潜在风险源转化为实体风险源,最终导致水环境突发事件的发生。

4)系统性

水环境突发事件的发生往往是一种或多种因素相互作用的结果,风险系统由这些要素相互联系、相互作用,在一定的条件下形成环境风险。站在系统的角度来辨识这些影响因素,除了注重个性分析,也要联系系统内的其他影响因素,进行整体把握。以系统的思维识别风险源,因此,对突发事件进行风险源识别需要对整个系统进行分析,如分析风险源与施工工艺之间的相互影响程度,风险源控制机制与周围环境的相互影响程度等。

3.2.3 水环境突发事件风险源识别依据

1)法律依据

在环境风险管理方面,我国颁布了多部法律和条例,包括但不限于《中华人民共和国安全生产法》《危险化学品安全管理条例》《建设项目环境保护管理条例》等,高速公路责任方必须按照国家法律、条例对道路交通运输进行管理。从法律和条例中可以收集可能导致水环境发生突发事件的风险源的物质种类、临界量等信息,这些信息可作为水环境风险源识别的直接依据。

2)工程项目相关的文件和资料及类似项目的资料

根据我国对风险管理的法律依据《中华人民共和国安全生产法》,在中华人民共和国领域内从事生产经营活动的单位,包括道路交通的责任主体,有义务对重大危险源进行登记建档、检测、评估、监控,将本单位重大危险源及有关安全措施报有关地方人民政府安全生产监督管理部门和有关部门备案。因此,在工程项目相关的文件、资料及类似项目的资料中能找到相关风险源的登记资料,其中包括工程设计资料、环境影响评价文件、工程地质勘察资料、施工图设计图纸、施工组织设计、专项施工方案、施工工艺、项目环境保护体系、事故应急救援资料等。

3)类似高速公路项目发生的水环境突发事件案例

案例推理作为一种类比推理的方法,在国内外均很常用,很多相同或相似的情况都会重复发生,并且都有相同或者相似的解决方法。通过对国内外类似高速公路项目发生的突发事件进行分析,得到导致其可能发生的直接或潜在风险等。这种分析得到的信息可与高速公路项目进行对比,找出直接或者潜在的风险源,可作为风险源初始识别的一个重要依据。

3.2.4 水环境突发事件风险源识别方法

1)资料法

资料法是根据任务需求,采用多种形式,通过查阅相关文献、访问相关网站、相关历史资料而获得的经验材料,利用这些相同或相似系统作业条件的经验和统计、记录资料来类推、分析水环境的风险源,这是水环境风险源调研中比较常用的一种方法。资料法具有应用范围广、基础信息收集全、分析成本低,收集到的信息相关性高、工作效率高等优点。但由于每个项目、系统所处的环境、时间不同,这种方法所获得的信息往往不够全面,时效性信息参考价值不高。

2)现场调查法

现场调查法是针对研究的实际需求,在调查时直接获得针对性较强、全面的第一手数据和资料,可以弥补资料法的不足。但这种方法容易受调研单位人力、财力、物力等客观条件限制且现场调查时间往往较短,收集到的信息有限,最重要的是现场调查涉及与被调研单位的沟通协调,调研次数过多往往容易遭到抵触,使得调研效果难以得到保障。

3)专家调查法

专家调查法在经验调查法等各方法中可信度、科学性较高,决定因素在于专家的相关经验及其知识结构。此方法以经验丰富和知识结构合理的专家为调查对象,受访专家依据其自身经验和知识结构,在某些特定情景及规则约束的条件下对研究对象作出评判和预测。识别水环境突发事件风险源是为了更好地掌握风险事件的潜在危害,在发生突发事件时及时作出决策,采取有针对性、有效的处置方案。因此对研究对象进行定性分析,以专家调查法弥补无法进行统计分析、现场调查等情况导致的研究科学性不足的问题。

3.2.5 水环境突发事件风险源识别过程

根据水环境风险源定义、风险源识别方法及高速公路工程实际特点,并结合工程项目实际情况,进行风险源识别,基本过程如下:

(1)成立风险源识别小组,建设期以建设单位工程部、安全环保部牵头,环保监理工程师、施工单位全员参与;运营期以应急领导小组专项副组长牵头。

(2)收集本工程项目基本资料,对工程所处的环境进行调研;收集水环境的相关信息,掌握潜在环境风险源、环境状况等相关背景;需要对本身自然环境恶劣,又容易受工程项目影响的水环境进行重点研究。

(3)以风险管理的视角,对项目工作分解结构(WBS)进行分析。工作分解结构一般来说是指按一定的原则分解,把项目分解成任务,任务再分解成一项项工作,再把一项项工作分配到每个人的日常活动中,直到分解不下去为止。因此需要分析工作分解结构中的日常活动对项目水环境的影响。

(4)结合类似工程项目风险识别成果,类比本工程项目,识别本工程项目是否存在相似的风险源,并对高速公路典型水环境突发事件原因进行分析,筛选、确认本项目的水环境风险源,最终形成本项目的水环境风险源识别初始清单。

(5)根据工程实际开展过程中出现的特例,记录、保留为文件资料,对风险识别初始清单进行补充和完善,并根据风险识别初始清单内容进行归类、整理和分析。

3.2.6 水环境突发事件风险源分类

水环境突发事件风险源是危害产生的源头,是水环境突发事件发生的先决条件。风险源的分类是开展高速公路路域水环境风险源研究的基础。科学合理地分类,有利于客观、准确认识高速公路路域水环境风险源的本质特征。同时,通过对水环境风险源进行分类,有利于在源头上采取更为有效的措施,降低水源保护区水环境突发事件发生的可能性和造成的危害,有助于根据不同类别的水环境风险源采取有效、准确监控,以及在突发事件发生后采取积极、有效的应对措施。本书从突发事件发生原因、风险源物质状态、风险源在高速公路项目全寿命周期中不同阶段、风险源产生的位置等视角对高速公路路域水环境风险源进行分类。

1)按高速公路路域水环境突发事件发生原因分类

根据水源保护区高速公路路域水环境突发事件的发生原因,水环境污染风险源可分为人为风险源和自然风险源。人为风险源是高速公路路域水环境突发事件的主要风险源,是指在高速公路全寿命周期中,由于管理不善或人为原因造成的水环境污染事故,主要包括勘察设计原因、施工管理原因及运营管理原因。勘察设计原因主要包括勘察基础资料不准确,设计参数、工艺选取与现场情况不匹配、对现场自然条件考虑不全面造成选线失败等。施工管理原因包括施工阶段的水环境保护措施、规章制度不完善,机械设备日常保养维护不及时,生活污水等违规排放,施工废弃物处理不当等。运营管理原因包括运营期发生人为原因引起的交通事故造成的水体污染,各类警示、提醒标志不完善,运营管理人员生活污水的违规排放等。

自然风险源主要是由于自然环境恶化或自然灾害造成的水环境污染,主要包括地震、台风等自然灾害造成的水体污染,特大暴雨导致路面径流对水体的污染,建设活动导致季节性水质周期性污染。

2)按水环境风险源污染物状态分类

针对高速公路建设和运营的特点,根据水环境风险源污染物的物质状态,将高速公路路域水环境风险源分为液态水环境风险源和固态水环境风险源,其分类框架如图3-3所示。基于污染物对水环境的影响,将水环境风险源进一步划分为:有毒有害化工品、石油类物质、生产生活废水、路面固体沉积废弃物。值得一提的是,液态水环境风险源相对固态水环境风险源,因其具有渗透土壤的特性,更容易污染高速公路路域水环境,因此对液态水环境风险源采取相应的措施应更及时、更有力。科学地划分风险源,有助于制定有针对性的方案保护水环境,降低污染。

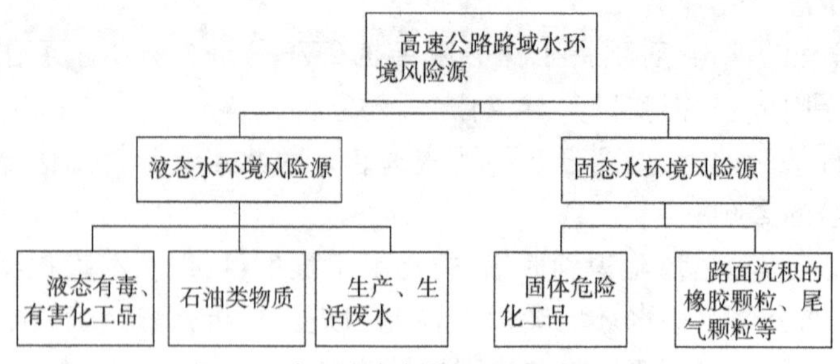

图3-3 高速公路路域水环境风险源分类

3)按高速公路项目全寿命周期各阶段任务、特点分类

高速公路工程全寿命周期主要包括建设前期、建设期、运营期3个阶段。在全寿命周期中,不

同阶段的参与方不尽相同、承担的工作任务和职责也不尽相同，但是由于每一阶段都会得到特定成果，而后一阶段的工作是在前一阶段工作完成的基础上开展的，因此前一阶段工作的完成质量必然影响后续工作。由此可见，高速公路路域水环境风险源在不同阶段，其存在形式具有差异，有的风险源只存于项目的某一阶段，有的存在于项目的多个阶段。根据水环境风险源不同阶段存在的形式，将水环境风险源分为建设前期风险源、建设期风险源及运营期风险源。

建设前期主要是进行建设项目勘察、预设计，为投资决策、公路选线提供基础数据，它并不能在此阶段直接对水体环境造成危害和影响，其对水环境造成的影响往往在后续各阶段中显现出来。例如，如果勘察阶段不能为公路选线提供真实、准确的地质资料，进而影响选线的正确性和科学性。由此引发的危害在此阶段不会显现出来，但容易给施工阶段甚至是运营阶段水质污染埋下隐患。因此，建设前期风险源是一种间接性风险源。

建设期风险源主要包括高速公路施工过程中产生的各类废水、废渣、生活污水，及水土流失和设计中对材料、工艺的选择不当、措施设置不到位造成突发事件发生时引起水体破坏。水源保护区高速公路建设往往是以桥的形式来跨越水体，但在桥梁施工过程中会产生各类废水、废渣。例如，基础施工过程中产生的各种废水、废渣（泥浆），在公路建设过程中由于施工机械老旧、缺乏日常保养导致各类油料泄漏，混凝土运输车辆和施工材料的冲洗、冲刷废水，施工阶段的生活污水。如果不制定严格的控制保障措施，势必导致水体中悬浮物（SS）、总溶解性固体（DS）、化学需氧量（COD）、生物需氧量（BOD）增加，导致水质下降。

运营期风险源主要有路面径流、水源保护区范围内的交通附属设施生活污水及造成水体污染的交通事故。众所周知，车辆行驶过程中可能会发生滴、漏油，这类物质在轮胎与地面摩擦时会产生橡胶颗粒，车辆排放尾气产生的重金属颗粒也会附着在油上，这些颗粒状物质容易在路面沉积；在受到雨水溶解、冲刷等作用后，将路面沉积的污染物汇于雨水径流中，造成受体水质污染。交通事故一般是突发性的，但其往往对水体造成严重污染，特别是涉及车辆载有有毒有害化学品的交通事故。

4）按照风险源产生位置分类

根据水环境风险源污染特征，将水环境风险源分为固定型风险源和移动型风险源。固定型风险源，其排入水体的排污口的空间位置往往是固定的，其污染特征为由点及面、由局部向整体扩散。例如，生活废水、污水的排放，混凝土拌和站的生产废水的排放，路面径流集水池容量不足导致溢流等。移动型风险源，指没有固定的排入水体的排污口，其污染往往是呈面状或带状，如交通事故造成污染物的泄漏，路面径流导致的溢流等。

虽然不同的分类方式造成水环境风险源的归类存在一定差异，各有优缺点（表3-3），也可能影响人们对风险源的识别，但是不同视角下的分类方法最终目的都是更好地辨识风险源，增强对风险源及其作用机理的认识和理解。

各种风险源分类的优缺点比较　　表3-3

序号	分类方法	出 发 点	优　点	存 在 问 题
1	按事故产生原因分类	基于事故责任	有利于主管部门或内部对风险事故责任进行划分	有些突发事件由人为原因和环境因素共同作用，责任界限并不清晰

续上表

序号	分类方法	出发点	优点	存在问题
2	按物质状态分类	基于环境风险源物质本身	能直观地了解、认识风险源的基本情况,有利于从物质属性角度对水环境风险源进行管理和采取相应措施	物质种类繁多,且危害程度不尽相同,识别和监控工作繁重
3	按高速公路项目全寿命周期各阶段任务、特点分类	基于各类风险源出现的时间	有利于对风险源危害性进行直观估计与阶段性控制	有些潜在风险源,其危害性爆发具有滞后性,对控制时效性产生影响
4	按照风险源位置分类	基于作用于收纳水体的位置是否固定	有利于制定预防措施、监控方案	移动型风险源的位置往往具有不确定性

3.3 突发事件致污机理模型

突发事件没有在潜伏期被有效控制,就会进入突发事件的形成期,也就是突发事件发生阶段。在这个阶段,某一个或者多个风险源爆发,然后通过突发事件表现出来,此阶段是有效控制突发事件扩展或最大限度减小事件危害的最好时机。对于高速公路路域水环境突发事件而言,由于突发事件的发生并不意味着直接导致水污染,污染源可能需要通过各种扩散途径才会导致水环境污染。所以在水环境突发事件形成期,应急管理工作需要根据水环境突发事件的致污机理,把握时机,第一时间对各种风险源进行识别和判断,依据突发事件的污染物迁移特征,尽可能对风险源及污染物采取隔离措施,减少水污染的可能,将危机控制在可控范围内。

3.3.1 水环境污染物迁移特征

虽然高速公路建设期与运营期相比时间较短,但由于建设期内污染物收集及处理设施还未建成,预防措施还不健全、不完善,应急技术、物资储备都较运营期更不充足,其应急响应时间也较运营期更长,导致建设期污染物比运营期更容易直接进入受纳水体,进而出现建设期内常规污染事故反复呈现及持续影响水质的情况。因此必须树立全寿命周期水环境突发事件预防管理理念。

水质污染物按照其物理属性可以分为固态和液态污染物,影响高速公路路域水环境水质的污染物种类、性质在建设期、运营期内有着明显差异。建设期内固态污染物主要是由于水土流失和现场文明施工措施不完善产生的一些固体悬浮颗粒,如桥墩打桩产生的泥浆、边坡防护措施不到位产生的水土流失等。建设期内的液体污染物主要是施工机械日常保养不及时出现的"跑""滴""冒"导致的油污染、生活污水、拌和设备及混凝土运输车辆清洗的废水。运营期影响高速公路路域水环境水体水质的固态污染物主要是残留沉积在路面的颗粒,如轮胎与地面的摩擦产生的橡胶颗粒、车辆尾气中的重金属固体颗粒;而液态污染物则主要是运输过程中或发生交通事故泄漏出来的一些化工产品,如石油、醛类、苯类物等。

固态污染物一般是随路面径流、路面冲洗水进入受纳水体，然后溶解于受纳水体、吸附于水体中的浮游生物或沉淀积聚于淤泥中。液态污染物由于都具有一定的流动性，可以直接进入受纳水体，也可以随冲洗水一起进入受纳水体，由于溶解度、密度不同，其在水中的状态、形式也不完全一样，导致与固态污染物迁移特征的差异性。

污染物进入河流、湖泊之后，在各种因素的共同作用下，其在水体中发生迁移、扩散以及降解等运动。这些因素不仅包括物理因素，还包括化学及生物因素。污染物在水体中有多种运动形式，不仅包括污染物随河流流动的推流迁移运动，还可能发生河流中的扩散运动以及污染的衰减转化运动。微溶、难溶污染物在水体中主要是进行随着河流流动的推流迁移运动，最后一般是吸附于水体中的浮游植物或积聚沉淀于淤泥中（这一情况在湖泊中表现更明显），而在水体中呈溶解状态的污染物在水体中的运动不仅有推流迁移运动，还有扩散运动及衰减和转化运动。

1）污染物推流迁移运动

推流迁移是难溶或微溶性污染物在水流推动作用下的迁移。污染物推流迁移运动的主要特点是污染物的状态属性及浓度并不随自身空间位置的变化而改变。在水流推流作用下，污染物在单位时间内通过单位面积的推流迁移通量见式(3-1)。

$$f_x = u_x C,\quad f_y = u_y C,\quad f_z = u_z C \tag{3-1}$$

式中，f_x、f_y、f_z分别为 x、y、z 三个方向上的污染物推流迁移通量；环境介质在 x、y、z 方向上的流速分量用 u_x、u_y、u_z描述；C 为污染物在水体中的浓度。

2）污染物扩散运动

分子扩散、湍流扩散和弥散是污染物在水中分散运动的主要形式。分子扩散是分子的随机运动引起的质点分散现象，分子扩散过程服从菲克（Fick）第一定律，即分子扩散的质量通量与扩散物质的浓度梯度成正比：

$$I_x^1 = -E_m \frac{\partial C}{\partial x},\quad I_y^1 = -E_m \frac{\partial C}{\partial y},\quad I_z^1 = -E_m \frac{\partial C}{\partial z} \tag{3-2}$$

式(3-2)中，x、y、z 三个方向上的污染物扩散通量用 I_x 来表述；E_m为分子扩散系数，该模型中分子扩散各个方向相同，因此，E_m在各个方向上相等；由于污染物质点的运动与浓度梯度方向相反，因此等式右边有个负号。

湍流扩散是湍流流场中质点的各种状态瞬时值相对于其时间平均值的随机脉动而导致的分散现象，湍流扩散项可以看成取状态的时间平均值后所形成误差的一种补偿。可以借助分子扩散的形式表达湍流扩散：

$$I_x^2 = -E_x \frac{\partial C}{\partial x},\quad I_y^2 = -E_y \frac{\partial C}{\partial y},\quad I_z^2 = -E_z \frac{\partial C}{\partial z} \tag{3-3}$$

式(3-3)中，$I_x{}^2$、$I_y{}^2$、$I_z{}^2$分别为 x、y、z 三个方向上由湍流扩散所导致的污染物质量通量；C 为水环境介质中污染物的时间平均浓度；E_x、E_y、E_z分别为 x、y、z 三个方向上的湍流系数，三个方向上的系数不完全相同，即湍流扩散具有各向异性特点；由于污染物质点的运动与浓度梯度的方向相反，因此，等式右边也有个负号。

弥散作用是由于实际的污染物分布状态与计算过程中对于横断面采用的平均状况之间所存在的不完全匹配造成的。为了缩小采用状态平均值计算带来的误差，考虑一个附加的量——弥散通量，同样借助菲克(Fick)定律来描述弥散作用：

$$I_x^3 = -D_x\frac{\partial C}{\partial x},\quad I_y^3 = -D_y\frac{\partial C}{\partial y},\quad I_z^3 = -D_z\frac{\partial C}{\partial z} \tag{3-4}$$

式(3-4)中，$I_x{}^3$、$I_y{}^3$、$I_z{}^3$分别为 x、y、z 三个方向上由弥散所导致的污染物质量通量；污染物在水环境介质中的时间平均浓度的空间平均值为 C；D_x、D_y、D_z分别为 x、y、z 三个方向上的弥散系数，三个方向上的系数不完全相同，即湍流弥散具有各向异性的特点；由于污染物质点的运动与浓度梯度的方向相反，因此，等式右边有个负号。

通常所说的弥散作用实际上包含了弥散、湍流扩散和分子扩散三者的共同作用。弥散作用不仅改变污染物的位置，还改变其分布、浓度，但不改变其总量。

3)污染物衰减和转化运动

衰减和转化运动是指污染物进入水体后，在水流推动及水体内微生物作用下发生降解、沉淀，进而造成污染物浓度降低、衰减，同时污染物污染范围也会随着水流推动而发生变化。河流、湖泊是一个动态平衡的微生态系统，不可能存在可以降解各类污染物所需要的足够数量的微生物，因此，生化降解能力较弱。衰减能够改变污染总量，但由于水体自身的降解、转化能力较弱，污染物降解速度与浓度的一次方呈负相关性。

$$\frac{\mathrm{d}c}{\mathrm{d}t} = -KC \tag{3-5}$$

式(3-5)中，K 为降解速度常数；C 为污染物浓度。

3.3.2 水环境突发事件发生机理分析

水环境突发事件发生机理是指某一潜在风险因素由量变到质变达到了一点的临界点而最终导致事件发生的规律。突发事件虽然是突然爆发的，但在爆发前往往经历了一个缓慢而平静的潜伏过程，其急速爆发只是一个缓慢积累的由量变到质变的结果。要了解高速公路路域水环境突发事件由量变到质变这一过程，就要分析和了解水环境突发事件致污机理，也就是突发事件由量变到质变的内在机理，进而明确水环境突发事件致因，从根源上对突发事件进行预控处置。

水环境突发事件致污机理的研究目的是明确导致水环境突发事件发生的原因，进而有效预防和控制水环境突发事件。把握水环境突发事件的致污机理具体要从以下两个方面入手。

1)把握水环境风险源、突发事件、污染事故三者之间的关系

水环境风险源是水环境突发事件发生的直接原因，也是污染事故发生的基础和前提。换言之，水环境风险源并不必然会造成水质污染，但是可以在每一起水污染事故中找到与之相对应的风险源。

突发事件是风险事件的一个特例，其最主要的特点是突发性和留给组织处置决策的时间非常有限。突发事件是风险源由可能性转化为危害这一过程中不可或缺的媒介，但突发事件发生后并不必然导致污染事故。例如，当水体附近发生交通事故(环境突发事件)时，如果交通事故并未造成车辆燃油泄漏至水体，那么必然就不会造成水质污染；若发生燃油泄漏但被及时发现并采取有效措施，使得泄漏燃油被及时、妥善处理，如全部进入集水池中或者

泄漏的污染物的量远小于水体的承载力，并不会造成水体污染。突发事件衍化为污染事故，主要是由于突发事件发生后组织应对不及时或采取的应急处理措施针对性不强，导致污染物泄漏量增加和污染物作用于受纳水体的时间延长，最终导致受纳水体被污染。

例如，在高速公路建设期直接进入受纳水体的污染物，因桥墩打桩产生的泥浆、边坡防护措施不到位产生的水土流失等，由于现场文明施工措施不完善而产生的固体悬浮颗粒，以及由于施工机械日常保养不及时出现的“跑”“滴”“冒”导致的油污染、生活污水及拌和设备及混凝土运输车辆清洗的废水等一系列的液体污染物，进入河流、湖泊后在物理、化学及生物因素的共同作用下，在水体中发生迁移、扩散及降解等运动。对于微溶、难溶污染物来说，主要发生推流迁移运动，最后吸附在水体中的浮游植物或积聚沉淀在淤泥里，而对于在水体中呈溶解状态的污染物则同时发生推流迁移运动、扩散运动及衰减转化运动。此时，水环境的迁移特征为风险源从可能性转化为危害提供了条件，倘若这些污染物进入水体前并未采取相应的措施，超过了水体的承载力就极有可能造成环境的破坏并产生危害。

风险源是指在高速公路建设期由于施工产生的泥浆、废水、机油等固态悬浮颗粒及液体污染物等；突发事件是指这些污染物由于施工管理不善进入受纳水体并扩散；污染事故则是指污染物进入水体后未妥善处理，使其超出水体自净能力而导致的水体污染。需要注意的是，存在风险源不一定会发生突发事件，发生突发事件也不一定产生污染事故。因此，把握风险源、突发事件及污染事故三者的关系有利于对水环境突发事件致污机理进行分析，更利于对突发事件的预防和控制。

2）认识污染物作用途径及水环境风险源污染作用力

水环境风险源具有潜在危害性是污染事故产生的根本原因。水环境污染事故影响受纳水体水质可能会有物理过程、生化过程，但其作用途径主要有三种：

（1）污染物直接进入受纳水体。

（2）残留在路面或浸入土壤的污染物在雨水或冲刷水的作用下，进入受纳水体。

（3）污染物除直接影响水质外还可能通过破坏、恶化受纳水质中的生态环境，造成水质污染。例如，污染物造成水体富营养化，导致浮游生物大量繁殖，污染物的分解使水体溶解氧含量不断被消耗，从而使动物死亡、细菌增加，导致水质恶化。

博德事故因果连锁模型中，如图3-4所示，人的不安全行为与物的不安全状态的交叉是导致事故发生的直接原因，其背后是管理缺陷的反映。

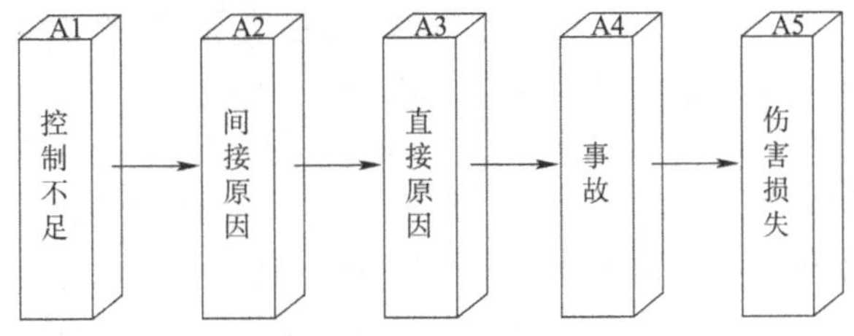

图3-4　博德事故因果连锁模型

A1-管理；A2-起源（环境原因、个人原因）；A3-征兆（人的不安全行为、物的不安全状态）；A4-接触；A5-结果

根据博德事故因果连锁模型，并结合高速公路工程自身的特点，笔者认为，高速公路路

域水环境风险源是污染作用的起源。突发事件是风险源与污染事故的中间媒介。水环境风险源转化为突发事件的作用力不仅来源于管理缺陷,还来源于环境影响。管理缺陷主要是包括组织内成员自身能力不足,风险管理制度不完善、不落实,组织责任不明确而无法正确、客观地认识风险源导致的风险管控不足。人员能力包括自身素质,知识学习、运用能力,正确认知风险源的能力,管控行为以及心理状态的能力。组织责任不明确是管理制度无法落实的重要影响因素,严重制约风险管理制度和风险应对措施执行;环境影响主要体现为自然环境和工作环境能诱发、触发水环境突发事件。其中,自然环境的影响主要受到水环境迁移特征的影响,一旦污染物进入受纳水体则极可能通过推流迁移运动、扩散运动及衰减转化运动进一步将突发事件的影响范围扩大,后果也将更严峻,因此触发水环境污染事故。突发事件发生后,组织应对不及时或应急方案不得力、措施针对性不强等,造成污染物质直接进入水体、浸入土体或水污染扩散、转移,从而形成水环境污染事故。

3.3.3 水环境突发事件致污机理模型

根据能量意外释放理论,拥有能量的能量源或拥有能量的能量体可被看作第一类危险源,人、物、环境是触发第一类危险源的第二类危险源。博德提出,人的不安全行为和物的不安全状态只是造成事故发生的表象,其根本原因是管理失误。海因里希的事故因果连锁理论认为事故是由一连串因素以因果关系依次发生,就如链式反应的结果,若污染事故直接发生连锁反应,将导致更严重的后果。Gallagher 和 Gerard A. (1986)通过对危险品运输事故的分析研究,得出人为失误是导致事故的主要原因。刘浩学、沈小燕等(2006)深入分析我国道路危险货物运输典型事故案例,认为法律法规不完善、从业人员素质偏低、运输设备和道路条件较差是导致我国道路危险货物运输事故的根本原因。Blades C. J. (1988)通过对低温危险品罐车运输事故的大量调查分析,提出一系列用于训练从业人员并减少操作失误的措施。

依据以上理论,风险存在和事故发生的内因是在特定生产系统中客观存在的各种能量物质,即存在固有风险这类可能导致事故的物质因素。外因是指人在整个过程中起到的作用,外因可触发事故,也可阻止事故发生。高速公路路域水环境突发事件可从固有危险和安全补偿的角度进行研究,如图 3-5 所示。固有危险反映的是物质自身的特性,危险物质生产、运输过程的特点以及危险单元的内外部环境情况,如交通事故、泄漏事故、路面径流等,交通事故又可由车辆碰撞、护栏设计不合理等因素所致,车辆碰撞则可能由于人为疏忽或车辆故障引起;安全补偿主要是指人在控制事故发生和防止事故后果扩大方面所采取的措施。

根据风险源、突发事件、污染事故三者之间的相互关系、作用力和污染物影响水质的作用途径,构建水环境突发事件致污机理模型,如图 3-6 所示。

水环境风险源客观存在且不以人的意志为转移,但由于水环境风险源本身具有一定潜在危害性,其在管理缺陷(如人员能力不足,组织制度、管理制度不完善)的组织、生态自然环境、工作环境的单独作用或共同作用下造成能量突然释放,引起水环境突发事件。究其原因主要是组织对突发事件管控不足,具体表现为组织对突发事件的响应不及时,采取的应对措施针对性不强或技术、物质储备不充足等。突发事件发生后由于没有得到及时、有效的控制,致使其危害性进一步扩大,最终演变成了污染事故,进而影响水质。因突发事件泄漏的污染物质,通过不同途径作用于受纳水体,如直接进入水体,在雨水或冲刷水的作用下进入受纳水体，通过破坏、恶化受纳水体中的生态环境或直接溶解于水体中造成水体有害物质浓度超标，影响水质，进而对水体造成污染。

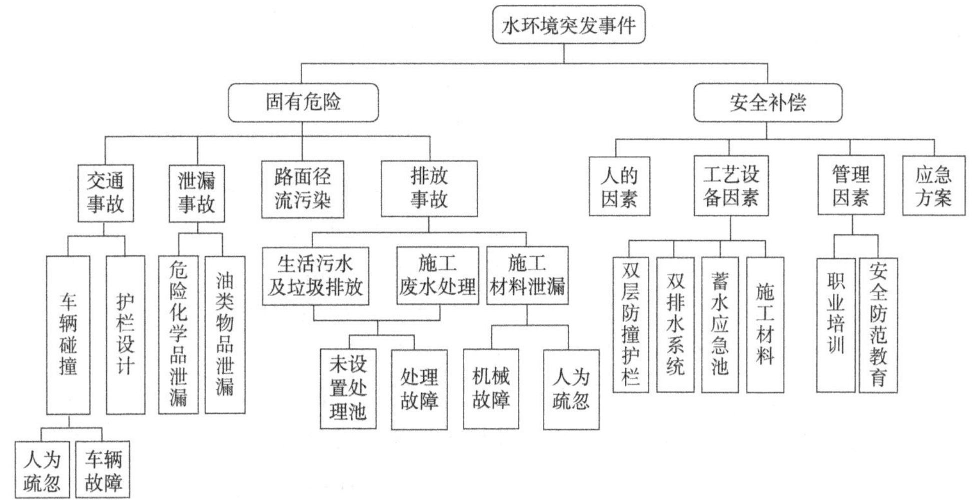

图3-5 水环境突发事件致因分析

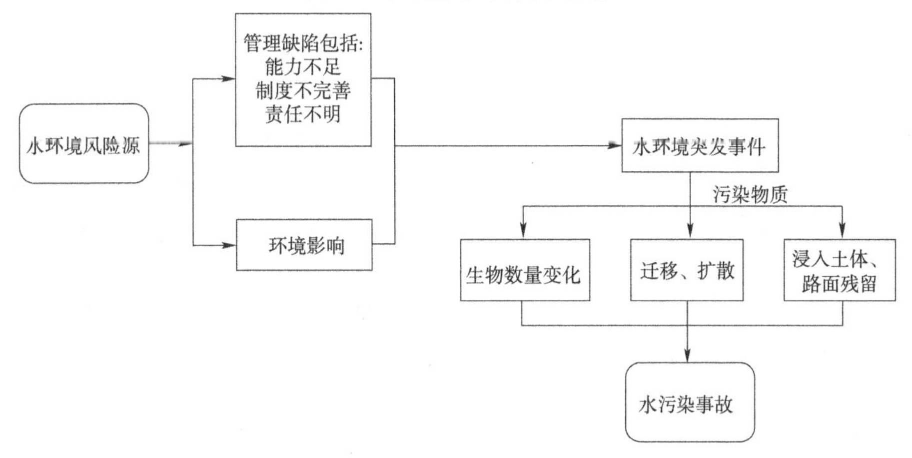

图3-6 水环境突发事件致污机理模型

为了避免污染事故发生，从安全补偿方面进行管理。安全补偿因素主要反映人的能动作用，阻止突发事件之间发生连锁反应，形成污染事故，通过人为干预控制，可在一定程度上减弱固有危险程度，阻止事故扩大蔓延并减少事故造成的危害。

安全补偿因素可以归结为四个方面：人的因素、工艺设备因素、管理因素及应急方案。人的不安全行为，需要有效控制，将人管理好就能约束和限制能量的释放；控制好物的不安全状态，也就能约束事故发生。例如，对技术操作与管理人员加强职业培训，并做好安全防范措施教育。对工艺设备进行加强，加强设计控制，减少对施工和运营期埋下风险隐患，如在水源保护区的路段内，选用对水体污染较小的施工材料，设计双排水系统，解决设计管径不足、无法顺利排水的问题，设置沉砂蓄水池与事故应急池等，沉淀过滤路面径流产生的污水，收集突发事件产生的有毒有害液体；在靠近水体一侧设计双层加高防撞护栏，防止车辆因碰撞翻入水中。

第4章　高速公路路域水环境突发事件识别与分级预警

本章首先对建设期及运营期两个阶段水环境突发事件进行识别以及对突发事件分级的特征、过程、作用与意义进行阐述，为水环境突发事件分级提供认识基础。其次比较不同突发事件分级的方法，并在此基础上选择动态分级综合评价方法，以水环境突发事件中对水环境影响最大的最大可信事故为例，通过问卷调查与访谈设计最大可信事故分级指标，构建水环境突发事件动态模糊综合分级模型，为突发事件应急管理后续工作提供更加科学、合理的依据。然后将分级结果与预警标准联系起来，明确了突发事件分级结果对预警标准建立的作用，并提出突发事件预警标准制定的原则及预警级别划分的要点，为突发事件预警标准的确定创造前提条件。最后选取某水源保护区内已发生的几次最大可信事故为例，进行算例演示，验证高速公路路域水环境突发事件聚类分级与预警方法的有效性和合理性。

4.1　突发事件的识别

突发事件往往具有突发性、紧迫性、复杂性及威胁性等特点，对于应急管理主体而言，如何最大限度地减少乃至消除突发事件带来的消极影响，成为其急需解决的重点问题。在应急管理过程中，只有及时、准确、完整地掌握和控制与突发事件相关的信息才能对其进行有效的应对和处理，而这些信息恰恰是通过对突发事件的监测和识别来获取的。在实际工作中，突发事件的识别工作是快速响应应急决策的一个重要环节，并直接关系到突发事件信息的时效性、真实性、完整性等。

4.1.1　突发事件识别的目的

突发事件应急管理的目的在于最大限度地减少乃至消除突发事件带来的负面影响，而应急决策作为应急管理的核心，依赖于突发事件信息和信息网的支持。突发事件信息网的构建往往需要利用各种信息技术，并协调相关的机构和人员，整合并共享相关的信息资源，以高效快捷的信息输出作为应急决策的重要支撑。而所谓的信息输出主要是通过对突发事件特征信息的识别加以实现。

突发事件的识别是以突发事件为信息载体，采集、比较、甄别、分析和评估事件的相关信息，并将这些信息提供给相关应急决策主体使用。突发事件发生后，决策主体常常需要在有限的时间内根据其掌握的事件信息选择相关应对方案，而这些信息的“质”与“量”直接影响着决策的科学、合理、有效实施。为了保证突发事件能够被妥善地应对和处理，就需要通过完善识别机制来保证信息的广、快、精、准。因此可以认为，突发事件识别的最终目的是服务于应急管理过程中后续的应急决策工作，同时它也是应急决策信息网构建中的一个重要环节。

通过对突发事件信息进行监控和识别，可以更早地发现突发事件的不良倾向和苗头，倘若将应急决策比喻成"情报指挥官"，那么突发事件的识别本质上就是为应急决策的制定起到"情报先行官"的作用——尝试将突发事件监测的情报信息当作"耳目、尖兵"，将突发事件识别的情报信息用作"参谋"，两者协调前进，为应急决策情报体系的建立提供服务。

4.1.2　突发事件识别的原则

应急管理与决策必须以畅通的信息流作为基础和支撑。突发事件识别的对象主要是一系列与突发事件相关的信息流，信息的"质量"涉及后续应急决策的方方面面，因此突发事件的识别需要坚持信息的全面性、实时性及精准性，三者相互交错，相互融合、协调，勾勒出独有的、稳妥快捷的突发事件信息流——广、快、精、准地为应急决策服务。

1）全面性

突发事件信息往往是多源且异构的，这些信息包括事件的原因、基本特点、内外部联系、负面影响、网络舆情信息、救援物资信息等。一般来说，充分、完备的信息资源更有利于决策主体制定科学的应急决策方案，而完整的信息源更注重信息的全面性，因此有必要将"全面性"原则落实到突发事件的识别之中。依据信息全面性原则，突发事件的识别应包括突发事件的内生信息源（如安全监测系统记录、突发事件信息报告等）和突发事件外生信息源（如风险评估信息、舆情信息等）。当然，信息的全面性只是突发事件识别的目的而非手段，且所谓"全面"是直接面向信息内容本身的，并需在信息搜集和分析上坚持连续性、系统性及耦合性。鉴于突发事件信息内容结构和表现形式异常复杂，相关识别工作需要关注信息流、事件链的综合性和集成性，重点放在多源信息的整合和路径方法上。在突发事件识别的过程中，应将搜集而来的信息资源通过跨学科综合集成的信息分析与处理，构建突发事件的预警体系，提升突发事件的预警能力。

2）实时性

突发事件发展具有阶段性，实践证明，若能在突发事件的早期阶段及时对事态进行相关干预，就可以控制事态并扭转局势，促使其向良性方向发展，这就依赖于突发事件信息的实时性提供强有力的支持和保障。突发事件的识别必须坚持突发事件信息的实时性原则，主要表现为以下几个方面：

（1）实时信息是突发事件当前状态的直接表现，是最及时的信息源，时间性和动态性是其最重要的特征。实时信息不仅需要监视突发事件第一时间的"指针性"信息以尽早做出预警，还需要识别突发事件当前的各种因素组合、扩张范围、舆情信息、应急调度资源等。

（2）实时信息强调了"新进入者"的信息身份。实际上，它包括正面的和负面的"新进入者"。例如，在地震灾害之后，需要更加关注是否有进一步可能引起突发事件"波动"、升级等的余震和暴雨洪流的征兆（负面）；在突发公共卫生安全事件之后，需要更加关注新的应对疫苗配方的研究进展（正面）、关注是否有投机倒把以及乘机造谣等不良现象出现（负面）。

（3）强调实时信息原则，关键是要基于突发事件"释放"出来的信息，及时挖掘出有可能导致事件失衡、变动的因素，并不断完善，做到实时学习，以实现为快速应急响应做准备。因此，突发事件的识别需要强调实时信息学习能力。

3)精准性

所谓精准性,是指在突发事件相关信息的选择与分析上,相关职能部门需关注那些相对重要并具有代表性的、高度浓缩的可靠信息。也就是说,在对突发事件的识别过程中,关键是要能捕捉到质量层次较高的突发事件信息。决策主体一般不直接与事件本身"打交道",更多地是参考整合后的事件报告信息,这就对突发事件相关信息的"精准"提出了要求,精准信息恰如"箭靶的中心",而突发事件识别的主要任务就是命中事件的"靶心"。"精"强调了信息要素的核心作用 ,"准"强调了突发事件信息的真实性和准确性。

首先,"精"重在对事件信息的选择,强调了突发事件信息的内容应是实质性的"干货"。鉴别出核心信息源要远比强调"量"来得更为直接、更为有效率。因此,应关注哪一类信息对应急决策发挥的作用是最重要的。根据信息分布规律中的帕累托法则,20% 的信息"藏"了80% 的重要内容。因此,突发事件的识别在强调突发事件全面性、实时性原则的基础之上,还应抓住那些关键性的信息源——不仅需要关注事件的"全体",还要关注事件的"大体""主体";不仅需要关注事件的"缓急",还要关注事件的"轻重"。

其次,"准"重在事件内容的匹配以及技术分析,对于突发事件信息的"准",可以借用已经匹配的硬件设施,如利用监控系统、报警系统、传感器等设施提供的信息来识别潜在的突发事件。

突发事件的识别涉及突发事件信息的内容、形式、范围等诸多因素,坚持突发事件信息精准性原则是为了及时发现其"软肋",同时还可以避免出现突发事件信息不准确等类似信息失灵的问题。

4.1.3 突发事件识别的过程

突发事件的识别是指以突发事件为信息载体,以突发事件相关信息为对象,通过一定技术手段和方法采集、组织、分析和评估信息的业务流程。从突发事件识别的目的出发,可将其归纳为信息收集、信息分析、信息评估与利用 3 个步骤,它们共同构成一个相互交织、螺旋循环的上升过程。

1)突发事件的信息收集

突发事件的信息收集是指相关部门通过采取各种方式收集应急决策主体所需的突发事件信息的过程,目的是给相关应急决策提供必要的信息支持。突发事件信息收集是多信息源的收集,这些信息源包括城市的信息系统(监控系统、报警系统等)、互联网信息、非正式信息等。由于突发事件的情景演变常常存在不确定性,因此,信息收集实际上是一项系统性、连续性的工作,涉及信息采集人员、采集架构、采集工具和途径、采集方案等。

为了满足突发事件应急决策主体的信息需求,信息采集应关注各类信息源的"强弱"变动,在注重信息全面性、实时性、精准性原则的同时,从事突发事件监测与识别的相关人员应制定一个完善的突发事件信息收集计划,以便有效地整合、配置和利用现有的资源(包括人员、资金、物资等)来应对和处理突发事件。

此外,在后续的组织、分析与评估过程中,当发现情报不全、不新、不精准时,应积极开展补充性和追踪性的突发事件信息采集工作(必要时还需要现场勘察、调查走访等),以提高突发事件信息采集质量。

总而言之，突发事件的信息收集是识别的基础工作和起点，并直接关系到后续的突发事件信息组织、分析、评估和利用工作的质量及实施效果。

2）突发事件的信息分析

突发事件的信息分析是识别的关键环节，是指利用一定的方法、规则、技术和手段对突发事件信息"原料"进行组织、识别、整合等过程，包括对事件要素、关系的识别以及事件库构建方法等。由于突发事件涉及的大多是多源、异构信息，因此需要通过相关的组织、分析与处理程序，将这些大量的、无序的非结构化、半结构化或者结构化的数据资料，经过一定的序化组织，转换成以事件为核心的有序的结构化信息。在复杂场景下，突发事件的识别常常是一项跨领域、跨学科的"信息工程"，某些时候很多看似风马牛不相及的突发事件也存在一定的联系，这就需要在众多不起眼的"信息碎片"中发掘关键的信息"亮点"，并经过筛选甄别，将那些处于游离态的突发事件信息因子整合成可供应急决策使用的信息。

传统的突发事件的信息分析多采取事项信息的分隔处理方法，这种方法不仅可能导致对多渠道来源的同一事项的信息进行了重复的响应处理，而且也无法利用信息之间的相互佐证来获取更为确切的情报内容。当然，突发事件的信息分析一直以来都是识别的难题。从侧重点来看，突发事件的识别面对的是跨领域、跨学科的集成问题——以综合视角对突发事件维度的划分、面向事件的信息记录方式、信息关联和集成模式的构建、信息整合路径、信息提取等。

3）突发事件的信息评估与利用

整合后的突发事件信息可供应急决策相关参与主体对事件进行有效、准确的评估，其目的是掌控突发事件的整体状态，做到"见微知著"。一般而言，对突发事件的信息评估是贯穿于突发事件的整个生命周期的，主要包括评估要素提取、状态分析和状态评价三个阶段。在评估要素的提取问题上，由于评估主体的认知能力影响了突发事件信息的权威性和严肃性，并时常存在一定的主观倾向，因此需要依靠综合的技术和方法（包括人工创建和机器自动提取等）来识别、提取突发事件的各类特征。

对突发事件进行评估状态分析和评价的主要任务是构建一个完善的突发事件评估体系、突发事件识别方法和预警模型，并根据"情景—应对"分析具体事件的全方位信息，预判出突发事件发展的趋势与结果，以保证决策主体在抉择时面临的风险已经降到最低。当然，有些突发事件可能还处于隐蔽、潜伏期，在发生之前对社会等还不构成直接的威胁，但可能在出现一丝苗头后就如蝴蝶效应般迅速扩散，因此，信息评估是一个发现问题、解决问题的过程。

突发事件有不同的发展阶段，各个阶段信息收集的侧重点都会有所不同，而相对应的信息评估也需要基于事件程度、类型、状态等作出调整。总之，突发事件的信息评估是一个对信息时效性、可靠性、适用性等进行衡量、综合研判的过程，以决定进一步以何种方式和手段对突发事件进行跟踪、应对和处理，并作为信息利用环节的"信息结晶"。

4.1.4　基于问卷调查的水环境突发事件的识别

水环境突发事件识别是为了列出主要突发事件及类型，本节运用专家访谈及问卷调查方法，识别高速公路路域水环境突发事件。

发放调查问卷之前，已通过专家座谈将不重要的突发事件剔除，调查问卷回收后运用SPSS17.0统计软件进行数据分析，问卷结果如表4-1所示。

问卷调查结果统计表

表4-1

序号	可能污染水环境的事件（潜在突发事件）	均值	标准差
1	桥基施工扰动地下水，影响地表水水质或引起地下水、地表水径流污染	4.16	0.839
2	机械设备发生漏油，未及时处理，导致水质污染	4.23	0.847
3	跨越水体桥梁施工时，未采取防止工程垃圾落入水体的措施，引起水体污染	3.99	0.923
4	工作人员的生活污水及垃圾随意排放造成水体污染	4.00	0.930
5	施工材料运输发生泄漏造成水体污染	4.12	0.958
6	施工废水沉淀处理池的设计不到位，使得施工废水未经有效处理排入水中	4.28	0.763
7	施工期间，施工营地、预制件场、堆料场等临时施工场地设置在饮用水环境保护区范围内	4.00	0.915
8	存放危险、有毒、可燃材料的仓库发生燃烧、爆炸事故	4.62	0.583
9	高速公路水环境保护区范围设立警示标志标牌，提醒载有危险品及油类的车辆驾驶员	4.41	0.660
10	载有有毒有害化学危险品及油类的车辆侧翻，引发泄漏事故	4.68	0.596
11	载有有毒有害化学危险品及油类的车辆落入水中，引发泄漏事故	4.71	0.540

本部分问卷调查的Cranbach α值为0.889，详见表4-2，所评估项目的标准化Cranbach α值为0.879，以Cranbach α值来看，调查量表的信度较好。

Cranbach α系数

表4-2

可靠性统计量		
Cronbach's α	基于标准化项的Cranbach α	项　数
0.889	0.879	17

根据问卷调查结果，各项突发事件的打分均值均在4分左右及以上，表明这些突发事件污染水环境的可能性都较大。其中，在高速公路运营期间，有毒有害化学危险品及油类运输车辆交通事故对水环境造成污染的可能性最大，这也与对相关文献研究后得出的结果相符。

4.2 突发事件的分级概述

对突发事件分类分级，再采取相应的应急方法和措施，是世界各国处置突发事件的共同经验。突发事件分级的主要依据是突发事件发生的紧急程度、发展态势和可能造成的危害程度等。不同类别和级别的突发事件，直接决定应对突发事件的主体、措施和所必须调动的资源。一方面，对于高速公路路域水环境突发事件应急管理而言，科学、准确地分级既可以避免对突发事件“反应不足”，也可以避免“反应过度”。另一方面，从水环境突发事件应急管理中的应急决策来看，科学有效的决策也需要建立在不同级别案例库的基础上，缩小案例检索范围，快速实现相似案例情景匹配，得到与以往相似的突发事件案例情景处置方案，在进行修正后生成新的应急方案。

4.2.1　水环境突发事件分级现状

科学、合理地划分突发事件级别为应急管理部门迅速、科学地配备人员、装备和器材提供了依据，为编制应急预案奠定了基础，同时突发事件分级也同样是突发事件应急管理的关键技术。对于高速公路路域水环境突发事件来说，根据影响范围、危害、损失程度、扩散要素、时间要素、认知程度、社会影响程度、公众心理承受度和资源保障度等事件要素可对突发事件进行分级处理。传统的一些灾害事件，如地震，其分级方法已经广为世界各国接受。用以衡量地震强度的标尺就是震级，其大小与地震中释放的能量有关，能量越大震级越高。目前通用的震级标准，最初由地震学家查尔斯・里克特于1935年在美国加利福尼亚州技术学院公布。这个震级表以他的姓氏命名，即里克特震级表，简称里氏震级表。按震感不同，地震可分为：小地震（小于3级）、有感地震（3～4.5级）、中强地震（4.5～6级）、强烈地震（6～7级）、大地震（7～8级）、巨大地震（大于等于8级）。一场里氏级6.0震释放出的能量相当于1颗广岛原子弹的爆炸威力。

世界各地的应急管理工作者在结合自己国家特点的基础上，对突发事件都采用了相应分级技术，如美国联邦应急计划。自"9・11"恐怖袭击事件发生以来，美国核管理委员会（NRC）提出一种新的"威胁预警系统"，这种系统是在国土安全咨询系统（HSAS）的基础上提出的。它将事故分为五个等级，分别以五种颜色编码。这五个等级是：绿色（低风险状态——正常/常规级别）、蓝色（警戒状态——提高关注）、黄色（较高风险状态——常规威胁）、橙色（高风险状态——迫近威胁）和红色（严重状态——定域威胁）。

从现阶段对突发事件分级的典型例子来看，通过对突发事件进行分级，能快速、有效地做出相应的应对措施。为了有效应对突发事件，对突发事件应有一个初步判断，基本确定突发事件类别，然后采用恰当的方法准确地对突发事件分级，并作突发事件之间的聚类分析，为突发事件应急管理后续工作提供依据，以此来选择相应的应急方案，合理地配置资源。目前，对于水环境突发事件的分级方法并无一致认识，造成国内部分预案中的突发事件分级不够科学，从而导致处置方案的选择出现偏差，不能有效利用现有资源，造成应急处置不及时，影响事件的处置效果。所以，水环境突发事件的分级是制定水环境突发事件应急预案的基础，它直接影响了预案中的应急响应程序。

《中华人民共和国突发事件应对法》《国家突发公共事件总体应急预案》和《国家突发环境事件应急预案》中都有应急分级的规定，这些规定主要针对事件、应急预警和应急响应。

（1）《中华人民共和国突发事件应对法》第一章第三条规定，按照社会危害程度、影响范围等因素，将自然灾害、事故灾难、公共卫生事件分为特别重大、重大、较大和一般四级。一般情况下，标准是一致的，损失严重、影响范围较大的突发事件，往往需要行政管理能力较强（层级较高）的政府来应对，因而其级别也较高。但也存在例外情况，如特大交通事故，虽然损失重大，但县或市级政府就能够快速解决，这类事件的级别就无须很高。而对于新型传染病，最初虽然危害和影响不大，但潜在危害却很大，传染迅速，县或市级政府往往难以有效控制，这类事件就应由省级或中央政府来处理，同时其级别也应当很高。因此，对突发事件分级标准的确定，需要根据不同类型的突发事件，综合考虑客观标准和主观标准。根据政府的应对能力，突发事件的影响范围、紧急程度和损失后果等标准，将其分为四级，即一般、较大、重大和特别重大。

(2)《国家突发公共事件总体应急预案》总则第1.3分类分级中规定，根据突发公共事件的发生过程、性质和机理，将突发事件划分为自然灾害、事故灾难、公共卫生事件、社会安全事件4类。自然灾害主要包括水旱灾害、气象灾害、地震灾害、地质灾害、海洋灾害、生物灾害和森林草原火灾等。事故灾难主要包括工矿商贸等企业的各类安全事故、交通运输事故、公共设施和设备事故、环境污染和生态破坏事件等。公共卫生事件主要包括传染病疫情、群体性不明原因疾病、食品安全和职业危害、动物疫情以及其他严重影响公众健康和生命安全的事件。社会安全事件主要包括恐怖袭击事件、经济安全事件和涉外突发事件等。按照突发事件的性质、严重程度、可控性和影响范围等因素，将突发环境事件分为特别重大、重大、较大和一般四级，特别重大的是Ⅰ级，重大的是Ⅱ级，较大的是Ⅲ级，一般的是Ⅳ级，但未作情形列举；预警级别依据突发公共事件可能造成的危害程度、紧急程度和发展势态划分为特别严重、严重、较重、一般四级，在总体预案中，特别严重的是Ⅰ级，严重的是Ⅱ级，较重的是Ⅲ级，一般的是Ⅳ级，依次用红色、橙色、黄色和蓝色表示。总体预案强调，特别重大或者重大突发公共事件发生后，省级人民政府、国务院有关部门要在4小时内向国务院报告，同时通报有关地区和部门。应急处置过程中，要及时续报有关情况。

(3)《国家突发环境事件应急预案》从人员伤亡、经济损失、生态环境破坏、辐射污染和社会影响等方面对突发环境事件进行了比较系统、完善的分级，将应急响应设定为Ⅰ级、Ⅱ级、Ⅲ级和Ⅳ级四个等级。初判发生特别重大、重大突发环境事件，分别启动Ⅰ级、Ⅱ级应急响应，由事发地省级人民政府负责应对工作；初判发生较大突发环境事件，启动Ⅲ级应急响应，由事发地市级人民政府负责应对工作；初判发生一般突发环境事件，启动Ⅳ级应急响应，由事发地县级人民政府负责应对工作。突发环境事件发生在易造成重大影响的地区或重要时段时，可适当提高响应级别。应急响应启动后，可视事件损失情况及其发展趋势调整响应级别，避免响应不足或响应过度。

4.2.2 水环境突发事件分级的特征

现有的突发事件分级相关规定只给出了各类突发事件分级的总则性要求，对某类具体突发事件，如水环境突发事件则需要作针对性研究，给出适用的分级标准和方法。

水环境突发事件区别于其他交通事故、自然灾害、恐怖袭击等突发事件，其分级具有如下几个特征：

1)动态性

水环境突发事件是在不断发展变化之中的，随着时间的推移，突发事件的态势会改变，突发事件的影响程度和影响范围会改变，即突发事件的级别会改变。处置预案的实施过程中，资源的供给和需求也会发生改变，从而促使突发事件的级别发生改变。并且，突发事件的信息经过不断地修改、调整和完善，逐渐从不完全到完全，这个过程也会促使突发事件级别发生变化。因此，确定突发事件级别时必须考虑动态变化因素，按突发事件发展过程，根据需要进行动态分级，以实时调整应急处置方案。

2)时效性

突发事件本身的特性决定了突发事件的处置必须快速及时，因此对水环境突发事件的分级必须强调时效性，即分级的结果必须是简洁明了的，并且对应的应急预案具有可操作性。同时，突发事件分级的时效性是基于其动态性的特征，由于突发事件的状态会随着时间变化，这就决定了分级的结果具有时效性。只有突发事件分级能够与突发事件的实际发展情况相匹配，才能使对应的应急方案具有针对性和指导意义。

3）并发性

水环境突发事件会在不断发展变化过程中，衍生出另一类或其他性质的新问题，这些状况并发耦合所带来的影响远远大于某一状况单独造成的影响。因此，在对突发事件进行分级时，不能仅考虑某一状况，还需要研究可能产生的并发状况。例如，某水环境保护区高速公路路域的泄漏事件可能导致爆炸、火灾以及水污染等一系列并发状况，事件的类别和级别也在变化。

4）阶段性

聚类分级应该贯穿突发事件的整个过程，每个事件发生前和发生后的分级所对应的方案也应该不同，水环境突发事件的分级不应该局限于某一个阶段，而应着眼于突发事件的全过程。事前的分类分级用于指导建立不同级别的案例库，匹配相应的处置方案，建立处置计划并指导资源调度。分级后的案例库，可以缩小检索范围，以便突发事件发生时快速匹配应急方案。突发事件发生时，对突发事件进行分级，一方面可以在相应级别的案例库中定位事件影响情况、程度相近的恢复方案供本事件参考；另一方面在紧急情况下可以快速准确地检索相应级别的案例库，寻找情景相似度高的案例，可直接调出其应急方案作为本事件处置方案。而处置恢复后分级则更准确，可反馈修正补充到案例库，以进一步完善分级标准和案例库。

4.2.3　水环境突发事件分级的过程

如何运用突发事件分级结果选择应急预案并作为应急决策的基础和依据，取决于分级的思路、方法及目的。只有将分级结果与应急预案和应急决策联系起来，才能做出科学、合理的应急行动方案。突发事件分级的主要过程可以用图4-1来表示。

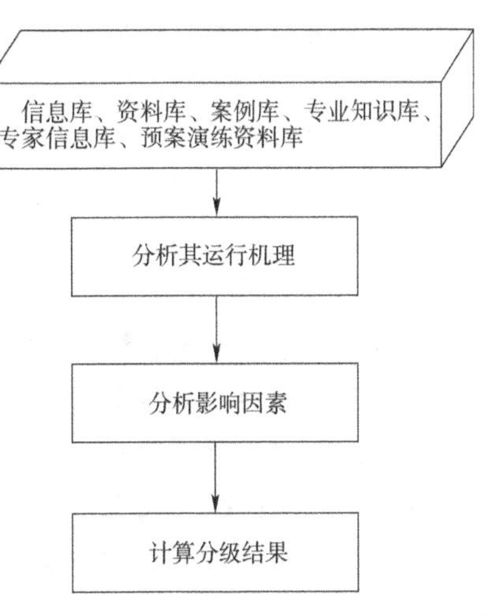

图4-1　突发事件分级的主要过程

第一步主要是收集大量的包括历史资料、模拟演练资料以及专家知识在内的资料，形成基础信息库、资料库、案例库、专业知识库、专家信息库以及预案演练资料库等。

第二步则依据这些相关信息库及资料库中提供的经验和资料，对突发事件起因、性质、发展趋势、影响范围、危害程度、损失程度、扩散要素、时间要素、认知程度、社会影响程度、公众心理承受度和资源保障度等要素进行有效的系统分析，研究突发事件形成及发展机理。

第三步则是通过对突发事件分级影响因素进行分析和评价，并运用定性定量相结合的方法建立一套完整有效的评价模型，计算事件分级结果。

4.2.4 水环境突发事件分级的作用与意义

在我国，依据对社会的危害程度、影响的范围、对突发事件性质的判定、事件的紧急程度以及事件的可控性等众多因素，将突发事件划分为四个级别。突发事件等级与响应主体的关系如表4-3所示。

突发事件等级与响应主体的关系 表4-3

应急组织	级别			
	特别重大（Ⅰ）红色	重大（Ⅱ）橙色	较大（Ⅲ）黄色	一般（Ⅳ）蓝色
国家级应急指挥中心	√			
省级应急指挥中心		√		
市级应急指挥中心			√	
县级应急指挥中心				√

突发事件的应急管理存在三个状态，即平时状态、警戒状态和战时状态，突发事件分级在这三个状态下分别起着不同的作用。平时状态下，没有预警和未发生突发事件，主要工作是评价应急方案实施效果，进行归纳总结，进一步完善补充应急案例库系统的信息，修正事件分级标准等。警戒状态下，可以对系统所面临的风险进行识别和预测，针对不同级别的突发事件隐患发出相应预警信号，启动相应防范措施，尽可能控制事态的发展。突发事件一旦发生，就立即进入战时状态，首先根据分级方法和结果，正确识别灾情发生、发展特征，确定事件的危险级别，然后选择调配相关级别的救援力量和资源，快速形成有效的应急实施方案，在最短时间内把灾害影响降至最低，及时控制突发事件发展和蔓延。

按照突发事件的发生、发展规律和特点，及时分析其对社会公众的危害程度、可能的发展趋势，快速、正确地作出预警报告，对有效预防、控制和消除突发事件的危害，保障公众身体健康与生命财产安全有着极其重要的意义。突发事件的发生、发展至结束是一个动态的过程，其事件的大小和危害程度是相对的，体现分级管理，确定责任、协调配合是非常必要的。所以，必须对各类突发事件进行动态评估、动态分级、动态响应。突发事件分级，不仅可以提高政府对突发公共事件发生的预见能力、事件发生后的救治能力以及善后恢复阶段的学习能力，还能及时有效地化解危急状态，以便尽快恢复正常的生活秩序。具体意义有两点：

（1）合理划分突发事件级别是有效利用包括人员、装备和器材在内的应急资源的重要基础。依据突发事件的危害性不同，实行分级管理将有利于应急管理系统权责分明、响应迅速、处置合理、保障有效。依据表4-3，不同级别的突发事件应分别由中央政府或地方政府设立的相应级别突发事件应急指挥中心统一领导和指挥，决策和指挥如监测预警部门及资源管理部门等各相关部门和机构承担相应的职责。在突发事件发生后，分级管理能够实现中央政府和地方政府在随着时间推移和应急处置进行中迅速地交接、转换，各种处置机构与部门形成以政府为核心的垂直式管理模式，并针对不同级别快速响应以保证各种资源形成有机整体。

（2）合理划分突发事件级别是应急响应和快速处置的依据。国内外应急管理研究成果显示正确的突发事件分级是应急响应的基础。静态方面,突发事件的分级需要深入分析突发事件的特点、内涵、外延和界限等方面;动态方面,则要将重点放在突发事件的预防、发生和建立预案等方面。整体上来说,则要依据不同角度去分析突发事件分级及其相互关系,并建立对突发事件理论的战略性思考。在突发事件应急管理中,应急响应建立在科学、合理分类分级的基础之上,正确的分类决定了响应的准确性,正确的分级决定了响应的高效性。而随着时间的推移,突发事件的类型、级别也会相应发生变化,采取的应急处置将随之动态变化。事件一旦恶化,级别就会上升,级别上升后它的处置方式就会发生相应调整。因此动态分级能避免事件级别与处置手段不匹配的风险,实现快速、高效、不间断的动态响应。

4.3 突发事件分级方法比较

突发事件分级作为应急响应的直接依据和建立应急管理系统的关键技术与基础工作,随着相关学科的发展,突发事件分级的方法也从以事后评估、静态分级及管理动态为主要特征的传统分级方法逐渐发展成以动态、系统及强调全过程分级为主要特征的动态综合分级方法。

4.3.1 突发事件传统分级方法述评

对于突发事件的分类分级,世界各国均展开了大量的研究工作,如美国联邦应急体系将突发事件划分为紧急事件、重大灾难、灾害、自然灾害、危害等,并将事故的严重程度划分为五个等级,分别对应五种颜色。在我国,突发事件按照性质、严重程度、可控性和影响范围等因素划分为特别重大、重大、较大、一般四个等级,相应的预警级别则分为四级,依次用红色、橙色、黄色和蓝色表示。对突发事件实行分级管理,原则上一般突发事件成立县级应急指挥中心进行处置,较大突发事件成立市级应急指挥中心进行处置,重大突发事件成立省级应急指挥中心进行处置,特大突发事件则成立国家级应急指挥中心进行处置。其中,各级应急指挥中心由各级人民政府牵头,联合监测预警、资源管理等相关部门和机构成立。

突发事件的分级工作主要是判定突发事件的危害程度和紧急程度,依据突发事件的分级结果,在突发事件发生后合理配置应急资源,执行相对应的应急预案并作出突发事件应急决策。传统的突发事件分级存在三个问题:一是传统的突发事件分级多是根据事件发生后的危害程度进行分级,属于事后评估,其目的更多地体现为事后追责。二是传统的分级方法在分级处理上多是以主观经验进行打分,评价的级别标准和级别数也是不变的,只是简单地把突发事件看作单阶段事件,人类对于灾害只能是被动接受结果和灾后组织救援,缺乏对突发事件救援和治理过程中的动态分析。三是有些学者采用了动态分析方法,但是这种动态只是管理上的动态性,突发事件分级会随着事件样本的扩充而不断地进行调整和完善,但没有考虑在突发事件发生发展过程中,分级会随着时间变化而发生改变,当突发事件发生变动时,现场决策多依靠指挥员的经验判断,缺少应急预案的动态修正方法,即动态单一性。从根本上来说,传统的突发事件分级方法由于缺乏对事件机理的正确认识和准确把握,难以对突发事件进行准确且适宜的量化分级,可见传统的分级方法是事后分级、静态分级,已经无法给决策者提供科学有效的参考依据,导致其制定的应急方案的实际性和适用性均受到限制。

4.3.2 突发事件动态分级单一评价方法

以事后评估、静态分级及管理动态为主要特征的传统分级方法已经逐渐被以动态、系统及强调全过程分级为主要特征的动态综合分级方法所取代。动态分级的思想在应急管理中越来越受到重视,因此随着相关学科的发展,评估方法也日益丰富、纷繁复杂,并涉及多学科的多个方面。现阶段运用较为广泛的动态单一评价方法包括层次分析法、主成分分析法、模糊综合评价法、灰色关联度分析法、人工神经网络法、德尔菲法等。在进行动态分级综合评价方法介绍前,先了解现有的动态分级单一评价方法的基本思想、适用范围及优缺点等,为深入理解后面章节的内容提供基础。

1)层次分析法

层次分析法(The analytic hierarchy process,AHP),在20世纪70年代中期由美国运筹学家托马斯·塞蒂(T. L. Satty)正式提出。它是一种定性和定量相结合的系统化、层次化的分析方法。AHP在处理复杂的决策问题时具有显著的实用性和有效性,因此在世界范围内的很多领域都得到重视,它的应用已遍及经济计划和管理、能源政策和分配、行为科学、军事指挥、运输、农业、教育、人才、医疗和环境等领域。

AHP方法的基本思想是把复杂的问题分解成各个组成因素,再将这些因素按支配关系分组形成递阶层次结构。通过两两比较的方式确定层次中诸因素的相对重要性,然后综合有关人员的判断,确定备选方案相对重要性的总排序。整个过程体现了人们分解—判断—综合的思维特征。在实际运用AHP方法进行评价和决策时,主要分为4个步骤:

(1)分析系统中各基本要素之间的关系,建立系统的递阶层次结构。

(2)对同一层次上的各元素关于上一层次中某一准则的重要性进行两两比较,构造两两比较的判断矩阵,并进行一致性检验。

(3)由判断矩阵计算被比较要素对于该准则的相对权重。

(4)计算各层要素对系统目的的合成权重,即各要素对总目标的总权重,并对各备选方案进行排序。

从层次分析法的实施步骤上来看,它的适用范围主要是目标结构复杂且缺乏数据支撑或者具有模糊性指标的情况,体现了系统的思维,并将定性与定量方法结合。不足之处在于在实施过程中需要对各要素进行两两比较,因此常存在两个因素指标无法界定的情况,主观性较大,且可能出现判断矩阵不一致的情况。

2)主成分分析法

主成分分析也称主分量分析,把多指标转化为少数几个综合指标,从而简化数据集的综合评价方法。在数据集中,实际存在的指标数量多,而且指标之间线性相关,主成分则是指通过转换后所找到的线性无关的变量。从宏观上看,主成分分析的核心在于降维;从微观上看,则是利用协方差矩阵进行特征分解,并用离差平方和加以衡量。统计学中认为主成分分析(Principal Components Analysis, PCA)是一种简化数据集的技术。它的主要思想在于用较少的新变量代替原来较多的旧变量,且尽可能多地保留原变量所反映的信息。

主成分分析法的优点:

(1)可消除评估指标之间的相关影响,减少指标选择的工作量并解决指标信息重叠问题。因为主成分分析法在对原始数据指标变量进行变换后形成了彼此相互独立的主成分，而且实践证明指标间相关程度越高，主成分分析效果越好。对于其他评估方法，由于难以消除评估指标间的相关影响，所以选择指标时要花费不少精力，而主成分分析法由于可以消除这种相关影响，所以在指标选择上相对容易些。

(2)减少计算工作量且方法步骤规范，客观性强。主成分分析中各主成分是按方差大小依次排列顺序的，在分析问题时，可以舍弃一部分主成分，只取前面方差较大的几个主成分来代表原变量，从而减少了计算工作量。用主成分分析法作综合评估时，由于选择的原则是累计贡献率≥85%，不至于因为节省了工作量却把关键指标漏掉而影响评估结果。

主成分分析法的缺点：

(1)在主成分分析中，我们首先应保证所提取的前几个主成分的累计贡献率达到一个较高的水平(变量降维后的信息量须保持在一个较高水平上)，其次对这些被提取的主成分必须都能够给出符合实际背景和意义的解释(否则主成分将空有信息量而无实际含义)。

(2)主成分不能准确反映原始数据所包含的全部信息，所以对于主成分的解释，其含义一般多少带有点模糊性，不像原始变量的含义那么清楚、确切，这是变量降维过程中不得不付出的代价。因此，提取的主成分个数 m 通常应明显小于原始变量个数 p(除非 p 本身较小)，否则维数降低的“利”可能抵不过主成分含义不如原始变量清楚的“弊”。

(3)只有当各指标相互之间都高度相关时，所得综合评价函数才比较合理。

3)模糊综合评价法

模糊综合评价法(Fuzzy Component Analysis，FCA)是一种基于模糊数学的综合评价方法。该综合评价法根据模糊数学的隶属度理论把定性评价转化为定量评价，即用模糊数学对受到多种因素制约的事物或对象作出一个总体的评价。它具有结果清晰、系统性强的特点，能较好地解决模糊的、难以量化的问题，适合各种非确定性问题的解决。模糊综合评价法的最显著特点有：

(1)相互比较。以最优的评价因素值为基准，其评价值为1；其余欠优的评价因素依据欠优的程度得到相应的评价值。

(2)可以依据各类评价因素的特征，确定评价值与评价因素值之间的函数关系(隶属度函数)。确定这种函数关系(隶属度函数)有很多种方法，如F统计方法，各种类型的F分布等。当然，也可以请有经验的专家进行评价，直接给出评价值。

由模糊综合评价法的特点可知，其优点在于该方法实现了定性与定量方法的结合，在实际应用中解决了判断的模糊性和不确定性，且克服了结果单一性的问题。其缺点则在于一方面无法避免指标间评价信息会重复以及权重的确定通常带有主观性特征，另一方面对于隶属函数的确定比较困难，特别是应用在多目标评价模型中。

4)灰色关联度分析法

灰色系统理论提出了对各子系统进行灰色关联度分析的概念，意图透过一定的方法，去寻求系统中各子系统(或因素)之间的数值关系。灰色关联度分析法是将研究对象及影响因素的因子值视为一条线上的点，与待识别对象及影响因素的因子值所绘制的曲线进行比较，比较它们之间的贴近度，并分别量化，计算出研究对象与待识别对象各影响因素之间的贴近程度的关联度，通过比较各关联度的大小来判断待识别对象对研究对象的影响程度。简单来说,关联度是对于两个系统之间的因素,其随时间或不同对象而变化的关联性大小的量度。灰色关联分析法(Gray Comprehensive Evaluation Method,FCEM)是灰色系统理论的重要组成部分之一。在系统发展过程中,若两个因素变化的趋势具有一致性,即同步变化程度较高,可谓二者关联程度较高;反之,则较低。因此,灰色关联分析方法,是根据因素之间发展趋势的相似或相异程度,即"灰色关联度",作为衡量因素间关联程度的一种方法。因此,灰色关联度分析为一个系统发展变化态势提供了量化的度量,非常适合动态历程分析。

灰色关联度分析的实施步骤主要包括以下4个:数据无量纲化处理、求关联系数、计算关联度以及关联度分析。灰色关联度的应用主要是进行灰色综合评价,利用灰色关联度作为测度,来比较各备选方案的优劣程度。它的优点在于分析思路清楚,分析时所需数据不多,计算方法简单,可以充分利用已白化的信息,综合评价的误差小。缺点则在于求出的关联度总是为正值,不能全面地反映事物之间的联系,且无法避免指标间有评价信息重复的问题。

5)人工神经网络法

人工神经网络(Artificial Neural Network,ANN),是20世纪80年代以来人工智能领域兴起的研究热点。它从信息处理角度对人脑神经元网络进行抽象,建立某种简单模型,按不同的连接方式组成不同的网络。人工神经网络是一种运算模型,由大量的节点(或称神经元)相互连接构成。每个节点代表一种特定的输出函数,称为激励函数(activation function)。每两个节点间的连接都代表一个通过该连接信号的加权值,称为权重,这相当于人工神经网络的记忆。网络的输出则依网络的连接方式、权重值和激励函数的不同而不同。而网络自身通常都是对自然界某种算法或者函数的逼近,也可能是对一种逻辑策略的表达。

人工神经网络是由大量处理单元互联组成的非线性、自适应信息处理系统。它是在现代神经科学研究成果的基础上提出的,试图通过模拟大脑神经网络处理、记忆信息的方式进行信息处理。人工神经网络在众多研究领域得到了广泛应用,在应用于多指标的综合评价时,该方法模拟人脑思维,把大量的神经元连成一个复杂网络,利用已知样本对网络进行训练,让网络存储变量间的非线性关系,然后利用存储的网络信息对未知样本进行评价。实际综合评价往往非常复杂,各因素间互相影响,呈现复杂的非线性关系,神经网络的非线性映射能力正适合处理这类问题。通过网络的自学习、自适应能力和强容错性,建立更接近人类思维模式的定性和定量结合的综合评价模型。通过样本学习得到模型的权值,避免了人为记取权重和相关系数的主观影响和不确定性。训练好的神经网络把专家的评价思想以连接权的方式赋予网络,该网络不仅可模拟专家进行定量评价,而且可避免评价过程中的人为失误。

人工神经网络法可以解决需要同时考虑多因素的模糊信息性的问题,并具有准确度高、运算速度快的优点。这种方法评价简便且具有良好的容错能力以及通用客观性。不足之处则在于利用人工神经网络法评价所得的结果解释性较差,而且在样本训练中有时会出现局部极小、收敛速度较慢的情况。

6)德尔菲法

德尔菲法(Delphi)是在20世纪40年代由O.赫尔姆和N.达尔克首创,经过T.J.戈尔登和兰德公司进一步发展而成的。德尔菲法也称专家调查法,是一种采用通信方式分别将所需解决的问题单独发送到各个专家手中，征询意见，然后回收汇总全部专家的意见，并整理出综合意见，随后将该综合意见和预测问题再分别反馈给专家，再次征询意见，各专家依据综合意见修改自己原有的意见，然后再汇总，经过多次反复，逐步取得比较一致的预测结果的决策方法。

德尔菲法同常见的召集专家开会、通过集体讨论、得出一致预测意见的专家会议法既有联系又有区别。德尔菲法能发挥专家会议法的优点，既能充分发挥各位专家的作用，集思广益，准确性高，又能把各位专家意见的分歧点表达出来，取各家之长，避各家之短。同时，德尔菲法能避免专家会议法的缺点：权威人士的意见影响他人的意见；有些专家碍于情面，不愿意发表与其他人不同的意见；出于自尊心而不愿意修改自己原来不全面的意见。因此德尔菲法的主要优点在于适用范围广且不受数据有否的限制；主要缺点是过程比较复杂，花费时间较长且受专家主观因素的影响。

下面对上述几种评价方法进行归纳，如表4-4所示。

评价方法的比较　　表4-4

方　　法	基本思想	适用范围	优　　点	缺　　点
层次分析法(The analytic hierarchy process, AHP)	一种多层次权重分解法，将复杂的问题分解为有序的层次结构，实现决策方案对目标相对重要性总排序	目标结构复杂且缺乏数据情况；适于有模糊性的指标或有样本数据的指标	1. 定性与定量有机结合。 2. 把问题看成一个系统	1. 主观性较大。 2. 常存在两个指标的重要程度难以判定的情况。 3. 判断矩阵易出现不一致现象
主成分分析法(Principal Components Analysis, PCA)	利用降维的思想，把多指标转化为几个综合指标的多元统计分析方法	适用于有数据的样本	1. 消除评估指标之间的相关影响。 2. 解决了指标间的信息重叠问题，大大简化原指标体系的指标结构。 3. 客观性强，避免人为偏差	1. 计算较烦琐，对样本量的要求大。 2. 结果跟样本量规模有关。 3. 假设指标间都为线性关系
模糊综合评价法(Fuzzy Component Analysis, FCA)	以模糊数学为基础，将边界不清、不易定量的因素定量化，进行综合评价的一种方法	适用于逐级存在大量不确定信息或模糊信息指标的评价对象	1. 定性和定量方法的结合。 2. 解决了判断的模糊性和不确定性问题。 3. 克服了结果单一性的缺陷，信息量丰富	1. 有指标间评价信息的重复问题。 2. 权重的确定带有主观性。 3. 有时隶属函数的确定有困难，尤其多目标评价模型
灰色关联度分析法(Gray Comprehensive Evaluation Method, GCEM)	利用各方案与最优方案之间关联度的大小对评价对象进行比较、排序	适用于数据少且不明确的情况	1. 不要大量确实的数。 2. 计算方法简便	1. 求出的关联度总为正值，不能全面反映事物间的关系。 2. 指标间有评价信息重复问题

续上表

方　法	基本思想	适用范围	优　点	缺　点
人工神经网络法(Artificial Neural Network,ANN)	是一种能解决高度非线性关系的网络模型	需要同时考虑许多因素和条件的模糊信息问题	1. 准确度很高,运算速度快。 2. 评价简便,具有容错能力。 3. 通用客观性好	1. 所得评价结果解释性差。 2. 样本训练中,有时会出现局部极小、收敛速度较慢的情况
德尔菲法(Delphi)	依据多专家的知识经验对指标体系进行分析判断并主观赋权值的多次调查方法	适于不易直接量化的模糊性指标	适用范围广,不受样本有否数据的限制	1. 受专家主观因素影响。 2. 过程较烦琐

正因为单一评价方法存在诸多缺点,突发事件分级将综合运用多种评价方法,力求扬长避短,更贴合实际需求。

4.3.3　突发事件动态分级综合评价方法

目前国内外对应急管理的研究基本上是从静态的角度对突发事件进行分类分级,再根据不同的类别、级别进行决策。有些工作属于事后评估,对事件发生过程中的应急管理工作指导性不强。突发事件的发生发展情况是不断变化的,不同的影响因素在不同时期的作用也是千差万别。因此需要进行动态的分类分级,即根据现在掌握的信息情况,对未来某个时间点的突发事件类型级别进行评估。现有的比较成熟的动态评估算法,多是先确定突发事件类型,凭借专家的经验、突发事件类别以及风险要素的选取,通过层次分析法对因素进行模糊赋值,然后采用层次分析法构造评判矩阵,运用 Delphi、Kerre 法等方法对赋值进行模糊综合评价,最后基于模糊决策得到评估结果。

这些算法主要是各专家对危机因素赋予精确值,对精确值模糊化后进行计算,该算法中没有体现出模糊数评分的优势,因此也不能称为是完全基于模糊决策的。由于决策问题的复杂性和专家的个人喜好等原因,决策提供的评价采用模糊数值更加符合实际需求,因此将层次分析法扩展为模糊层次分析法,采用赋值打分形式,并且加入三角模糊数赋值方式更加符合人的大脑判别事物的模糊性和不确定性。经过以上改进后的动态模糊综合分析法的步骤如下:

(1)明确研究对象,研究突发事件所属种类。

(2)研究危险因素评价体系,识别危险因素,明确选取指标的标准,确定动态分级要素。

(3)根据专家的级别、所从事的领域及研究成果,对专家赋予权重。

(4)以三角模糊数层次分析法对因素模糊赋值方式改进专家评分体系。

(5)通过三角模糊数进行模糊决策,计算出各专家方案的模糊权重、模糊综合权重及期望值。

(6)运用 Delphi、Kerre 法等方法确定模糊综合评价最优方案,最后基于模糊决策得到评估结果。

改进后的算法将专家权重引入到算法之中,使得不同领域的专家在赋值的过程中,更加具有侧重性、科学性。不同级别和经验的专家在决策中的主导地位也随着权重的大小而有所差别，这使得评估的结果更加客观、准确；改进后的算法通过模糊计算能够得到各个危险因素的期望值及排序，危险因素的期望值可以通过系数调整，获得基于乐观、悲观不同范围内的期望，因素的排序为下一步的应急处置、应急保障提供了参考的依据。

4.4　高速公路路域水环境突发事件分级指标

表4-3主要按照事件的性质、严重程度、可控性、人员伤亡与经济损失的量对突发事件的级别进行划分，这种分级标准适用于一般直接威胁人们生命财产安危的突发事件，对于水环境突发事件分级显然欠合理，并不完全适合直接关注对象是水环境而非人的水环境突发事件分级。而且四等级划分法比较笼统，适合纵向划分行政职责，对突发事件现场应急决策缺乏可操作性。因此，有必要专门对水环境突发事件进行聚类分级研究，这是水环境突发事件应急决策的基础，也是做好应急响应、开展救援准备工作的前提。

4.4.1　水环境突发事件分级指标的初步筛选

对水环境突发事件进行分级有助于为应急决策提供信息支持，从而匹配相应的应急方案，确定应急资源需要量，指导应急响应管理工作开展。高速公路路域水环境突发事件中最大可信事故对周边水环境造成的污染与损失最大，故以高速公路路域最大可信事故为例，研究水环境突发事件的分级方法和标准。高速公路路域最大可信事故分级主要依据事件自身性质对水环境造成的损失来确定分级要素，从而判断事件的大小等级。

分级指标的合理选取对最终分级结果是否可靠有重要影响。指标选取得越多，反映系统的信息越多，得出的结果就可能越详尽，但其耗费的人力、物力就会越多。能够用最少、最合理的指标得到最可靠的结果才是最理想的指标体系。

专门针对高速公路路域水环境突发事件分级指标的文献极其有限，尤其是针对泄漏事故和交通事故发生连锁反应的复杂突发事件。因此，需要借鉴重大危险源动态分级的指标，并利用文献检索，选择适合最大可信事故动态分级的指标。

(1)文献检索

通过大量相关文献检索可获得高速公路路域水环境突发事件分级要素集合。由于研究者的视角不同，得到的结果也不尽相同：有的比较宏观，只给出一级评价指标/分级要素；有的比较微观，给出了评价指标体系。文献中的命名不同：有的为评价指标，有的为分级要素。为了便于统计、分析，将其统称为分级指标，并根据本节所需指标的细化程度，仅取所需级别的评价指标。综合之后的结果如表4-5所示。

相关学者提出的水环境污染事件的分级指标　　表4-5

序号	分级指标	作　者
1	影响范围、危害或损失程度、扩散程度、时间要素	杨静等(2005)
2	年度交通事故数、受伤人数、死亡人数和直接经济损失	阮璐(2010)
3	危险品泄漏量及泄漏速率、危险品污染浓度、交通事故中的泄漏概率	杨云峰(2006)

续上表

序号	分级指标	作者
4	考虑全损事故、经济损失和溢油量，并加入了船舶规模隶属度系数，将事故分级结果和船舶规模挂钩	叶祥等(2014)
5	泄漏物质危害、泄漏量、泄漏位置、流速和风速	张羽(2006)
6	事故产生的特定污染物、常规污染物、可能影响供水时间和显著的污染	朱丽(2009)
7	水环境风险源特征因素、安全因素以及流域水环境受体因素	刘杨华(2011)
8	事故压力、水环境状态以及跨界风险受体的响应状况	林长喜(2009)
9	固有危险程度：单位危险物质的能量、危险物质的量、危险物质的毒性等安全措施补偿：安全状态、人员素质、工艺控制、物质隔离、防火设施	李德顺(2007)
10	排放量、流量、浓度和时间	徐平(2005)
11	突发性水污染事件的可信度、事故源、危害程度	韩晓刚(2010)
12	最大水质超标倍数、水质超标持续时间、污染团到达时间、企业风险等级	逄勇(2009)

(2)指标筛选

由于大多数文献都是对水环境污染评价中的交通事故或泄漏事故进行单一描述，针对不同事故，指标的侧重点也不同。本节只针对影响高速公路路域最大可信事故对水环境造成的污染及危害，即导致事故发生的固有危险性，不考虑人员伤亡和经济损失。所以根据本节研究需要对有关指标进行筛选、综合等加工处理。将“年度交通事故数、受伤人数、死亡人数和经济损失”等不对水质直接影响的指标去除，将“影响范围，危害或损失程度”等指标细化归类，具体划分到“泄漏量、泄漏物质毒性”等具体指标，并将一些名称相似的或含义相同的指标归为一类。

经过上述分析，构建了九项用于高速公路路域水环境最大可信事故动态分级指标，分别为泄漏物质危害、泄漏物质的总量、泄漏物质的处治措施、事故发生时间、事故形式、事故持续时间、泄漏位置、水体流速和风速。

4.4.2 水环境突发事件分级指标的确定

文献检索获得的分级指标理论性较强，直接将理论研究所得的分级指标初始集用于水环境保护区高速公路路域最大可信事故分级，容易被质疑评价指标的科学性和合理性。目前关于高速公路路域水环境突发事件等级划分尚没有确定统一的要素，因此有必要通过问卷调查这一实证方法对初筛后的指标进行修正后再加以确定。

1)调查问卷设计

问卷调查的目的是验证所选指标的正确性并调查各分级指标的重要性程度。因此，接受问卷调查的对象是对我国高速公路项目建设与运营管理、水质检测或应急管理十分熟悉、具有相当经验和专业知识的从业人员，从而保证问卷填答的质量。问卷调查采用五级李克特多项目量表打分衡量各分级指标对突发事件分级结果的影响程度。

为减少因答卷者不能理解所提问题而带来的影响，在正式问卷调查开始之前，先对问卷进行预测试，以此来验证问卷调查设计的合理性和可行性。根据实践界与学术界相关专家的建议和意见，问卷设计及表述经过了反复斟酌、修改和完善。

通过文献筛选分级指标，预测试的结果显示，大部分指标的平均值均在3分及以上。根据需要将“重要区间”细化，将度量方式调整为“极其重要得5分，非常重要得4分，比较重要得3分，稍微重要得2分，一般重要得1分”。

2)问卷发放与回收

本次问卷调查的方式为书面形式，从而保证了较高的回收率以及强化答卷人的重视程度。共计发放“高速公路路域水环境最大可信事故动态分级指标调查问卷”100份，收回76份，其中有效问卷75份(>30，符合大样本要求)，有效问卷回收率为75%。问卷回收情况统计及答卷人的基本情况如表4-6、表4-7所示。

问卷回收情况统计表　　表4-6

问卷情况		问卷份数	所占比例
实际发放问卷		100	100%
回收问卷		76	76%
其中：	无效问卷	1	1.33%(占回收问卷的百分比)
	有效问卷	75	98.67%

调查问卷的答卷人背景信息

(共计：有效问卷75份)　　表4-7

答卷人情况		相应问卷份数
职业	公路项目的企业职员	59
	环保部门的工作人员	0
	学术研究人员	4
	其他	12
受教育情况	博士(及在读)	0
	硕士(及在读)	6
	本科学历	36
	本科以下学历	33
从事工程建设项目或环评或应急管理研究/实践工作的时间	≤3年	37
	4~10年	27
	11~15年	7
	16~20年	2
	>21年	2
参与过的项目类型	高速公路	60
	市政道路	17
	桥梁隧道	45
	其他(水利水电)	6

续上表

答卷人情况		相应问卷份数
项目中的角色	业主单位	4
	设计单位	3
	监理单位	16
	施工单位	56
	政府相关主管部门(质检、环保、应急)	2
参与水环境保护区高速公路项目	是	45
	否	25

本次问卷调查准确可靠,因为包括设计问卷、选择答卷人,样本容量确定、统计问卷等在内的每一步都经过了较为周全的考虑;从表4-7中的数据可知,答卷人以相当丰富的相关知识与经验来作出相对较为准确的判断。因此,可以确定本次问卷调查所搜集的数据能够相对准确地反映出高速公路路域水环境最大可信事故动态分级指标和影响因素。

3)数据统计分析与结果

问卷调查采用现场发放与网上答卷结合的方式。调查问卷回收后需进行数据统计分析得出结果,本次调查问卷运用SPSS 17.0等统计软件来进行数据分析和假设检验。

主要针对回收的有效问卷资料进行描述性统计分析,以了解样本分布情况,以平均数、标准差来描述各个测量项目,了解被调查者对这些相关指标的认知。并通过信度检验问卷的稳定性或可靠性,检验调查结果的内在一致性。信度是衡量一组测量数据质量的重要指标。一般Cronbach α系数小于等于0.6,认为内部一致信度不足;为0.7~0.8时,表示量表具有很高的信度;达到0.8~0.9时说明量表信度非常好。数据分析后各评价指标的描述性统计如表4-8、表4-9所示。本次调查的Cronbach α值为0.747,所评估项目的标准化Cronbach α值为0.747,以Cronbach α值来看,调查量表信度较好。各指标标准差均小于1,说明各专家对指标的认同程度一致,无大的分歧。

调查结果统计表 表4-8

序号	评价指标	均值	标准差
1	泄漏物质的性质	4.84	0.163
2	泄漏物质的处置措施	4.56	0.385
3	泄漏物质的总量	4.51	0.334
4	事故发生时间	4.15	0.478
5	事故持续时间	4.39	0.457
6	事故形式	4.35	0.689
7	泄漏位置	4.55	0.359
8	水体流速	4.12	0.837
9	风速	3.88	0.98

Cronbachs α 系数 表4-9

可靠性统计量		
Cronbach's α	基于标准化项的 Cronbachs α	项数
0.747	0.747	9

通过对回收问卷的分析，九项用于高速公路路域水环境最大可信事故分级指标经专家打分，除“风速”均值为3.88，显示为比较重要之外，其余八项分级要素均值全部为“4”分以上，显示为非常重要。根据专家打分结果，将最大可信事故的分级指标按重要度排序，“泄漏物质的性质”的影响最为重要，“泄漏物质的处置措施”第二重要，“泄漏位置”次之。对最大可信事故分级结果影响最小的是“风速”。污染物质的一些理化性质如毒性、易燃性等直接影响事故危害程度，污染事故发生之后，对污染物质处置措施及时、妥当与否将决定最终污染物质的泄漏总量，对污染物质扩散、迁移和变化有一定影响；污染物质泄漏总量影响泄漏浓度，会对事故的紧急、危害程度产生影响，事故形式（碰撞、倾翻、爆炸等）的不同会导致污染方式（连续泄漏或瞬时泄漏）的差异，并且在一定程度上直接影响污染物质在水体中的污染范围和强度；事故发生地带或泄漏位置不同对水质产生的影响也不同；事发时间处于白天的正常工作时间还是夜晚的非工作时间会影响应急响应的及时性；水体流速决定污染物扩散及稀释速度，流向则直接影响污染物质的扩散漂移方向；在风力的作用下，事故的影响范围会更大。事发时的风速、风向对污染物在水中的漂移速度和方向产生影响。

4.5 高速公路路域水环境突发事件聚类分级模型

突发事件的动态性、时效性、并发性及阶段性四个特性决定了其不确定性，若是采取具有静态、事后特点的传统分级方法，会导致突发事件分级所对应的应急方案不能产生应有的效果。同时，水环境突发事件具有不确定性及扩散性，对高速公路路域最大可信事故而言，泄漏的危险品物质的毒性、总量不能完全确定，具有模糊性，而且最大可信事故的分级指标具有模糊性、不精确性。综合考虑突发事件类型与级别的耦合关系，高速公路路域水环境突发事件分级方法的选用应具有良好的弹性与灵活性。

4.5.1 水环境突发事件动态分级思路

国内关于高速公路路域水环境突发事件分级的研究较少，以往各种分级算法的改进都是为了使打分或评分客观，但最终都没有建立一个突发事件分级数据库，也没有对分级划分标准进行完善和更新。希望通过一种动态分级方法实现数据库建立，新数据不断汇入原有数据库，将所有信息重新聚合，进行聚类分级，保证水环境突发事件数据库的动态更新与完善，体现弹性、灵活性的思想，也为后续的应急管理工作提供较全面、详细的信息。本研究引入动态模糊分级模型对高速公路路域水环境突发事件进行分级。

国家对突发事件等级的划分标准是依据突发事件可能造成的危害程度、波及范围、影响力大小、人员及财产损失等情况，由高到低划分为特别重大（Ⅰ级）、重大（Ⅱ级）、较大（Ⅲ级）、一般（Ⅳ级）四个级别，但是同一级别内的突发事件之间的危害程度、波及范围、影响力大小等依旧存在差异，需要继续进行聚类分析。

聚类分析的基本思想是在缺乏先验知识的条件下将样本集 $Z=(Z_1,Z_2,\cdots,Z_n)$ 中的样本依照某一相似度准则分到模式类 $C_1,\cdots,C_n$ 中去。

水环境突发事件动态分级主要是为匹配相应应急方案提供应急决策支持,需要对未来时刻的状态进行评估,因此,这种动态分级具有不精准性。引入三角模糊数方法来表示分级指标之间的权重能更准确地反映不确定性和精准性。根据 Kerre 法得出模糊综合评价,采用悲观型决策原则,从模糊值中选取最悲观的值作为最后的确定值,符合决策人心理行为的后悔值最小原则特征,对照归类标准确定水环境突发事件最后的级别。用聚类分析法进行突发事件的分级,每当发生新的突发事件时,其信息就会被加入到已有的数据库中,和历史数据一起作为数据母本进行聚类,这比先制定好分级标准再评估事件进行分级更能体现突发事件分级的动态性。借助聚类分析方法可对同一级别内的多个水环境突发事件进行同一级别内的细分。

4.5.2 水环境突发事件动态模糊综合分级模型

动态模糊综合分级模型(图 4-2)共分为两部分,第一部分是对某一件水环境突发事件按照 Kerre 法进行模糊评判,确定事件等级;第二部分是对同一级别内的多个事件按照最短距离法聚类,达到更细致的划分目的。具体分析步骤如下:

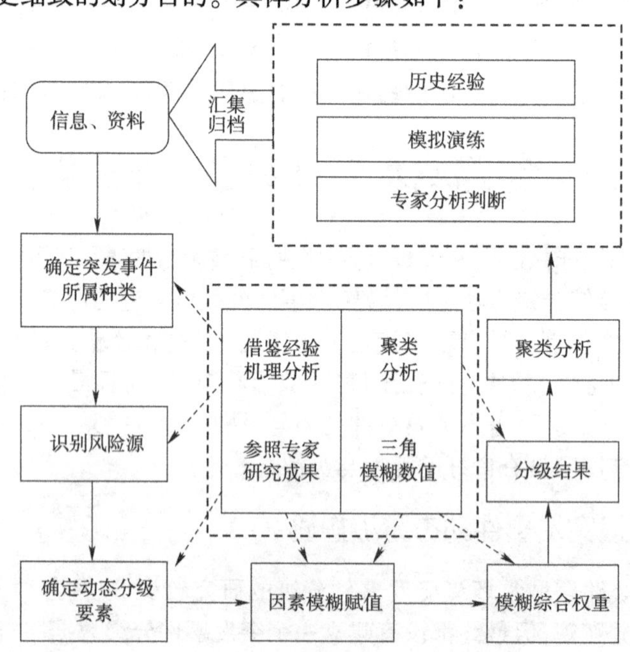

图 4-2 水环境突发事件动态模糊综合分级模型

(1)确定模糊权重。

利用三角模糊数表示两两评价指标间的相对重要性,三角模糊数借助层次分析法构造判断矩阵,运用模糊 Delphi 方法得到各个因素的模糊权重。

确定模糊权重公式为

$$\overline{w}=(e_i,g_i,f_i) \qquad \left(e_i=\min_j w_i^j,g_i=\max_j w_i^j,f_i=\{\prod_{j=1}^{n}w_i^j\}^{\frac{1}{n}}\right) \tag{4-1}$$

其中,$\overline{w}$ 为第 i 个因素的模糊权重;w_i^j 为第 i 个因素由第 j 个专家(或第 j 个方案)给出的确定型权重。

模糊权重的三个值分别为左极小值、中间数和右极大值，其中专家认为此指标可能的最小值用左极小值表示，专家认为最有可能的值用中间数表示，而可能的最大值用右极大值表示。利用三角模糊数整合各位专家的意见，可以表示专家对两两相对重要性程度看法的模糊性，不但可以避免部分专家独特意见缺失，而且可以模拟人类思维的主观性、模糊性及不确定性。

(2)确定模糊评价值。

对模糊因素值矩阵做归一化处理。

成本类因素归一化方法如下：

设有 m 个模糊因素值$\overline{x_i}$，$\overline{x_i}=(a_i,b_i,c_i)$，$i=1,\cdots,m$。令 $a_i^{\min}=\min\{a_i\}$，同理得 $b_i^{\min}$、$c_i^{\min}$。用$\overline{r_i}$表示归一化后的$\overline{x_i}$，于是$\overline{r_i}=\{\frac{a_i^{\min}}{c_i},\frac{b_i^{\min}}{b_i},\frac{c_i^{\min}}{a_i}\wedge 1\}$，$\frac{c_i^{\min}}{a_i}\wedge 1$ 表示选其一两者中的较小者。

收益类因素归一化方法如下：

$\bar{r}=\{\frac{a_i}{c_i^{\min}},\frac{b_i}{b_i^{\min}},\frac{c_i}{a_i^{\min}}\wedge 1\}$，$a_i^{\min}=\{a_i\}$，其中，同理得 $b_i^{\min}$，$c_i^{\min}$。

(3)确定每个专家给出的指标因素的右模糊极大集。

右模糊极大集 $\widetilde{M}_{iR}=\max(\tilde{r}_{i1R},\tilde{r}_{i2R},\tilde{r}_{i3R})$，其中 $\tilde{r}_{inR}$表示第 i 个专家方案的第 n 个因素的右模糊值，具有隶属函数：

$$\mu M_{iR}(ri)=\sup_{\substack{r_i=r_{i1}\vee r_{i2}\vee\wedge\vee r_{in}\\(r_{i1},r_{i2},\wedge,r_{in})\in R^n}}\min\{\mu_{ri1R}(r_{i1})\mu_{ri2R}(r_{i2}),\wedge,\mu_{rinR}(r_{in})\}$$

(4)确定各个指标右模糊值和该指标的右模糊极大集之间的 Hamming 距离。

计算右模糊集 $\tilde{r}_{ijR}$，$j=1,\cdots,n$ 与右模糊极大集 $\widetilde{M}_{iR}$之间的 Hamming 距离的方法如下：

$$dR(\tilde{r}_{ijR},\widetilde{M}_{iR})=\int_{S\{\tilde{r}_{ijR}\cup\widetilde{M}_{iR}\}}|\mu\tilde{r}_{ijR}(x)-\mu\widetilde{M}_{iR}(x)|dx \tag{4-2}$$

(5)确定各个指标中 Hamming 距离最小的因素。

如第 i 个方案为 $\tilde{r}_i^{\max}=\min\{\tilde{d}_R(\tilde{r}_{ijR},\widetilde{M}_{iR})\}$，即找出每位专家给出的各个模糊值指标中与极大模糊数最接近的一个指标。

(6)在步骤(5)中得到的所有因素中，再确定一个右模糊极大集并计算这些因素和这个右模糊极大集的 Hamming 距离，原理同上。

(7)选择 Hamming 距离最小的因素所对应的指标。

利用 Bonissone 近似公式计算该指标的最终打分值。用 Bonissone 近似公式计算两个模糊数的乘积：模糊权重可表示为 $\tilde{w}=(\partial,\partial,\beta)$，模糊数表示为 $\tilde{x}_{ij}=(c;\delta,\gamma)$，公式如下：

$$\tilde{w}_j\cdot\tilde{x}_{ij}=(ac;a\gamma+a\alpha-a\gamma,a\delta+c\beta-\beta\delta) \tag{4-3}$$

利用模糊悲观型决策原则，选择三角模糊数的右模糊值作为最后的评估值，对应级别归类表确定最后的级别。按照王微在《基于模糊决策的突发事件分级评估算法的改进研究》中阐述的方法，选取对应级别归类标准为水环境突发事件分级标准，如表4-10 所示。

水环境突发事件分级标准　　表 4-10

级　别	对应参数	级　别	对应参数
一级	[0.76,1]	三级	[0.26,0.5]
二级	[0.51,0.75]	四级	[0,0.25]

(8)选取同一级别的多个事件进行聚类分析。

利用重心法把得到的模糊权重值转为可操作非模糊数值,计算评价指标的优先权重,其公式为

$$w_i = \frac{a_i + b_i + c_i}{3} \tag{4-4}$$

计算各指标的优先权重后可得到一项计算事件分值的线性加权,利用线性加权公式可得水环境突发事件综合分值。

$$O = \sum Wi \cdot Ri$$

$$O = WX_1 \cdot R_1 + WX_2 \cdot R_2 + WX_3 \cdot R_3 + \cdots + WX_n \cdot R_n \tag{4-5}$$

式中,O 为突发事件的综合评分;WX_n 表示第 n 个分级指标的优先权重;R_n代表第 n 个分级指标的分值。

(9)采用最短距离法对突发事件进行聚类分级。

聚类分析前,每个事件样本独成一类,将 X 个事件看作 X 个样本,利用欧式距离公式 d_{ij}[式(4-6)]表示事件 X_i与 X_j之间的距离,$G_1, G_2, \cdots$表示小类,样本之间距离越小,说明事件越相似,划分为一个级别,首先聚成一个新类 G_1;然后,度量剩余样本和新类的远近程度,用 D_{ij}表示类 G_i与 G_j间的距离。以当前某个样本与已经形成的小类中的各样本距离中的最小值作为当前样本与该小类之间的距离,$G_r = \{G_i, G_j\}$, $d_{rs} = \min\{d_{is}, d_{js}\}$。如此反复,直到所有样本聚成一类为止。聚类过程也就是对突发事件进行分级的过程。这个聚类过程可以用谱系聚类图表达出来。欧氏距离(Euclidean distance),当 $q=2$ 时的二阶明考斯基距离为

$$d_{ij} = \left[\sum_{i=1}^{m}(x_i - x_j)^2\right]^{1/2} \tag{4-6}$$

4.5.3　分级聚类分析算例

以某水源保护区高速公路路域发生的水环境突发事件中几例最大可信事故为例,运用动态模糊分级方法对其进行计算分级。计算示例如下:

(1)根据问卷调查所得分级指标结果,邀请专家按照层次分析法进行指标间的两两对比,最后利用模糊 Delphi 得到模糊指标权重值矩阵,如表 4-11 所示。

模糊指标权重值矩阵　　表 4-11

分级指标	模糊权重	分级指标	模糊权重
X_1	$W_1 = (0.07, 0.13, 0.17)$	X_6	$W_6 = (0.03, 0.08, 0.15)$
X_2	$W_2 = (0.05, 0.12, 0.18)$	X_7	$W_7 = (0.06, 0.11, 0.16)$
X_3	$W_3 = (0.10, 0.11, 0.14)$	X_8	$W_8 = (0.03, 0.10, 0.18)$
X_4	$W_4 = (0.04, 0.10, 0.18)$	X_9	$W_9 = (0.01, 0.09, 0.20)$
X_5	$W_5 = (0.05, 0.11, 0.18)$		

(2)选取案例中的某次最大可信事故进行动态模糊分级,按照五分制对九个分级指标进行打分赋值,规则为:0～1 分为不严重,1～2 分为需要引起注意,2～3 分为比较严重,3～4 分为严重,4～5 分为非常严重,将其进行归一化后得到模糊指标值矩阵,如表 4-12 所示。

模糊指标值矩阵归一化　　表 4-12

指　　标	C_1	C_2	C_3
X_1	(0.4,0.6,0.8)	(0.3,0.7,1)	(0.4,0.7,0.9)
X_2	(0.2,0.5,1)	(0.2,0.6,0.8)	(0.3,0.4,0.7)
X_3	(0.3,0.6,1)	(0.3,0.4,0.9)	(0.4,0.7,1)
X_4	(0.1,0.4,0.8)	(0.2,0.4,0.7)	(0.1,0.3, 0.7)
X_5	(0.2,0.3,0.7)	(0.1,0.5,0.8)	(0.2,0.4,0.6)
X_6	(0.3,0.5,0.9)	(0.3,0.5,0.8)	(0.1,0.6,0.5)
X_7	(0.3,0.6,0.8)	(0.2,0.7,0.9)	(0.1,0.5,0.7)
X_8	(0.1,0.3,0.7)	(0.1,0.2,0.4)	(0.2,0.5,0.6)
X_9	(0.1,0.4,0.8)	(0.1,0.4,0.7)	(0.1,0.3,0.4)

确定 C_1 的右模糊极大集,如图 4-3 所示,因分级指标较多,为避免图形混乱,无法辨识,此处只画出 $\widetilde{M}_{iR}$ 前四个分级指标的三角模糊数。

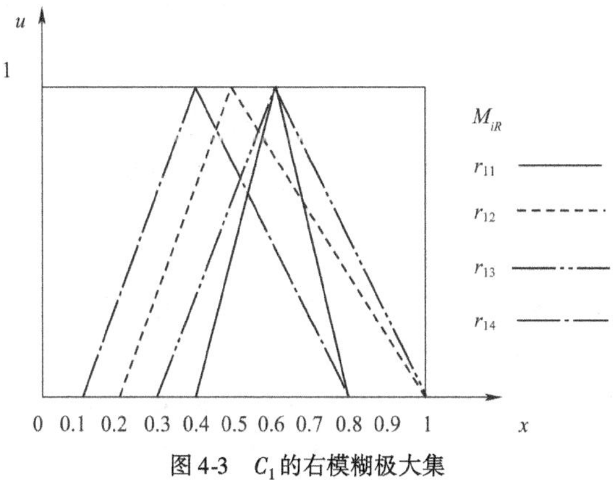

图 4-3　C_1 的右模糊极大集

依次求出 $d_R=(\widetilde{R}_{11R},\widetilde{M}_{1R})=0.3$;$d_R=(\widetilde{R}_{12R},\widetilde{M}_{1R})=0.25$;$d_R=(\widetilde{R}_{13R},\widetilde{M}_{1R})=0.2$;$d_R=(\widetilde{R}_{14R},\widetilde{M}_{1R})=0.4$;$d_R=(\widetilde{R}_{15R},\widetilde{M}_{1R})=0.4$;$d_R=(\widetilde{R}_{16R},\widetilde{M}_{1R})=0.25$;$d_R=(\widetilde{R}_{17R},\widetilde{M}_{1R})=0.3$;$d_R=(\widetilde{R}_{18R},\widetilde{M}_{1R})=0.5$;$d_R=(\widetilde{R}_{19R},\widetilde{M}_{1R})=0.4$。确定 $\tilde{r}_1^{\max}=\tilde{r}_{13}$,同理求出 C_2、C_3 的右模糊极大集及其 Hamming 距离,结果为:$\tilde{r}_2^{\max}=\tilde{r}_{21}$,$\tilde{r}_3^{\max}=\tilde{r}_{33}$。

对已确定的 $\tilde{r}_{13}$、$\tilde{r}_{21}$、$\tilde{r}_{33}$,求右模糊极大集和 Hamming 距离,求法同上,得 $C_{\max}^{*}=C_3$。则选择 Hamming 距离最小的指标所对应的结果,$C_3=(0.07,\ 0.13,0.17)\times(0.4,0.7,0.9)+\cdots+(0.01,\ 0.09,0.20)\times(0.2,0.5,0.7)=(0.113,0.454,1)$,根据模糊悲观型决策原则,最后采用 1 作为未来级别的综合打分值,对应级别标准,该次最大可信事故动态模糊分级结果评定为一级。

(3)科学合理的应急决策是为了按照"情景"的发展态势,分析之后得到更加有针对性的应急方案,因此,对水环境突发事件动态模糊分级只是对已发生事件自身危害性的级别进行判别,要想达到为应急决策提供支持的目的,必须对同一级别的多个事件进行聚类分析,细化级别。接下来,将运用最短距离法对多事件进行聚类,将同一级别内的事件进行细分,逐一聚类。

将模糊权重重心化得到各个分级指标的优先权重,以同一级别的八次已发生的最大可信事故为例分析聚类过程。按照各指标代表因素对事件影响程度的作用,采用 likert5 分值进行打分。指标对应分值越高,表示该项指标在此次事件中的严重程度越大,各项指标打分如表 4-13 所示。

某水源保护区高速公路路域 8 次突发事件评价结果 表 4-13

突发事件	泄漏物质性质(0.123)	泄漏物质处置措施(0.116)	泄漏物质总量(0.115)	事故发生时间(0.105)	事故持续时间(0.112)	事故形式(0.111)	泄漏位置(0.116)	水体流速(0.105)	风速(0.099)	综合得分
事件1	5	2	4	5	3	2	5	3	4	3.675
事件2	3	4	4	2	2	4	3	5	2	3.235
事件3	1	5	4	2	4	1	2	3	5	2.967
事件4	4	3	2	1	3	2	2	1	1	2.165
事件5	2	3	3	4	5	3	4	2	1	3.019
事件6	5	2	5	3	2	5	3	5	2	3.580
事件7	4	3	4	2	3	4	5	3	4	3.573
事件8	2	4	3	1	3	2	1	2	3	2.335

采用欧氏距离计算样品间距离,记 $G_1=\{事件1\}, G_2=\{事件2\},\cdots,G_8=\{事件8\}$,计算两两事件间距离,得距离矩阵 $D(0)$。其中,$d_{12}=[(3.235-2.967)^2]^{1/2}=0.4402$,根据式(4-3)依次可得 $d_{13}=0.7080$、$d_{14}=1.5103$。

根据各水环境突发事件之间的欧式距离,可得距离矩阵如表 4-14 所示。

某水源保护区高速公路路域 8 次突发事件距离矩阵 $D(0)$ 表 4-14

D_0	1	2	3	4	5	6	7	8
1	0	0.4402	0.7080	1.5103	0.6557	0.0953	0.1024	1.3395
2		0	0.2679	1.0701	0.2155	0.3449	0.3377	0.8994
3			0	0.8023	0.0524	0.6127	0.6056	0.6315
4				0	0.8546	1.4150	1.4079	0.1708
5					0	0.5604	0.5532	0.6839
6						0	0.0071	1.2442
7							0	1.2371
8								0

表 4-14 中,非对角线最小元素为 0.0071,即事件 6 和事件 7 的距离最近,于是将 G_6 和 G_7 合为一类 G_9,$G_9=\{G_6,G_7\}$。$d_{91}=d(6,7)1=\min\{d_{61}.\ d_{71}\}=0.0953$,依次算出新类 G_9 和其

他各类事件之间距离 D_1，如表 4-15 所示。

新类与其他各类事件之间的距离 D_1(1)　　　表 4-15

D_1	9	1	2	3	4	5	8
9	0	0.0953	0.3377	0.6056	1.4079	0.5532	1.2371
1		0	0.4402	0.7080	1.5103	0.6557	1.3395
2			0	0.2679	1.0701	0.2155	0.8994
3				0	0.8023	0.0524	0.6315
4					0	0.8546	0.1708
5						0	0.6839
8							0

表 4-15 中，非对角线最小元素为 0.0524，即事件 3 和事件 5 的距离最近，于是将 G_3 和 G_5 合为一类 G_{10}，$G_{10}=\{G_3, G_5\}$。依照最小距离法依次聚类，直到所有事件都归类完毕，最后得聚类结果如图 4-4 所示。

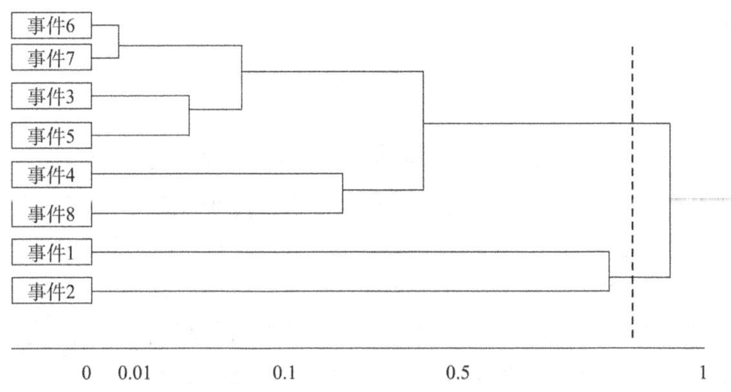

图 4-4　水环境突发事件聚类结果

按照动态模糊评判的思想，利用最短距离法对同一级别的多个事件进行级别细化，通过算例分析后，得到事件 6 与事件 7 之间距离最小，说明这两次事件之间相似度最高，可以聚为一个类别；依次将事件 3 与事件 5 聚为一个类别，事件 4 与事件 8 聚为一个类别，事件 1 与事件 2 聚为一个类别。本次动态模糊分级的 8 次水环境突发事件可以细分为四个级别。其中，参照专家评估所得的事件综合得分可知，事件 1 与事件 2 所在的级别最高，即此类为最严重事件。

水环境突发事件分级是一个动态过程，也是一个细致划分的过程，需要通过对水环境突发事件案例库进行扩充，根据事件信息数据及应急预案处置效果不断反馈，直至出现稳定结果。

4.6　分级与预警标准

突发事件分级作为应急响应的前提，在警戒状态下，可以对系统所面临的风险进行识别和预测，针对不同级别的突发事件隐患发出相应预警信号，并启动相应应急防范措施，尽可能控制事态的发展。而对于突发事件预警则需根据相关突发事件的风险评估结果，依据其危害程度、紧急程度和发展态势，确定相应预警级别，标示预警颜色，并向社会发布相关信息。从整体上来看，突发事件分级一方面利用突发事件的监测信息进行分级，另一方面又将分级结果反馈给突发事件预警系统，可为突发事件预警提供风险评估结果。因此，在实际工作中需要将分级结果与监测预警联系起来，明确突发事件分级结果对建立预警标准的作用。

突发事件预警级别的划分标准是预先在灾害或灾难以及其他需要提防的危险发生之前，根据以往总结的规律经验或观测得到的可能性前兆，向相关部门发出紧急信号，报告危险情况及其程度，以避免危害在不知情或准备不足的情况下发生，从而最大限度地减少危害造成的影响所进行的应急预警档次划分。而突发事件应急预警级别划分标准及其对策涉及应急响应程序的启动、处置方式的选择、应急效果的好坏，也是应急能力的充分体现。因此突发事件应急预警级别的划分标准及其对策需要认真分析和研究。本节主要介绍了突发事件预警标准划分的现状、预警标准制定的原则及预警级别划分的要点，旨在为突发事件预警标准的确定创造前提条件，并为后续应急响应工作提供基础。

4.6.1 突发事件分级与监测预警

《中华人民共和国突发事件应对法》中将突发事件的应对主要分为预防与应急准备、监测与预警、应急处置与救援、事后恢复与重建四个阶段。其中，监测与预警工作是突发事件应急管理的前提。监测与预警的作用主要是发现危机的存在，为预防危机提供条件。在前面章节中已经介绍过水环境突发事件的致污机理及聚类分级，对水环境突发事件致污机理的把握主要在于通过对水环境突发事件发生的原因进行了解，准确把握风险源、突发事件及事故危害三者及其联系，进而做到在事故发生以前能够及早地预防和控制事态的发展。具体来讲，掌握水环境突发事件的致污机理为突发事件监测预警提供了监测指标的相关信息，如泄漏物质的总量、发生时间、持续时间、水流速度等。而在高速公路路域水环境突发事件分级中，对于最终选取及确定的指标，也必须依靠突发事件监测到的实时信息才能符合实际，使得分级结果更科学合理。这里也体现了突发事件分级动态性的特点。而分级结果往往又反作用于突发事件预警，分级结果实际上为预警工作提供了一个风险评估的依据，直接影响了突发事件预警级别的确定。

一般来说，由于分级及预警的依据基本保持一致，突发事件的分级结果与预警级别也是保持一致的。

一方面，《国家突发公共事件总体应急预案》总则中1.3条规定：各类突发公共事件按照其性质、严重程度、可控性和影响范围等因素，一般分为四级：Ⅰ级（特别重大）、Ⅱ级（重大）、Ⅲ级（较大）和Ⅳ级（一般）。《国家突发公共事件总体应急预案》运行机制中3.1.1条规定：根据预测分析结果，对可能发生和可以预警的突发公共事件进行预警。预警级别依据突发公共事件可能造成的危害程度、紧急程度和发展势态，一般划分为四级：Ⅰ级（特别严重）、Ⅱ级（严重）、Ⅲ级（较重）和Ⅳ级（一般），依次用红色、橙色、黄色和蓝色表示。其中，预警信息包括突发公共事件的类别、预警级别、起始时间、可能影响范围、警示事项、应采取的措施和发布机关等，这些规定同样适用于高速公路路域水环境突发事件的情况。在实际工作中，相关部门通过监测到的信息进行分析，然后对突发事件进行分级和预警，迅速作出突发事件的应急响应,以便及时预防和控制。

另一方面,《中华人民共和国突发事件应对法》第四十四条规定:发布三级、四级警报,宣布进入预警期后,县级以上地方各级人民政府应当根据即将发生的突发事件的特点和可能造成的危害,采取下列措施:

(1)启动应急预案。

(2)责令有关部门、专业机构、监测网点和负有特定职责的人员及时收集、报告有关信息,向社会公布反映突发事件信息的渠道,加强对突发事件发生、发展情况的监测、预报和预警工作。

(3)组织有关部门和机构、专业技术人员、有关专家学者,随时对突发事件信息进行分析评估,预测发生突发事件可能性的大小、影响范围和强度以及可能发生的突发事件的级别。

(4)定时向社会发布与公众有关的突发事件预测信息和分析评估结果,并对相关信息的报道工作进行管理。

(5)及时按照有关规定向社会发布可能受到突发事件危害的警告,宣传避免、减轻危害的常识,公布咨询电话。

从《中华人民共和国突发事件应对法》中有关突发事件信息监测与预警的条款可看出:突发事件信息监测与预警的主要作用是采集、储存、分析、传输有关突发事件的信息,并加强跨部门、跨地区的信息交流与情报合作,以便对突发事件应急管理提供良好的前期基础。突发事件分级的作用则在于为合理配备应急资源、及时作出应急响应和快速处置提供基础。因此,从两者的作用上来看,分级与预警不是相互独立的工作,而是紧密联系的。总的来说,突发事件分级既是对原有案例经验总结作出的应急准备,也是依据实际监测信息进行风险评估的一种应急手段,为突发事件的预警工作提供了科学合理的依据。

目前,政府和社会在突发事件应急管理中越来越深刻地意识到突发事件信息监测与预警的重要性。关口前移是国家和政府突发事件应急管理的发展趋势,而对突发事件进行监测预警可以防止人们在危机到来时不知所措。因此,突发事件信息的监测与预警就是实现关口前移的必然途径。

突发事件信息监测包括对突发事件信息的采集、研判和编报三个主要环节,如图4-5所示。突发事件信息监测贯穿于“平时”和“战时”两种状态当中。在“平时”状态下,突发事件信息监测主要是对监测范围内进行全天候监测,以及进行日常数据的管理工作。当某个信息指标,即突发事件的征兆超过警戒值时就会发出预警信号,并进入“战时”状态。

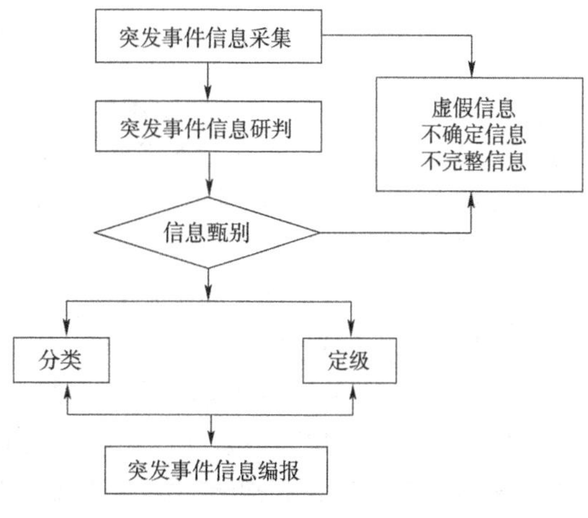

图4-5 突发事件信息监测流程

突发事件预警是根据有关突发事件的风险评估结果,依据突发事件可能的危害程度、紧急程度和发展态势,确定相应预警级别、标示预警颜色,并向社会发布相关信息。突发事件预警首先是对危险要素的持续监测并对警兆作客观分析,作出科学的风险评估。如果风险评估的结果显示突发事件不会发生，则返回继续监测；如果风险评估的结果显示突发事件可能发生，则向社会公众发出警示信号；社会公众采取有效的响应行动后预警结束。如图4-6所示。

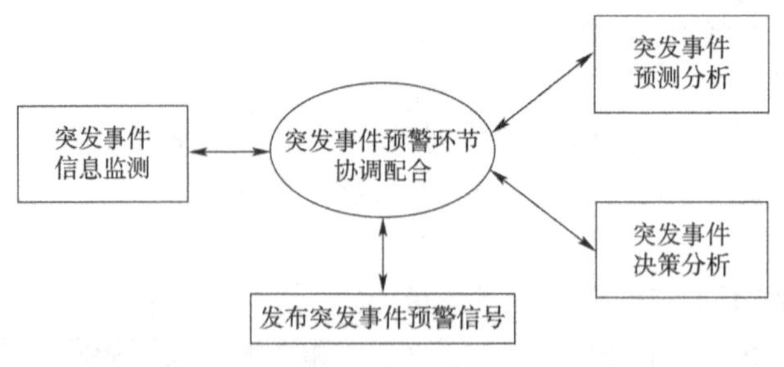

图4-6　突发事件预警流程

1）突发事件预警中的信息监测

突发事件预警中的信息来源于突发事件的监测。

2）突发事件预警中的信息分析

突发事件预测贯穿于整个应急管理的监测与预警活动中。对突发事件的预测主要是对预测得来的信息进行鉴别、分类、定级和分析。其中突发事件级别的确定又是其重点工作。

3）突发事件预警中的信息输出

突发事件预警的最终目的就是及时向应急管理机构和社会公众发出预报，使他们采取正确的措施避免或缓解突发事件的发生。当发出预警信号后，就会进入应急管理的应急处置环节，此时也就意味着突发事件预警结束。

无论是突发事件预警中的信息监测、信息分析还是预警信号的发布，其实现都需要预警管理中各环节的紧密配合和相互协调。为了避免预警管理中各环节产生混乱，政府有必要建立突发事件预警系统，采取现代计算机和各种先进的信息化系统将突发事件预警管理的各个环节紧密联系在一起，为避免或缓解突发事件的发生提供坚实的保障。关于建立突发事件预警系统的内容将在第8章高速公路路域水环境突发事件应急管理信息系统中作具体论述。

4.6.2　突发事件应急预警标准划分现状

预警系统早期的研究主要应用于军事领域的雷达技术及导弹防御系统，以及针对突发性灾害，如我们所熟悉的气象灾害预报预警和地质灾害预报预警，随着预警理论及方法、3S技术和数据库技术及计算机技术的成熟发展，预警系统也广泛应用于环境地质工程、洪水预报预警、医疗、环保等领域。

从2003年"非典"事件发生以后，我国开始重视突发事件的应对与预防，对突发事件的分类及预警标准的划分做了大量工作。近几年，我国逐步加强了突发事件预警预报和评估工作，进行了有关突发事件应急预警标准的制定工作，取得了重大进展。国家制定完成了一批突发事件应对法规和预案，如《中华人民共和国突发事件应对法》《中华人民共和国防沙治沙法》《中华人民共和国防洪法》《人工影响天气管理条例》《中华人民共和国防汛条例》《气象灾害防御条例》《中华人民共和国抗旱条例》《地质灾害防治条例》《风暴潮、海浪、海啸和海冰灾害应急预案》《森林防火条例》《破坏性地震应急条例》《国家突发公共事件总体应急预案》等，有些已上升为国际通用标准。另外，地方政府也制定了一些应对突发事件的地方性法规和预案。

我国在推动突发事件应急预案标准划分方面取得一定的成绩的同时，也存在一些问题。突发事件预警级别划分标准的管理和部门之间的协调还有待加强，并且标准之间尚有不一致的地方。突发事件预警级别划分标准制（修）订对国家东西部差距和区域发展不平衡的特点考虑不足，也对各地经济发展状况、人口密集程度关注不够，往往推行标准统一，而忽视了标准所在地区的差异性和其影响严重性，在统一性中缺少共性指标和标准。目前，突发事件预警标准的宣传力度不够，群众和社会对突发事件标准认知情况参差不齐，急需提高群众和社会对突发事件标准的认知程度，强化群众参与性和提高群众对突发事件应急标准执行的积极性。另外，突发事件预警级别划分标准的研究工作投入比较少，突发事件预警级别划分标准研究制定专业技术机构力量薄弱，突发事件应急标准的信息化建设亟需加强。

虽然关于突发事件应急预警标准划分的研究，很多学者都发表了自己的见解，但是针对水环境突发性污染事件的预警、应急评价及应急管理方面的研究还比较鲜见。

4.6.3 突发事件预警标准制定的原则

突发事件预警级别划分标准制定是一项政策性、技术性、经济性和理论性都很强的工作。标准制定得是否具有合理性、可行性，直接影响到该标准的实施效果，影响到社会经济效益的大小。制定突发事件预警级别划分标准应遵循下列原则：

1）实事求是原则

目前制定的预警级别划分标准主要是在国内贯彻实施，应该从我国的实际情况出发。具体地说，就是要结合当地自然资源条件，适应当地的自然、地理和环境条件的发展，适合突发事件发生、发展、变化等方面的实际情况，还要符合我国政治、法律法规政策以及我国人民群众的生活习惯等。我国领土辽阔，地形复杂，各地的地理和环境条件差异较大，要使标准能在各地正常实施和充分发挥作用，就应坚持实事求是原则。同时，要认真贯彻国家有关方针政策、法律、法规，严格执行标准。

高速公路工程由于建设时期需要对周围环境进行勘测，施工过程的污染源排放可能改变路域水环境。运营时期面对路面径流污染、突发交通事故影响河流环境等区别其他领域的影响因素。高速公路的全寿命周期内都可能对水环境产生不同的影响，因此，在制定高速公路路域水环境突发事件预警划分标准时，必须根据实际情况进行划分。

2）科学先进原则

科学先进原则就是标准先进，技术进步，经济合理，安全可靠。保证社会安全、稳定、卫生，充分考虑防灾减灾需求，充分满足应急处置的使用要求，获得最佳效果。利用科学的、与时俱进的方法对高速公路路域水环境预警标准进行分级，有利于科学地管理突发事件，有利于应急预案的制定与有效实施。

3）和谐一致原则

和谐一致原则是指标准相互关联、协调一致，符合我国标准体系的需要。这有利于提高社会管理水平，增强应急管理的效率及应急方案实施的效果。制定预警划分标准依据的体系文件需要是统一的、先进的,不然在对突发事件预警进行分级的时候,会出现参考内容混乱、无法进行合理划分的情况。

4)预防和处置并重原则

突发事件预警标准的划分要突出预防为主,事前预防,尽可能抑制突发事件发生;事中处置,程序切实可行,流程严格执行;事后恢复,快速顺利落实。高速公路路域水环境突发事件预警标准划分需考虑到建设期和运营期两个阶段,不同阶段所要预防的风险和采取的应对风险措施的内容并不相同,因此需要对各阶段分别进行预警划分,分别制定预防和处置方案。

5)统一要求、分别制订、分层实施、定时修改原则

统一要求、分别制订、分层实施、定时修改原则即国家对预警划分目的、等级、档次等标准提出的统一要求。地方或单位结合自身的实际情况,实行分级、分行业部门和单位制订预警划分标准。实行按管理层级实施,充分发挥各单位的主导作用。在不断总结的基础上,对预警标准进行定时的修改和补充,不断完善应急预警标准体系,确保体系有效可行。

4.6.4 突发事件预警级别划分要点

在突发事件预警级别划分中,要做好以下几个方面的工作:

1)明确划分预警级别标准种类,提高标准水平

在进行应急预警级别标准划分时,应首先明确划分标准的类型,才能进行科学分类和管理。其次是确定标准的水平,即标准是否具备实行的条件,数据是否有评价方法,等次是否反映处置需求等。标准内容的措辞要准确、清楚,符合逻辑,语句结构要紧凑严密,避免模棱两可、难理解。

同时,要正确处理好各标准指标的优先级别。从我国的实际出发,第一是人民生命和生存条件。我们要以人为本,一切从人民的利益出发。第二是经济财产损失。经济是国家的命脉,经济财产的损失直接关系到国家的发展、人民的生存与生活条件。第三是社会影响。有的事件可能既有国内影响又有国际影响,这些因素都要充分考虑。

2)预事则立,突出预防为主

突发事件应急预警标准划分应重视基础条件,在现实的条件下防患于未然,突出预防。加强自然灾害的风险区划和预评估工作,形成特定区域内预警划分标准。加大事故灾难的前兆性分析,提高预警能力。分析卫生环境存在的利弊和可能引发事件的高危区,采取相应预警措施。应急预警标准的制定程序、参与范围、实施措施等,应保证国家利益的最大化。

3)立足现状,用数据说话

理想的应急预警级别划分标准应将事件存在的状况、程度尽量用数据来表达。突发事件主要数据指标中应包括:

(1)人员情况。伤亡人数(绝对数),反映事件严重程度;受影响人数、转移人员数,反映事件范围。

(2)经济损失情况 $M(X)$,可以用公式 $M(X) = Y/G$ 计算。

式中,Y 为预估经济损失数;G 为同范围国民生产总值(或行业产值);事前:预估经济损失数除以同范围国民生产总值(或行业产值)等于 $M(X)$;事中和事后:经济损失数除以同范围国民生产总值(或行业产值)等于 $M(X)$。$X = 1、2、3、4、\cdots$ 代表不同类别的突发事件。

$M(X)$的大小表达了经济受影响的程度。

(3)社会影响度,即可能导致的不稳定因素。如影响民族团结情况,严重影响社会正常生活情况,造成不良国际、国内影响等。

(4)自然生态环境不可恢复情况,包括环境污染和生态破坏。同时,要充分考虑到应急技术特点和成熟程度,国内经验和技术能力。制定应急预警级别划分标准要以我国现状为基础,实行共性要求和有差别分级制定的预警标准体系,保证预警划分标准不背离公共政策。

4)加强部门协调,建立联动机制

建立政府应急管理部门、宏观政策部门、行业监管部门、标准管理委员会之间有效联动的机制。制定过程中要广泛征求有关单位和人员的意见,让参与者共同确定应急预警要素和标准的划分,推进预警级别划分标准的贯彻实施。

5)政策法令协调一致,文字简明扼要

编写预警级别划分标准时,要注意与国家有关法律、法令和法规相一致;要与现行的上级、同级有关标准协调一致;标准的表达方式要始终统一。标准的内容要简洁明了、通俗易懂。

6)级别划分标准,进行编码管理

虽然我们把突发事件分成四大类,每类又可成数种或数十种小类,每一小类中又可分成若干种,但要对这样一个纷繁复杂的系统进行科学管理,就要进行编码自动化管理,这样才能提高工作效率。因而要对规范应急预警划分标准进行编码,实行树形结构的编码管理。

7)制定应急预警划分标准应遵循科学的方法步骤

(1)确定应急预警级别划分标准项目。应从以下三个方面考虑:第一,应急预警的客观需要。例如气象灾害划分成13类,预警信息的制作、发布范围、发布时间、预警等级等方面的标准,都是以客观需要为基础,按照需求来确定。随着中国城市化建设步伐的加快,城市气象灾害应急预警工作提上了各级政府的议事日程。第二,符合预警级别划分标准体系的规定,即符合国家级、省级、地(市)级、县级标准的要求。第三,符合立足于现在,展望并预测未来的统一规范的要求。

(2)组织应急预警级别划分标准制订工作组。

(3)认真调研,编制工作方案。

(4)编写好划分预警级别标准草案。

(5)广泛征求意见,集思广益,确定标准审批稿及其《编制说明书》。

(6)审查、审定标准,编写标准报批稿与有关报批附件。

(7)标准批准和发布。特殊情况下,也可按照国家标准化管理委员会、国家发展改革委的《采用快速程序制修订应急国家标准的规定》的有关程序进行制定和修订。

水环境突发事件预警标准制定应根据前述动态分级指标,采用上述方法因地制宜地确定级别类型、级别权重和相应的指标值。

第 5 章　高速公路路域水环境突发事件预案管理

高速公路路域水环境应急预案管理旨在为正确应对局部区域内各类突发性水环境污染、生态破坏等事故,通过按照预定方案有条不紊地实施救援,以期最大限度减少人员伤亡和财产损失、降低对高速公路沿线环境损害和社会影响,保障公众安全,维护社会稳定,促进经济社会全面、协调、可持续发展。本章首先明确突发事件应急预案的概念,归纳我国关于应急预案的相关法律法规和技术性文件;将应急预案进行分类;明确应急预案的内容及主要编制程序,为突发事件应急预案的编制提供参考。其次,概括应急预案的审查流程、主体、要求等。最后,提出突发事件应急预案演练的相关要求及预案评估与完善的相关建议,为政府、企业与高速公路路域水环境的突发事件预案的制定和管理提供参考。

5.1　应急预案概述

编制应急预案的直接目的是在突发事件发生之后应急救援活动能够迅速、有序地按照计划和最有效的步骤进行,从而最大限度减少突发事件及其造成的损害。预案管理的目的是通过事前的准备,为突发事件发生后应急方案的选择做准备,以维护国家、社会的长远利益。

5.1.1　应急预案与预案管理的概念

我国应急管理体系建设的核心内容是"一案三制",即应急预案、应急体制、应急机制和法制。根据 2013 年 10 月国务院发布的《突发事件应急预案管理办法》,应急预案是指各级人民政府及其部门、基层组织、企事业单位、社会团体等为依法、迅速、科学、有序应对突发事件,最大限度减少突发事件及其造成的损害而预先制定的工作方案。应急预案简称 ERP(Emergency Response Plan),实际上是标准化的反应程序,以使应急决策最优化、应急救援活动能够迅速、有序地按照计划和最有效的步骤进行。应急预案普遍具有全面性、系统性、权威性、实用性等特点。

有学者提出,应急预案管理是指通过对信息的分析,预测事物的发展趋势,识别可能带来的威胁,并针对这些情况制定相应的预备性处置方案。一旦预测的情况发生,就可以按照预定的方案行动,同时根据具体的事态发展及时调整行动方案,以控制事态的发展,将可能发生的损失降至最低,维护整体利益和长远利益。每一个事先拟定的行动方案就是一个预案。

具体来讲,预案管理的主要内容包括预案的编制、预案的演练、预案的选择、预案的评估,实施过程中预案的动态调整、预案的修订等。

5.1.2　应急预案编制依据

应急预案的编制依据主要分为三类:政府部门颁布的相关法律与行政法规、技术规范与标准、参考预案等。法律与行政法规为预案编制必须遵从的文件，技术规范与标准、相关参考预案等可作为参考性文件。关于高速公路、路域水环境、突发事件相关的预案制定依据主要包括以下三个方面：

1）相关法律、行政法规

《中华人民共和国安全生产法》（中华人民共和国主席令第十三号）；

《中华人民共和国消防法》（中华人民共和国主席令第六号）；

《中华人民共和国公路法》（中华人民共和国主席令第八十一号）；

《中华人民共和国突发事件应对法》（中华人民共和国主席令第 69 号）；

《中华人民共和国道路交通安全法》（中华人民共和国主席令第 47 号）；

《中华人民共和国环境保护法》，2015 年 1 月 1 日起施行；

《中华人民共和国水污染防治法》，2017 年 6 月 27 日修正，2018 年 1 月 1 日起施行；

《中华人民共和国大气污染防治法》，2018 年 10 月 26 日修正；

《中华人民共和国固体废物污染环境防治法》，2016 年 11 月 7 日修正；

《中华人民共和国水法》，2016 年 7 月 2 日修正；

《国务院关于进一步加强企业安全生产工作的通知》（国发〔2010〕23 号）；

《国家安全生产事故灾难应急预案》（国务院 2006 年 1 月 22 日颁布施行）；

《中华人民共和国道路交通安全法实施条例》（国务院令第 687 号）；

《中华人民共和国道路运输条例》（国务院令第 709 号）；

《收费公路管理条例》（国务院令第 417 号）；

《安全生产许可证条例》（国务院令 653 号）；

《生产安全事故报告和调查处理条例》（国务院令第 493 号）；

《危险化学品重大危险源辨识》（GB 18218—2018）；

《国家突发环境事件应急预案》（国办函〔2014〕119 号）；

《国家突发公共事件总体应急预案》，2006 年 1 月 8 日发布并实施；

《突发环境事件应急管理办法》（环境保护部第 34 号令）；

《突发环境事件调查处理办法》（环境保护部第 32 号令）；

《突发环境事件信息报告办法》（环境保护部第 17 号令）；

《国务院有关部门和单位制定和修订突发公共事件应急预案框架指南》（国办函〔2004〕33 号）；

《生产安全事故应急预案管理办法》（国家安全生产监督管理总局令第 88 号）；

《安全生产事故隐患排查治理暂行规定》（国家安全生产监督管理总局令第 16 号）；

《关于进一步加强环境影响评价管理防范环境风险的通知》（环发〔2012〕77 号）；

《突发环境事件应急预案管理暂行办法》（环发〔2010〕113 号，其中关于企业预案管理的相关内容已废止）；

《企业事业单位突发环境事件应急预案备案管理办法（试行）》（环发〔2015〕4 号）；

《关于切实加强风险防范严格环境影响评价管理的通知》（环发〔2012〕98 号）；

《企业突发环境事件风险评估指南（试行）》（环办〔2014〕34 号）；

《环境保护部关于加强环境应急管理工作的意见》（环发〔2009〕130 号）；

2)技术规范与标准

《建设项目环境影响评价技术导则　总纲》(HJ 2.1—2016);

《环境影响评价技术导则　地表水环境》(HJ 2.3—2018);

《建设项目环境风险评价技术导则》(HJ 169—2018);

《地表水环境质量标准》(GB 3838—2002);

《工作场所有害因素职业接触限值》(GBZ 2—2007);

《制订地方水污染物排放标准的技术原则和方法》(GB/T 3839—1983);

《危险化学品重大危险源辨识》(GB 18218—2018)。

3)参考性预案

我国有关应急预案研究以及具体应急预案的编制尚不系统,因此,已制定的高速公路应急预案及相关领域的应急预案对高速公路路域水环境具有一定的参考价值。在预案编制、审查与备案、突发事件预案的演练与完善等方面具有较为全面的指导意义,尤其是在突发事件中已经实际运用的应急预案,在实践过程中发现的预案缺陷或成功经验对之后的应急预案的编制具有重要借鉴意义。我国从国家层面至企业、项目层面均未对于高速公路路域水环境形成专门的应急预案。

5.1.3　应急预案的分类

《国家突发公共事件总体应急预案》将突发公共事件划分为自然灾害、事故灾难、公共卫生事件、社会安全事件、其他。按照突发公共事件的类型分类,突发事件应急预案可分为:自然灾害类(水旱灾害、气象灾害、地震灾害、地质灾害、海洋灾害等)应急预案、事故灾害类(生产安全事故、交通运输事故、公共设施和设备事故等)应急预案、公共卫生类(传染病疫情、食品安全、职业危害和动物疫情等)应急预案、社会安全事件类(能源、物价、涉外公共场所、金融安全、群体性事件等)应急预案。

按照应急预案的功能与目标不同,可以将其分为三类:综合预案、专项预案和现场预案。综合预案从总体上阐述了处理突发事件的应急方针、政策、应急组织结构及相关应急职责、应急行动、措施和保障等基本要求和程序,是应对各类突发事件的综合性文件。专项预案是针对具体的事件类别、危险源和应急保障而制订的计划或方案,是综合预案的组成部分,应按照综合预案的程序和要求组织制定,并作为综合预案的附件。专项预案应制定明确的救援程序和具体的应急救援措施。现场预案是针对具体的装置、场所或设施、岗位所制定的应急处置措施。它是在专项预案的基础上,根据具体情况需要而编制的,是针对特定的场所,通常是该类型事故风险较大的场所或重要防护区域所制定的预案。

按突发事件应急预案的制定主体不同可以分为企业预案和政府预案两大类。企业预案通常是在突发事件发生之初发挥作用,预案的主体也是企业,同时企业预案针对的范围相对来说较小,主要是企业自身所涉及的特定领域或具体的企业项目。

由于政府和企业在应急预案之中的地位不同,政府预案和企业预案也有一些不同之处。与企业预案相比,政府预案更具有全局性,企业预案往往针对的是本企业或相关周边地区发生的事件,采取的措施也往往侧重于应急救援和具体的处置工作。而政府预案侧重的则是指挥组织和协调,往往不需要制定具体的行动方案,这也就意味着在制定政府预案的过程中，预防和预警也是重要的组成部分之一。

对于政府预案，可以根据行政区划进一步分为县、市社区级，地区市级，省级，国家级。其分类的依据主要是突发事件的影响以及地区的应对能力，不同的政府预案对应不同级别的突发事件。一般突发事件启动县（市、区）级应急预案，较大事故启动市（地、州）级应急预案，重大事故启动省（自治区、直辖市）级应急预案，特别重大事故启动国家级突发环境事件应急预案。

5.1.4　应急预案管理流程

应急预案管理包括预案的编制、预案的审查与备案、预案演练、预案评估与完善等程序。应急预案的编制是应急预案管理的起点，主要是通过一系列的方法和程序，在风险分析的基础上，制定出突发事件应对的文本；应急预案的审查与备案是政府部门为了便于管理和发挥其作用的一项程序；应急演练是为了验证预案的实施效果，发现存在的问题，提高应急预案中相关部门的团结协作能力；通过评估与完善，实现应急预案的动态管理，不断提升预案的科学性、可行性和有效性。

5.2　突发事件应急预案内容与编制程序

5.2.1　应急预案主要内容

应急预案一般应包括以下内容：

1）方针与原则

应急预案编制的主要原则有“以人为本，预防为主”“统一领导，分类管理”“属地为主，分级响应”“平战结合，专兼结合”。这既是突发事件应急预案制定的总体性规定，也是制定应急预案过程中应注意的问题。在实际操作实施过程中，我们也应该考虑到这些原则，但同时这部分内容仅是一个指导，需要我们针对制定的流程予以具体细化。

2）预防

这部分内容的具体要求包括高速公路路域水环境危险源的调查、水环境危险源的识别及风险评价、水环境危险源监测和监控、事故应急宣传和教育、依据相关的法律法规明确责任。这一部分可以看作是对突发高速公路路域水环境事件的一种预防以及制定应急预案过程中的前期准备工作。对于危险源的调查识别以及评价是预防突发事件最有效和直接的手段。这一工作要求细致与耐心，能够注意到一些细小的环节，尽量做到不留下隐患。同时，这一部分的成本与其可能产生的收益相比是很小的，也是最有效率的工作。此外，在应急预案中以法律法规为依据，明确各部门的职责，能够使应急预案发挥更好的作用，有效地解决组织间协调失控的问题。

3）预备

这部分内容的具体要求包括：组织指挥及职责落实、应急设备与设施等资源的准备、培训训练演习。这部分侧重的是应急预案启动的准备工作，包括物力和人力，这两者如何有效结合并协调发挥作用，是应急预案能在多大程度上发挥作用的一个关键性因素。

4)响应

这部分内容涉及的具体要求相对较多,是应急预案的主体内容,主要有:预警、指挥与协调、事故报告及其方式和内容、通报及信息发布、通信、环境监察、环境监测与事态评估、警戒与治安、环境污染事故处置、人群疏散与安置、医疗救援与卫生、人员安全、洗消与净化。这部分从突发事件将要发生开始,也就是从应急预案的启动开始,到突发事件处置结束为止,包括从组织协调到信息通报以及相关社会因素的处理等内容。应急预案在突发事件发生时发挥的作用主要体现在及时处理和掌控局面两方面,首先要能够快速反应,高效应对,这就需要有科学的预警和有力的组织指挥机构,要求其能够快速启动并发挥作用,主要体现在突发环境事件发生之初。在突发环境事件发生发展的过程中,要能够掌控局面,尽量避免影响的扩大化,尽可能地减少损失。这就需要能够及时通报信息,灾害处理处置的部门能及时跟进。同时制定事故报告的内容和方式,有利于指挥领导人员及时而全面地了解到事件的全貌。此外,考虑到相关的社会因素,要进行警戒与治安,组织相关人员的疏散与安置,保证区域的社会稳定。社会因素是最不稳定的因素,如果处理不好,普通的突发环境事件很可能衍生出社会问题,增加处理的困难,所以对这部分应给予特别的关注。最后,在事件的末期,在保证人员安全的基础上,更要保持环境卫生,避免问题的反复和扩大。

5)恢复

这部分的具体内容主要有:应急终止条件及程序、事故原因的调查、应急过程评价、污染事故损失调查及责任认定。这部分的内容主要针对的是突发事件末期及结束之后的相关工作。应急预案的内容相对来说具有暂时性,对于环境事件而言往往是其开始的部分,整个过程中更加漫长的实际上是对于环境事件后期的治理。终止应急,转入较为常规的程序,是通常采取的手段。同时对于事故的调查,一方面为以后的应急提供资料和经验,另一方面也是反思预防工作的一个参考。对于应急处置过程本身的调查,也有利于对应急预案的完善。最后则是要对于污染事故的损失进行调查、认定责任,这部分涉及后期的赔偿等相关问题。

6)预案评审改进

一个成熟优秀的预案应该是不断地更新和完善的,只有这样才能更好地适应瞬息万变的现实情况,这个工作也需要配合对于社会生活的调查研究以及在突发环境事件发生过程中资料的积累。

5.2.2 应急预案编制程序

编制应急预案(图 5-1)主要包括以下步骤:成立预案编制小组、风险源的调查和风险评价、应急资源调查、应急能力评估、编制应急预案文本。

(1)成立预案编制小组,明确编制任务、职责分工和工作计划。成立应急预案编制小组是将各有关职能部门、各专业技术人员最有效结合起来的方式。优秀、合理的预案编制团队是制定实用应急预案的前提条件。应急预案编制小组的规模通常取决于突发事件的类别、需求和资源等情况。由于高速公路路域水环境突发事件的突发性、跨地域性等特点,预案编制小组需要政府部门管理者和企业领导共同参与制定。需要高速公路运营管理、环境保护等各专业人才的思想,以实现应急预案的全面、准确、实用。

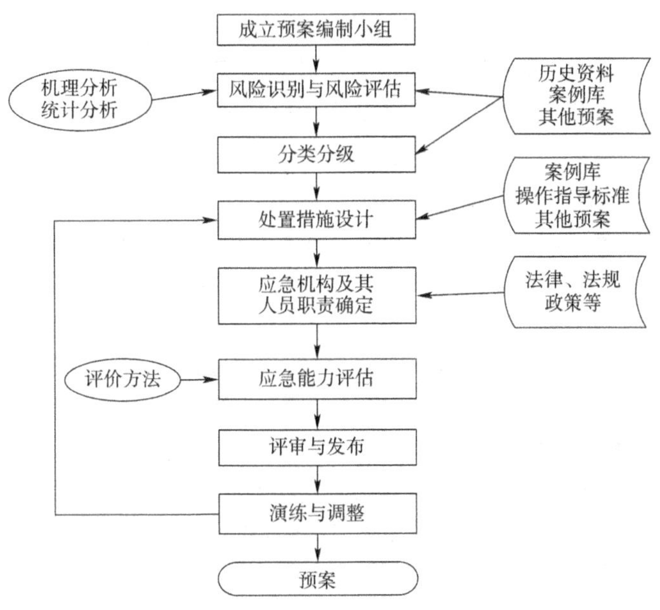

图5-1　应急预案编制流程

(2)风险源的调查和风险评价。科学识别水环境突发事件风险源有利于对水环境风险源的全面认识,有利于对其危害的准确估计。针对突发事件特点,识别突发事件的危害因素,分析事件可能产生的直接后果以及次生、衍生后果,评估各种后果的危害程度,提出控制风险、治理隐患的措施。

高速公路路域水环境风险源具有客观性、不确定性、隐蔽性、可管控性等特点。可将高速公路路域水环境风险源按突发事件发生的原因、污染物状态、高速公路项目全寿命周期各阶段任务及特点、风险源的产生位置等分类识别。

(3)应急资源调查。全面调查本地区、本单位第一时间可调用的应急队伍、装备、物资、场所等应急资源状况和合作区域内可请求援助的应急资源状况,必要时对本地居民应急资源情况进行调查,为制定应急响应措施提供依据。

(4)应急能力评估是为了增强应急预案的实际操作性,需要对相关部门应对突发事件的能力进行评估,以使应急预案编制可以更科学地确定在实际应急过程中能够采取的措施。应急能力评估通常包括人员应急技能、物质资源、应急响应能力及组织机构。

(5)应急预案的编写描述了整个应急预案的编写目的与背景,反应区域的基本情况,包括区域方位、应急管理组织的政策方针、权威指令以及基本的岗位与职责等。此外,风险分析和应急能力评估作为应急预案的基础可以作为现状写入基本预案之中。

突发事件应急处理结束,结合预案适用性、科学合理性方面的情况,反馈、更新原预案。

5.3　突发事件预案审查与备案

5.3.1　审查主体

为确保应急预案的科学性、合理性、严谨性,并与实际情况相符,应急预案编制单位或管理部门应当依据有关法律法规、规章及其他有关应急预案编制标准的规范性文件，组织开展应急预案评审工作，取得政府有关部门、应急机构和专家的认可。

预案编制工作小组或牵头单位将预案送审稿及各有关单位复函和意见采纳情况说明、编制工作说明等有关材料报送应急预案审批单位。因保密等原因需要发布应急预案简本的，应当将应急预案简本一起报送审批。

国家总体应急预案报国务院审批，以国务院名义印发；专项应急预案报国务院审批，以国务院办公厅名义印发；部门应急预案由部门有关会议审议决定，以部门名义印发，必要时，可以由国务院办公厅转发。

地方各级人民政府总体应急预案应当经本级人民政府常务会议审议，以本级人民政府名义印发；专项应急预案应当经本级人民政府审批，必要时经本级人民政府常务会议或专题会议审议，以本级人民政府办公厅（室）名义印发；部门应急预案应当经部门有关会议审议，以部门名义印发，必要时，可以由本级人民政府办公厅（室）转发。

单位和基层组织应急预案须经本单位或基层组织主要负责人或分管负责人签发，审批方式根据实际情况确定。

5.3.2 审查内容

应急预案审查内容主要包括预案是否符合有关法律、行政法规，是否与有关应急预案进行了衔接，各方面意见是否一致，主体内容是否完备，责任分工是否合理明确，应急响应级别设计是否合理，应对措施是否具体简明、适用可行等。必要时，应急预案审批单位可组织有关专家对应急预案进行评审。

5.3.3 备案要求

应急预案审批单位应当在应急预案印发后的20个工作日内依照下列规定向有关单位备案：

（1）地方人民政府总体应急预案报送上一级人民政府备案。

（2）地方人民政府专项应急预案抄送上一级人民政府有关主管部门备案。

（3）部门应急预案报送本级人民政府备案。

（4）涉及需要与所在地政府联合应急处置的中央单位应急预案，应当向所在地县级人民政府备案。

法律、行政法规另有规定的从其规定。

自然灾害、事故灾难、公共卫生类政府及其部门应急预案，应向社会公布。对确需保密的应急预案，按有关规定执行。

5.4 应急预案演练

应急预案演练是指各级政府部门、企事业单位、社会团体，组织相关应急人员与群众，针对特定的突发事件假想情境，按照应急预案所规定的职责和程序，在特定的时间和地域，执行应急响应任务的训练活动。

应急预案演练是应急管理的重要环节,在应急管理工作中有着十分重要的作用。通过开展应急演练,可以实现评估应急准备状态,发现并及时修改应急预案、执行程序等相关工作的缺陷和不足;评估突发公共事件应急能力,识别资源需求,澄清相关机构、组织和人员的职责,改善不同机构、组织和人员之间的协调问题;检验应急响应人员对应急预案、执行程序的了解程度和实际操作技能,评估应急培训效果,分析培训需求。同时,作为一种培训手段,通过调整演练难度,可以进一步提高应急响应人员的业务素质和能力;促进公众、媒体对应急预案的理解,争取他们对应急工作的支持。

5.4.1 演练目的

(1)检验预案。通过开展应急演练,查找应急预案中存在的问题,进而完善应急预案,提高应急预案的实用性和可操作性。

(2)完善准备。通过开展应急演练,检查应对突发事件所需应急队伍、物资、装备、技术等方面的准备情况,发现不足及时予以调整补充,做好应急准备工作。

(3)锻炼队伍。通过开展应急演练,增强演练组织单位、参与单位和人员等对应急预案的熟悉程度,提高其应急处置能力。

(4)磨合机制。通过开展应急演练,进一步明确相关单位和人员的职责任务,理顺工作关系,完善应急机制。

(5)科普宣教。通过开展应急演练,普及应急知识,提高公众风险防范意识和自救互救等灾害的应对能力。

根据《生产安全事故应急演练指南》(AQ/T 9007—2011),应急演练按照演练内容分为综合演练和单项演练,按照演练形式分为现场演练和桌面演练,不同类型的演练可相互组合。

综合演练是指针对应急预案中全部或者大部分应急功能,检验、评价应急救援系统整体应急处置能力的演练活动。与单项演练不同,综合演练要求预案所涉及的部门都要参加,以检查它们之间相互协调的能力,检验各个组织在较大的压力情形下能否充分地调用现有的人力、物力资源来减小事故的后果严重程度以及确保公众的安全与健康。

单项演练是指测试和评价应急预案中单个或者某几个应急功能的演练活动。单项演练除了可以以桌面演练的形式展开外,还可以调用有限的应急资源,同时进行小规模的现场演练,主要的目的是针对特定的应急响应功能,检验应急人员以及应急救援系统的响应。

5.4.2 演练原则

(1)结合实际、合理定位。紧密结合应急管理工作实际,明确演练目的,根据资源条件确定演练方式和规模。

(2)着眼实战、讲求实效。以提高应急指挥人员的指挥协调能力、应急队伍的实战能力为着眼点。重视对演练效果及组织工作的评估、考核,总结推广好经验,及时整改存在问题。

(3)精心组织、确保安全。围绕演练目的,精心策划演练内容,科学设计演练方案,周密组织演练活动,制定并严格遵守有关安全措施,确保演练参与人员及演练装备设施的安全。

(4)统筹规划、厉行节约。统筹规划应急演练活动,适当开展跨地区、跨部门、跨行业的综合性演练,充分利用现有资源,努力提高应急演练效益。

5.4.3 应急预案演练的类型

根据应急预案演练的组织方式、演练内容和演练目的、作用等,可以对应急演练进行分类,目的是便于演练的组织管理和经验交流。

1)按组织方式分类

应急预案演练按其组织方式及目标重点的不同,可以分为桌面演练和实战演练等。

(1)桌面演练。

桌面演练是一种圆桌讨论或演习活动,其目的是使各级应急部门、组织和个人在较轻松的环境下,明确和熟悉应急预案中所规定的职责及程序,提高协调配合及解决问题的能力。桌面演练的情景和问题通常以口头或书面叙述的方式呈现,也可以使用地图、沙盘、计算机模拟、视频会议等辅助手段,有时被分别称为图上演练、沙盘演练、计算机模拟演练、视频会议演练等。

(2)实战演练。

实战演练是以现场实战操作的形式开展的演练活动。参演人员在贴近实际状况和高度紧张的环境下,根据演练情景的要求,通过实际操作完成应急响应任务,以检验和提高相关应急人员的组织指挥、应急处置以及后勤保障等综合应急能力。

2)按演练内容分类

应急预案演练按其内容的不同,可以分为单项演练和综合演练两类。

(1)单项演练。

单项演练是指只涉及应急预案中特定应急响应功能或现场处置方案中一系列应急响应功能的演练活动。注重针对一个或少数几个参与单位(岗位)的特定环节和功能进行检验。

(2)综合演练。

综合演练是指涉及应急预案中多项或全部应急响应功能的演练活动。注重对多个环节和功能进行检验,特别是对不同单位之间应急机制和联合应对能力的检验。

3)按演练目的和作用分类

应急预案演练按其目的与作用的不同,可以分为检验性演练、示范性演练和研究性演练。

(1)检验性演练。

检验性演练主要是指为了检验应急预案的可行性及应急准备的充分性而组织的演练。

(2)示范性演练。

示范性演练主要是指为了向参观、学习人员提供示范,为普及宣传应急知识而组织的观摩性演练。

(3)研究性演练。

研究性演练主要是为了研究突发事件应急处置的有效方法,试验应急技术、设施和设备,探索存在问题的解决方案等而组织的演练。

不同演练组织形式、内容及目的的交叉组合,可以形成多种多样的演练方式,如单项桌面演练、综合桌面演练、单项实战演练、综合实战演练、单项示范演练、综合示范演练等。

5.4.4 应急预案演练的组织与实施

一次完整的应急预案演练活动包括计划、准备、实施、评估总结和改进五个阶段。

计划阶段的主要任务:明确演练需求,提出演练的基本构思和初步安排。

准备阶段的主要任务:完成演练策划,编制演练总体方案及其附件,进行必要的培训和预演,做好各项保障工作安排。

实施阶段的主要任务:按照演练总体方案完成各项演练活动,为演练评估总结收集信息。

评估总结阶段的主要任务:评估总结演练参与单位在应急准备方面的问题和不足,明确改进的重点,提出改进计划。

改进阶段的主要任务:按照改进计划,由相关单位实施落实,并对改进效果进行监督检查。

应急预案演练作为检验、评价和提升应急管理能力的一个重要手段,是应急管理的基础性工作。高速公路路域水环境突发事件应急预案的演练是确保预案能顺利实施的关键环节,应急预案中各单位、各部门应居安思危,定期联合进行一系列的应急预案演练,查漏补缺,及时完善预案。

5.5 应急预案评估与完善

应急预案评估是指应急预案的管理部门组织相关专家运用科学的方法,按照一定的程序,对应急预案的形式与内容的科学性、完备性和有效性等进行评价的过程。应急预案的评估是完善应急预案和提升应急管理水平的基础,目前国内外很多学者都对预案的评估方法展开了研究。应急预案评估从被评估预案所处阶段的角度可以分为事前评估、事中评估和事后评估。其中,事前评估主要是对预案的完备性、编制原则和标准等方面进行评估;事中评估主要是对预案执行过程中的问题进行总结梳理,侧重于对应急处置流程和实际应对水平的评估;事后评估则主要是基于对预案执行和演练中积累的信息进行分析和评价,从而为改进和完善应急预案提供依据。

5.5.1 应急预案评估的方法

应急预案常见的综合评估方法有模糊综合评价法、综合评分法、综合指数法、功效系数法、最优值距离法、多元统计方法等。在实际应用中,可以根据不同行业背景选择不同的方法。

5.5.2 应急预案的完善

应急指挥部应定期完善应急预案。有下列情形之一的,应当及时修订和完善应急预案:

(1)有关法律、行政法规、规章、标准、上位预案中的有关规定发生变化的。

(2)应急指挥机构及其职责发生重大调整的。

(3)面临的风险发生重大变化的。

(4)重要应急资源发生重大变化的。

(5)预案中的其他重要信息发生变化的。

(6)在突发事件实际应对和应急演练中发现问题需要作出重大调整的。

(7)应急预案制定单位认为应当修订的其他情况。

应急预案修订涉及组织指挥体系与职责、应急处置程序、主要处置措施、突发事件分级标准等重要内容的,修订工作应参照前述预案编制、审批、审查备案、发布程序组织进行。仅涉及特定内容的,修订程序可根据情况适当简化。

第 6 章　高速公路路域水环境突发事件应急决策

6.1　应急决策概念

6.1.1　应急决策的内涵

应急决策是指当突发事件发生时,决策者在时间紧急、资源有限和事件不确定的情况下,为了尽可能减少人员伤亡、财产损失、环境破坏或社会影响,而确定采取哪个应对方案和应急措施的过程。突发事件应急决策的过程,主要指在突发事件发生后,决策者在短时间内收集、处理相关信息,明确问题与目标,根据突发事件的等级和情景,选择适当的应急决策方法生成方案,对生成方案进行分析、评价和模拟,根据模拟反馈的信息修改方案,组织实施应急方案,跟踪检验并调整方案,直至事件得到控制为止的动态过程。

6.1.2　应急决策的特征

由于需要决策的问题和决策环境不同,突发事件应急决策在价值取向、约束条件、决策程序、决策方法、实际效果等方面都与常规决策不同。应急决策与常规决策的比较见表 6-1。

应急决策与常规决策的比较　　表 6-1

比较项目		常规决策	应急决策
决策机构		常设的集体决策主体	高度集权的临时性决策主体
决策背景		常态环境下进行的规范化、程序化决策	紧急状况下进行的非程序化、快速决策
决策约束条件	时间	时间充裕,从容决策	时间紧迫,实时决策
	信息	经过详细分析,可以获得较全面的相关信息	所获取的信息有限,具有极大的随机性和不确定性
	人力	经过日常的培训、教育等措施,人员的素质较高	突发事件的现场管理人员自身素质和专业技术往往严重匮乏
	技术	技术手段成熟,维护正常,能基本实现自动化	突发事件发生后,一般的专业技术设备往往满足不了决策需求,需要一些高、精、尖的技术及设备
决策方法		正常状况下的常规决策方法	突发事件的预警、事件监控、预案生成、资源调用等都有独特的决策方法
决策目标		目标明确,相对稳定,解决常规公共问题,实现公共利益	目标多样性,呈现动态变化,避免事态恶化,保护生命财产安全
决策效果		可控、可调、可预期,追求最优化,不过分偏离目标	模糊决策和非预期决策,追求满意结果,难以衡量预期目标和最终目标的一致性
决策程序		民主科学应对:遵循特定的例行程序和标准化的操作规程,决策力分散,经民主协商定夺最后方案	快速应对:决策力度高度集中,决策者主要依靠自己的智慧与胆略,审时度势,见机行事,同时需要相关专家介入

通过对突发事件应急决策与常规决策的对比分析，结合以往的应急决策案例可见，应急决策具有以下复杂特点：

(1)决策信息随环境的变化和时间的推移而动态变化，要求决策具有高度的时效性。

(2)不同时刻获取的决策信息具有一定动态关联性，预测推演时应当考虑其间的关联关系。

(3)每一时刻的决策信息具有不确定性和未知性，定量化应急决策应该引入模糊数学的概念。

(4)突发事件应急决策具有一定的规定性要求，需要采用特定的决策方法。

6.2 应急决策主要方法

6.2.1 基于智能规划的应急决策方法

基于智能规划的应急决策是应用智能化技术自动生成应急行动方案的过程。智能规划技术包括经典规划(classical planning)、类经典规划(neoclassical planning)、分层任务网络规划(Hierarchical Task Network Planning, HTN)等。其中，HTN 规划模型是一种应用较为广泛的智能规划模型，已经应用在生产线调度、危机管理和后勤规划、航天器规划和调度等领域。以 HTN 规划为核心的基于智能规划技术的应急决策方法的主要步骤如图 6-1 所示。

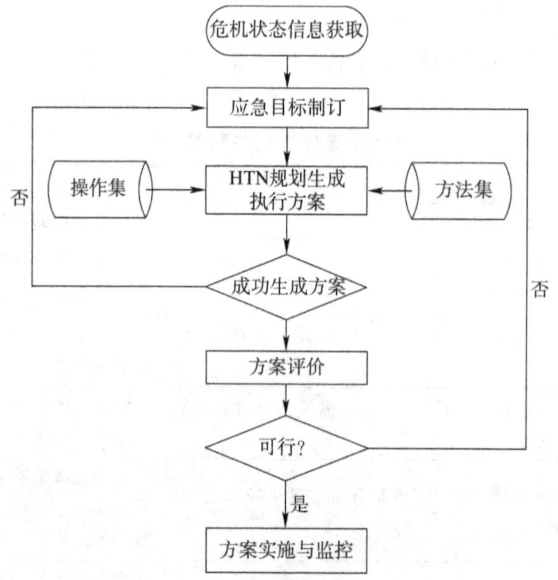

图 6-1 基于智能规划的应急决策过程

(1)当前信息获取：在突发事件爆发后，及时获取当前突发事件的状态，包括突发事件的位置、类别、程度、规模、复杂性等，以及可支配的应急资源等状态信息。

(2)应急目标制定：根据当前状态和应急目标的要求，应急决策者制定出需要完成的应急目标，以及任务目标的偏好信息等。

(3)应急行动方案生成：根据当前状态和制订好的应急目标，调用 HTN 规划器生成规划方案或规划方案的集合。

(4)应急行动方案评价:在得到的应急行动方案集合中选取合适的执行方案,或者判断得到的执行方案是否切实可行。

(5)应急行动方案实施与监控:执行并监控得到的应急行动方案,如果在该过程中发生其他突发事件,或者在执行过程中态势发生变化,造成方案无法继续执行,则重新开始此过程。

6.2.2　基于案例推理的应急决策方法

案例推理(Case-Based Reasoning,CBR)方法是人工智能技术的重要分支,其基本原理类似于人类解决新问题时的思维过程。通常,人类在解决新问题时,首先在脑海里搜索以往类似问题的解决方案,再结合现实情况对解决方案进行修正。如图6-2所示,案例推理的核心思想是:解决新问题(目标案例)时,通过某种案例检索方法,检索相似度高的成熟案例作为基本解,在此基础上根据目标约束条件修正基本解,得到问题的新解,并将此次案例的经验存于案例库中以便后续检索。

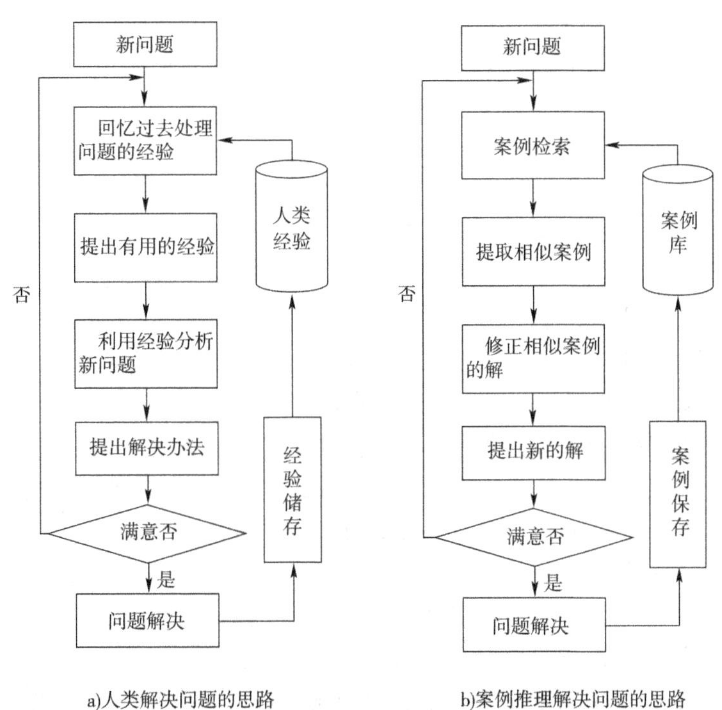

图6-2　两种解决问题思路的比较

通过对案例推理工作原理的分析可以发现,案例推理在解决信息问题时表现出的优越性有:①提高工作效率。案例推理实质上是“站在巨人的肩膀上”,将前人积聚下来的智慧用于解决类似问题上,不必每次从头做起,从而大大减少了工作量。②容易获取已有知识。案例推理使用成熟的方法和经验,将从中获取到的知识共享。不需要复杂的数学模型或规则,只需对过去案例处置过程中的经验或教训进行表示和存储,待下次出现类似案例时直接调用以往案例的知识即可。③自增量学习。案例推理系统中,如果一个新问题及其方案经过测试可用,则可作为新的案例添加到案例库中,即案例库自身成为一个能够自我学习、自我更替、自我完善的系统。

案例推理需要完成最关键的两项任务，分别为案例表示与案例检索。前者是描述新案例，后者是选择案例检索算法。

目前关于案例表示方法的研究有很多，常用的有产生式表示、面向对象表示法、XML 案例表示方法、语义网、神经网络、框架结构表示等。

考虑到案例信息的完整性、表达的简单性及案例的易修改性与可扩展性，每一种表示方法都有它自己的优缺点。其中，基于 XML 的案例表示方法应用较多。XML 本身以文件形式存储在计算机中，且 XML 文件中数据的读取不需要任何第三方插件，故案例存储比较容易实现。另外，XML 案例表示方法还表现出简单、可读性强、能够在不同应用软件之间进行数据交换、数据检查与集成方便等优点。

案例检索核心功能是运用一定的检索策略对案例库进行检索，获得相似度最高的成熟案例。检索结果主要依赖于案例检索策略的选择。目前，使用较多的三种案例检索策略分别为最近相邻策略、归纳推理策略和知识引导策略。三种策略各有缺点，归纳推理策略的缺点在于必须具有大规模数量的案例，且检索特征要求较高，推理时间也较长，不利于快速决策使用；知识引导策略的劣势在于无法将解释性知识完全代码化，案例范围过大时，很难完成完整的知识索引，检索难度较高。相比之下，在案例推理中选择最近相邻策略的较多。

6.2.3 基于应急预案的决策方法

应急预案通常需要指出“在突发事件发生前后以及发生过程中，谁负责做什么，何时做，以及相应的策略和资源准备”。

《国家突发公共事件总体应急预案》于 2005 年 1 月 26 日在国务院常务会议上通过，指导全国应对突发事件计划以及突发事件应急预案的编制，各部门在包括地震、防洪、公安以及森林火灾在内的一些专业领域建立针对应急预案的应急管理系统，并在实际运用过程中发挥了极大的应急救援指导作用。在理论研究层面，从对应急预案的结构、类型、内容和其数学优化及项目管理技术方法的研究，逐渐过渡到研究预案评估、预案优化选择以及快速生成新预案等方面。在编制应急预案上，相关的文献对应急预案编制原则和编制方法做了一定的工作。在预案重构方面，我国学者计雷、池宏认为突发事件的发展与响应过程实质上是一个双方动态博弈的过程，根据这个观点提出了“动态博弈网络技术”，为解决动态网络下阶段状态的评估定级、关键链管理以及资源优化配置与调度等相关问题提供了新方法。在应急预案启动方面，学者们主要关注何时启动应急预案的研究，主要分为时间离散情形下和事件连续情形下的预案启动时刻研究。

6.2.4 基于数理模型的应急决策方法

早期决策问题研究是管理学范畴的研究课题，大量决策方法研究都从管理学的成本、收益角度出发，研究决策问题的数理模型并求取模型最优值。许多学者在对应急决策问题进行研究时，广泛应用了多属性分析、贝叶斯分析、博弈理论、PSA 及经验模型等。Xu 等人应用多属性分析方法辅助核反应堆事故应急决策，根据决策目标要求构建属性树，并为重要属性建立效用函数，据此评估备选方案效用值。Mesmer 综合运用效用理论、博弈理论，对人群的个体疏散行为进行建模，分析了人群选择应急疏散出口的决策过程。邹文帅、寇纲等的研究将应急决策环境定义在信息不对称和不确定的基础下，在这种环境下不能以单一方法应用到应急决策制定上，所以引入三种处理不确定性环境下的多目标决策理论，进一步改进原有应急决策方法，最后以核电站事故应急决策验证引入灰色关联度和三角模糊算法决策方式的有效性。刘霞、严晓通过分析突发事件决策信息网、突发事件演变网和组织决策者行为网三网耦合的情景权变特征，验证两者之间的耦合机理，为应急动态群应急决策提出一种新的解决范式。基于数理模型的决策方法应用原理清晰的数学理论或模型，能够有效地辅助决策建模与评估，在突发事件建模、预测、风险评估、决策优化等方面都得到了广泛应用。

6.2.5 应急决策方法的对比分析

基于智能规划的应急决策方法，每次决策历经应急目标制定到最后方案筛选，决策时间过长，不能满足突发事件时效性要求，并且因为自然、政治和社会条件差异的存在，智能规划针对某特定区域的应急处置方案往往无法应用到其他区域的突发事件的处置中。

基于案例推理的应急决策方法，采用了案例匹配及相似度计算的方法，在一定程度上避免了基于应急预案方法中预案局限性较大及预案匹配适用性分析较复杂的问题，直接利用历史相似案例的处置方案来为当前决策提供辅助。该方法存在的问题是：案例推理的核心是案例间的相似度计算，即从定量的角度来计算案例间的数学距离，案例匹配的过程中对噪声数据比较敏感，水环境突发事件经常出现信息不完全和不确定的情况，为该方法的具体实施带来困难。

基于应急预案的决策方法，是一种事前粗略的规划，突发事件发生以后依据预案进行相应的应急决策，但是每个预案都不能考虑到突发事件可能出现的最坏的情况，这就导致突发事件特征属性与预案之间有一定的偏差，应急效果具有不稳定性。

基于数理模型的决策方法应用原理清晰的数学理论或模型，能够有效地辅助决策建模与评估，在突发事件建模、预测、风险评估、决策优化等方面都得到了广泛应用，但事件的突发性导致该方法往往不能满足时效性要求。

基于以上分析，本书将情景检索与案例推理方法相结合，提出基于情景检索的案例推理决策方法，用于高速公路路域水环境应急决策方法。基于情景检索的案例推理应急决策方法为避免由于水环境突发事件罕见性导致的案例推理失效，以关键情景作为案例推理应急决策的输入，应用应急决策支持系统自动生成应急行动方案，与以上四种单一方法相比，具有如下特点：

(1)不需要提供预先设计好突发事件爆发后的应对预案，而是使用直接执行的操作动作，对于那些从未预想到和没有案例参考的水环境突发事件，仍然能够有效地制定出科学的应急决策方案。

(2)使用基于情景检索的案例推理应急决策方法直接生成应急方案，无须进行预案或案例匹配，简化了应急决策过程，使用情景分析与检索技术，进一步缩短了应急决策时间。

(3)使用应急决策情景推演，预案效果对案例库的依赖度较高，案例库可由该领域专家提供，亦可从预案或案例中提取出来，从而有效地利用已有的应急决策知识。

(4)基于情景检索的案例推理应急决策方法可以使用计算机支持系统完成。

6.3 高速公路路域水环境突发事件应急决策特征和任务

6.3.1 高速公路路域水环境突发事件应急决策特征

6.3.1.1 明显的罕见性和不可预测性

高速公路路域水环境突发事件的发生概率很低,具有明显的罕见性,主要体现在:一是事件发生的时间间隔比较长,可能是十年不遇的重大事件,甚至是历史上从来都没有发生过的特殊事件;二是虽然历史上曾经发生过,但是社会环境、地理环境、生态环境等发生条件、发生规模等有了很大变化,使得突然发生的水环境突发事件没有先例。另外,高速公路路域水环境突发事件的发生没有明显征兆,何时发生,在什么地方发生,以什么方式发生,都是很难预测的,如2002年11月一辆载有100桶共20t三氧化二砷(俗称砒霜)的大货车在金秀瑶族自治县七建乡至三角乡途中翻下山坡,滑下金秀河道。33桶三氧化二砷跌入河道,其中30桶不同程度破损,少量三氧化二砷散落河水中,造成污染事故。三氧化二砷污染物首次出现和蔓延,都是历史上从未发生过的,具有明显的罕见性,对于认知和决策主体来说是陌生的,且其前兆不明显,发生、发展和演化规律难以预见。

6.3.1.2 高度的衍生性和连锁动态性

高速公路路域水环境突发事件在发展过程中往往会引起其他领域突发事件的发生,并相互作用,形成一连串的连锁反应。水域的流动性导致地方性的事件可能演变为区域性的事件,甚至演变为国际性的事件;非政治性事件可能演变为政治性事件;自然性的事件可能演变为社会性的事件,在当今全球化和信息化的世界里尤其如此。因各种突发事件有着自身的产生机理和发展、演化特征,相关的影响因素很多,影响关系复杂多变、难以权衡,且高速公路路域水环境突发事件的发展和演化过程受到多元认知与决策主体的互动影响,带有很大的不确定性和动态性,所以单一事件的演化机理及其多个事件间的耦合作用机理是非常复杂的,呈现动态系统的复杂特征。例如,2005年“3·29京沪(北京—上海)高速公路槽罐车液氯泄漏事件”,由于决策主体决策迟缓、处置不力,直接造成公路旁3个乡镇村350人住院、28人死亡,而对于人们失去亲人的痛苦、遭受灾难的惊惶、目睹死亡的恐惧等间接损失更是无法估量和弥补。

6.3.1.3 典型的灾难后果和不可控性

大部分高速公路路域水环境突发事件的突然发生,会导致大量的人员伤亡、经济损失等灾难性后果,且事件爆发过程都具有较强的不可控制性。例如,2006年7月,湖南郴州地区受4号强热带风暴“碧利斯”的影响遭受百年一遇的洪水袭击,京珠高速公路湖南耒宜段(K502—K504段)顿时被洪水拦腰斩断,成为一座“孤岛”,最高水深达5m,40余台客车、60余辆货车和小型客车及千余名司乘人员被围困深水中无法前行。湖南高速公路警察紧急启动高速公路突发公共事件应急预案,与党委政府、邻省同行一道,在长达72h的大营救中把握主动、科学处置,确保了人民群众生命财产的安全。

6.3.2 高速公路路域水环境突发事件应急决策任务

在对突发事件应急决策特征进行深入分析的基础上,提炼出若干典型的高速公路路域水环境突发事件应急决策任务，通过对主要决策任务的研究，为基于情景检索的水环境突发事件案例推理应急决策方法的研究应用明确了方向与目标。水环境突发事件应急决策的任务主要是事件发生之前的识别预防，事中正确、及时的情景分析与推演决策，系统而全面地把握事件的整体综合态势，最大限度减少人员伤亡和财产损失，事后针对事件的解决做好善后工作，尽快恢复高速公路运输秩序和水环境。

6.3.2.1　事前识别预防

大多数公共突发事件无法事前设置规范的处置程序，根据水环境突发事件的不可预测性的特点，其事前设置规范管理的难度大，可操作性低，同时水环境突发事件发生是一个多种因素相互作用的复杂动态过程，在事件发生前应急决策过程中，并不只是存在简单的线性问题，还存在很多非线性问题。且由于事件具有显著的罕见性，必须对其进行合理科学的识别和预防，对危险因素进行识别与隔离，以避免危害在不知情或准备不足的情况下发生，这是突发事件应急决策的关键任务之一。

6.3.2.2　事中推演决策

水环境突发事件具有复杂的发生机理，其应急决策具有高度的不确定性，并有可能发生多种次生灾害，因此水环境突发事件在未来可能出现多种不同的情景，并且各情景具有不同的发生概率，决策者需要考虑突发事件未来可能出现的多种情景及各个情景发生概率的估计信息，选择预期综合应对效果最佳的应急方案。这个过程的主要任务是情景推演与决策，以最大限度减少人员伤亡和财产损失，由水环境突发事件造成的水环境污染、线路破坏等直接经济损失。

6.3.2.3　事后反馈学习

经过全面的事前识别预警和事中推演决策，突发事件的危险因素被隔离或有效处理后，逐步进入事后恢复阶段，此阶段的主要任务是反馈学习。综合处理应对水环境突发事件后并不意味着应急决策工作结束，此时一旦有所松懈，就可能引发新的水环境突发事件。因此需要吸取教训，收集各方反馈信息，以指导以后的应急工作；尽快恢复高速公路通车，即最大限度减少由于突发事件造成的间接经济损失和社会影响。

6.4　基于情景检索的水环境突发事件案例推理应急决策方法

6.4.1　基于情景检索的水环境突发事件案例推理应急决策概念

从上文可以看出，水环境突发事件应急决策需要决策者实时搜集水环境突发事件发展的状态信息，并根据这些信息立即采取合理的应急处置措施。突发事件决策者需要在不确定性高、时间紧迫、信息有限的动态环境中进行决策，决策的有效性无法预知。由于水环境突发事件具有明显的罕见性和不可预测性、高度的衍生性和连锁动态性、典型的灾难后果和不可控性等特点，传统的“预测—应对”模式失效，基于情景检索的水环境突发事件案例推理应急决策方法可以解决这一矛盾。这一方法即根据当前的情景，提出应急方案进行决策，并实施应急处置来应对危机。情景—应对模式将突发事件划分为不同的情景来检索应对方案,使应急决策的问题域从为整个突发事件制定应急决策方案细化为针对情景制定应急方案,应急决策的问题描述更加清晰,应急方案与突发事件的状态联系更加紧密,能有效化解突发事件各阶段所面临的危机。构建情景应对模式,首先要定义情景检索和案例推理的概念,为后续研究奠定基础。

6.4.1.1 定义

定义1:情景检索

以水环境突发事件发生过程中的情景为问题域,为应对情景面临的危机而进行算法检索得出预选方案,并从中选择最优方案的过程称为情景检索。

定义2:案例推理

使用案例推理技术将决策问题与范例库中的范例进行情景匹配,由此制定应急处置方案的过程称为案例推理。

6.4.1.2 方法特点

基于情景检索的水环境突发事件案例推理应急决策方法将突发事件的应急决策问题更加细化,与单一应急决策方法相比具有以下特点:

(1)确定性。应急情景决策问题域为水环境突发事件的确定情景,而决策所需要的信息仅是情景中所包含的信息,以情景为依据对水环境突发事件属性进行描述,去除了其他情景信息的干扰,增加了情景决策描述信息的确定性。

(2)频繁性。水环境突发事件的发生过程由多个情景组成,每个情景中都有相应的应对过程,即情景决策过程。因此,水环境突发事件应急决策过程包含多个应急情景决策过程,基于情景的应急决策更加频繁。

(3)有效性。基于情景检索的水环境突发事件案例推理应急决策方法是以情景为决策依据,决策目标更加明确,决策问题更加细化,所依据的信息更加具体,以此形成的应急方案、采取的应急处置更加有效。

(4)连续性。水环境突发事件发生过程所包含的情景在时间和机理上具有一定的连续性,并以情景序列的形式进行描述。情景序列中的应急情景决策间相互影响,存在时间与机理上的逻辑关系,具有连续性。

6.4.2 基于情景检索的水环境突发事件案例推理应急决策模型

为避免由于水环境突发事件罕见性导致的案例推理失效,本节将情景检索和案例推理方法相结合,将水环境突发事件关键情景输入相应的案例推理应急决策系统,经过水环境突发事件分类分级后,缩小案例推理应急决策系统中案例库的检索范围,在此基础上进行相似情景检索,获取相似度最高的案例,制定突发事件应急方案。该方法概念模型如图6-3所示。

由图6-3可见,基于情景检索的水环境突发事件案例推理应急决策流程为:

首先,应根据当前发生的水环境突发事件情景,按照系统要求的表示方法进行情景表示并输入到系统,同时将水环境突发事件分类分级的结果输入系统案例库,列出符合当前突发事件级别的案例作为检索案例库。

其次,进行水环境突发事件情景分析,即依据当前情景要素的输入,分析各个要素之间的因果关系,进而获得输出情景要素。其主要工作包括情景网络构建和情景推演两部分内容,情景网络构建即构建每个情景要素各个子要素之间的因果关系,以及其与下一个可能情景之间的因果关系;情景推演即根据当前情景各子要素之间的因果关系和条件概率等,运用数据融合技术获得下一个可能发生的情景各要素的状态概率。

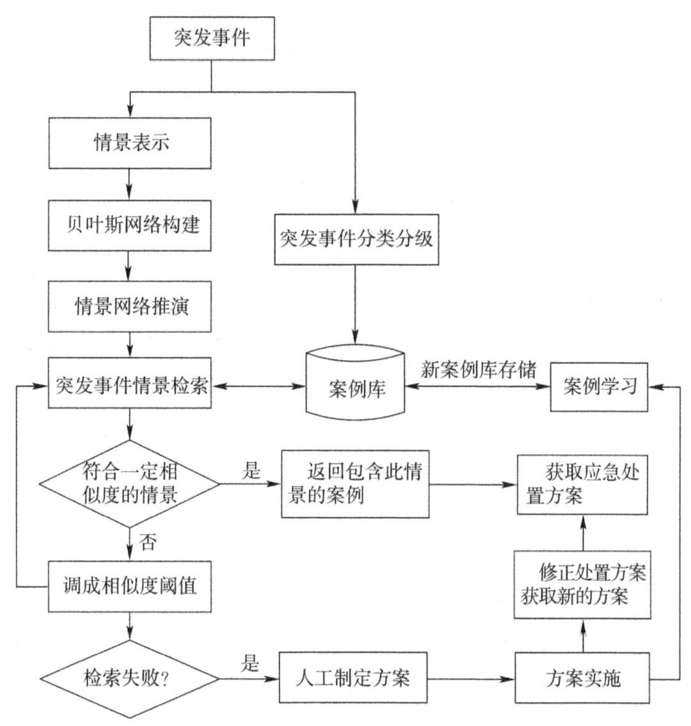

图6-3 基于情景检索的水环境突发事件案例推理应急方法概念模型

利用这些情景数据,按照一定的检索算法在检索案例库中检索符合一定阈值的相似情景。若检索出相似情景,以相似度最大的情景返回包含此情景的案例,以案例对应的事件演变过程和应急处置方案作为当前水环境突发事件应急决策的起点,并参照其他符合一定阈值的情景为当前事件制定应急处置方案;若案例库中不存在符合一定阈值的相似情景,可以通过调整阈值再次进行检索;若依然无法检索到匹配情景,则请工作人员或专家参照相关的规定结合实际情况进行人工制定应急方案。

最后,实施获取的应急处置方案。实施后,可对情景和应急处置方案进行必要的信息补充,并记录相关的反馈信息,通过学习规则判断是否将该案例加入案例库,以实现案例推理系统的自学习功能。

案例库由大量按分类分级后的水环境突发事件及处置方案构成。通过突发事件分类分级缩小检索范围,提高检索效率。而每一例水环境突发事件则包含着随空间而展开的情景以及这些情景在时间上的演变而得到的情景。因此,分类分级是水环境突发事件案例储存的起点,而与之相对的情景是储存的终点,处置方案与情景相匹配,以此建立处置计划并指导资源调度。这些事件、情景和针对每一个情景所作出的决策与处置以及对这些决策与处置的效果评估构成了案例库的主要内容。值得注意的是,案例库的建立本身是一个长期的过程,需要不断更新与维护。也就是说,案例库需要随着现实中我国乃至世界的各类水环境突发事件的发生、处置、结束而不断有选择性、有针对性地更新。同时,剔除一些过时的处置措施(如限于当时的科技、经济等方面的条件而采取的当前已不适用的措施),补充新的更恰当的处置措施。应用该方法,一方面,决策者在重点考虑关键情景的决策问题时,可以参照某些特定的案例;另一方面,随着案例的不断丰富,通过情景检索获取包含此情景的案例,全面获取案例的演变过程以及应急处置方案与经验,为高效、准确的应急决策提供更完备、更有价值的参考信息。

6.5 水环境突发事件情景表示

依据基于情景检索的水环境突发事件案例推理应急决策概念模型和突发事件情景的演变规律,水环境突发事件的应急决策方法的第一步是水环境突发事件情景表示。在这一过程中,情景表示为关于突发事件发展过程中或产生之后相关情形的一种比较概略的假定表达方法,是水环境突发事件决策方案生成的前提依据。将水环境突发事件情景分为三个维度,各维度要素构成依据风险识别的主要突发事件及类型,完成水环境突发事件的情景表示。

6.5.1 水环境突发事件情景的界定

由上文对情景分析方法的综述可知,"情景—应对"要求突发事件的决策是依赖情景的,而突发事件是动态演变的,学者们普遍认为静、动态相结合理应是"情景"的题中之义。

从构词法的角度分析,情景应至少包含"情"和"景"这两层含义:"景"代表景象、景况,是对目前决策者所面临状况的现实描述;"情"代表情势,是对突发事件可能的发展路径及发展结果的预测,是一种对未来的描述。因此,高速公路路域水环境突发事件情景可以被定义为:在穿越水源保护区的高速公路全寿命周期里,对水环境突发事件发生时以及事件发展过程中,决策者所面临的真实景象以及未来演化发展趋势的描述。

6.5.2 水环境突发事件的情景三维结构表示

情景是由与其相关的一定要素所组成的,所以要素其实是相关情景的一个基本组成单位,弄清楚情景的要素构成以及各要素之间的关系对描述突发事件实时境况具有重要意义,这是水环境突发事件应急决策的重要依据。

关于情景的要素构成,学术界展开了广泛探讨:中国安全生产科学研究院的刘铁民教授站在应急预案的视角,将情景概要、灾害后果与应急任务作为情景设计三维结构,这样考虑是基于刘铁民教授将情景定义为基于"真实事件和预期风险"而凝练、集合成的"虚拟事件"情景;哈尔滨工业大学的王颜新、李向阳认为情景结构要素主要包括致灾因子、承灾体和孕灾环境,并对要素间的作用机理进行了分析:一个灾害事件的发生过程中,其导致灾害的各个因子之间一般以链式效应来对相对承灾体发生影响,同时二者之间彼此影响,再结合成新的致灾因子也可为承灾体带来破坏效应,即情景驱动要素对结构要素造成影响;中国科学院大学的姜卉直接将突发事件情景要素构成分为灾害体、承灾体和抗灾体三个维度。

上述三种划分,从表面上看有较大差异,但是仔细分析可以看出,三者区分手段有很多相同点。例如灾害结果、受灾体、承灾体这三个因素其实是非常类似的,因此,突发事件情景要素至少包括灾害体、抗灾体、承灾体这三个要素已成为基本共识。水环境突发事件情景表示也以灾害体、受灾体和抗灾体这三个维度进行描述。

灾害体是指水环境突发事件本身,如高速公路桥梁施工时钻孔产生的含SS废水和含油污水排放到水体中,造成水体污染,在其所处的处境所带来的压力下,有其固有的成长衍化法则;承灾体是指因灾害体的产生而被影响的事物,对于水环境突发事件而言,主要受灾体有受到污染的水体,以及因水体被污染而受影响的人类生产与生活活动;抗灾体是指人类为阻止突发事件向更不利的方向发展而采取的救援以及善后措施。水环境突发事件因污染物特性不同而采取的应急救援措施迥异,对于油类水环境突发事件主要采取围堵、疏导、回收以及化学处理等方法,而对于重金属污染主要采用沉淀或絮凝法。另外,救援措施执行的好坏还取决于外界环境,如污染事件发生时间是在白天还是晚上在很大程度上影响应急救援的及时性。

正如系统结构一样,水环境突发事件的要素之间也存在相互联系与影响关系。很明显,承灾体的损失状态与灾害体有关,而承灾体的损失状态和灾害体的发展演化状态对抗灾体所采取的措施起着决定作用。甚至,灾害体、承灾体与抗灾体三者之间没有完全的界限,在某种程度上可以相互转化。例如,2010年大连输油管道爆炸事件中,作为抗灾体的消防战士进行海域油品清污工作,但是某一消防战士突然往下沉,此刻的抗灾体演变成了承灾体。因此,只有在确定的时刻和空间(确定的情景)下,辨别灾害体、承灾体和抗灾体以及它们之间的关系才有意义。三者之间的关系如图6-4所示。

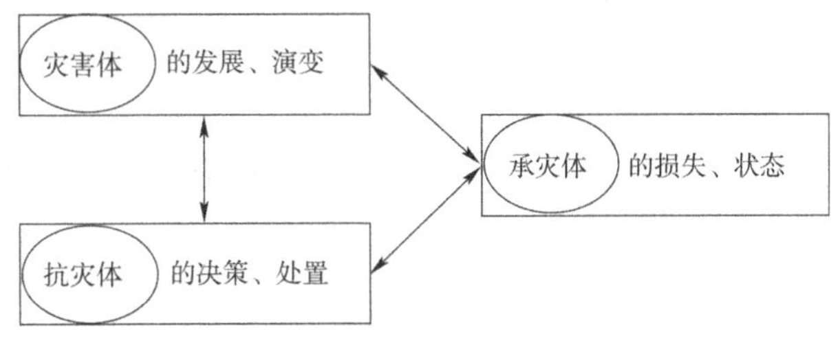

图6-4　水环境突发事件情景要素构成及其关系

如果需要展示水环境突发事件在一个特定时点的情形,可在灾害体、承灾体、抗灾体这三个维度进行展开,如式(6-1)所示。

$$S_i(x_i, y_i, z_i) \qquad (i = 1, 2, 3, \cdots, m) \tag{6-1}$$

式中,S为水环境突发事件情景;x为灾害体维度;y为抗灾体维度;z为承灾体维度。其中的m、i可以相同,也可以不同。

图6-5是情景各要素之间关系表达的示意图,箭头表示影响关系。可以看出,某一时刻水环境突发事件要素之间存在两类关系:①某一维度中,不同要素之间的关系。如应急资源到达事故现场时间肯定影响到应急措施实施的效果,而应急资源与应急措施实施两者都属于抗灾体这一维度;②不同维度之间的要素关系。显然,作为灾害体的危险物质的泄漏量影响到水体受到污染的程度(承灾体)。

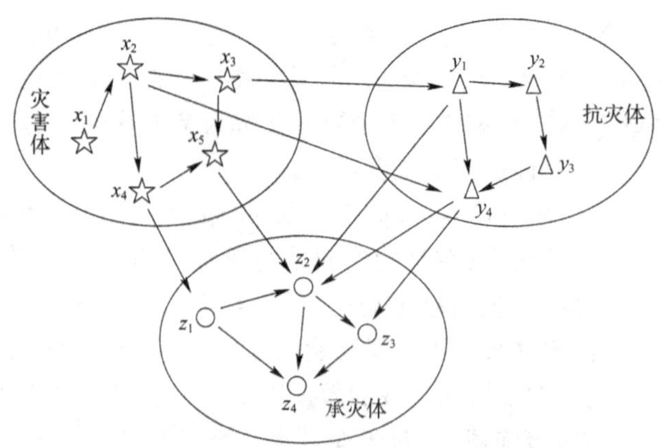

图 6-5　某一时刻水环境突发事件情景要素关系示意图

6.6　水环境突发事件情景的贝叶斯网络构建与推演

高速公路水环境突发事件应急决策具有不确定性和信息不对称等特点，而贝叶斯网络特点决定了其对解决此类问题的适用性，其是人工智能中不确定性知识表示的主导技术之一，为复杂决策任务的建模与求解提供支持。

根据情景检索的水环境突发事件案例推理应急决策方法原理，基于实时决策的角度，从当前情景要素灾害体、承灾体、抗灾体这三个维度表示方式构建情景网络，其中确定表征抗灾体的属性要素应用第 4 章高速公路路域水环境污染突发事件分类分级结果，接着构建贝叶斯网络，推演分析各个要素之间的因果关系，进而获得输出情景要素值。

6.6.1　贝叶斯网络概述

贝叶斯方法是由托马斯·贝叶斯在其发表的"机遇理论中一个问题的解"中提出的，突破了事件发生概率只有 0 和 1 的束缚，通过对事件本身属性的了解，可以作出一个信度较高的概率估计，这便是贝叶斯的思考方式。而在贝叶斯定义的基础上，又构建了一种信念网络(Belief Network)的概念，即贝叶斯网络(Bayesian Network)，其直观表现为一种具有 n 个网络节点的有向无环图，其构建是基于先验概率，是一种概率模型图。贝叶斯网络是一种模拟人类逻辑推理过程的不确定性知识表示处理模型。贝叶斯网络由两部分组成，其一为网络节点，其二为节点之间的连接线段。网络节点表示随机变量(random variables)，即一个事件，节点 $\{E_1, E_2, \cdots, E_n\}$ 代表水环境突发事件情景的不同变量，既可以是未知变量，也可以是已知变量，要根据水环境突发事件本身的属性确定。连接两个节点之间的箭头表示两个随机变量具有因果关系，表示变量之间的条件依赖(非条件独立)。令 $G=(I,S)$ 表示一个贝叶斯网络图，其中 I 表示贝叶斯网络图中所有节点的集合，并且 $E=\{E_i\} i \in I$ 为网络图中某一节点 i 所代表的随机变量概率集合，S 表示有向无环图中所有连接线段的集合，节点 E 的条件概率可以表示为 $P(E)=\prod_{i \in I} P[E_i | E_{Pa(i)}]$，其中 $Pa(i)$ 表示节点 i 的因，或者可以称其为 i 的父节点，而联合概率只能在父节点 $Pa(i)$ 成立的条件下计算得到，贝叶斯网络示意图如图 6-6所示。

图6-6中，节点E_1、E_2、E_3代表水环境突发事件情景的不同变量，$E_1 \to E_3$、$E_2 \to E_3$这两条有向边代表事件情景变量E_3受事件情景变量E_1、E_2的影响，而$P(E_3 | E_1)$、$P(E_3 | E_2)$分别代表当事件情景变量E_1、E_2为真时E_3发生的概率。图6-6中所有变量的联合概率可以表示为

$$P(E_1,E_2,E_3) = = P(E_3 | E_1)P(E_3 | E_2) \tag{6-2}$$

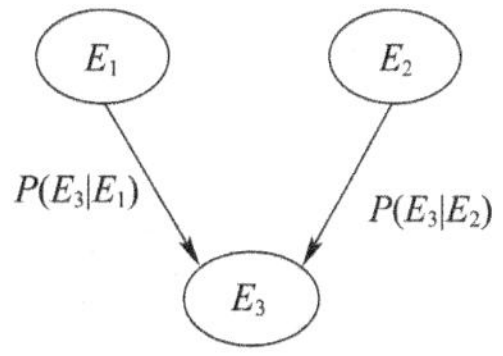

图6-6　贝叶斯网络示意图

6.6.2　水环境突发事件情景的贝叶斯网络构建

高速公路水环境突发事件应急决策具有不确定性和信息不对称等特征，而贝叶斯网络是不确定知识表达和推理领域最有效的理论模型之一，可以从不完全、不精确或不确定的知识或信息中作出推理，为复杂决策任务的建模与求解提供支持，其特点决定了对解决此类问题的适用性。

由上文分析可知，图6-6为水环境突发事件情景的贝叶斯网络结构提供了原型，接下来的任务是确定贝叶斯网络节点变量及其之间的关系、指派节点条件概率。

6.6.2.1　确定贝叶斯网络节点变量

贝叶斯网络由n个节点组成，将高速公路路域水环境突发事件不同情景以贝叶斯节点变量表示，即水环境突发事件情景i表示为$S_i(X_i,Y_i,Z_i)$中的各个维度的子要素。为更好地进行情景分析与推演，将$S_i(X_i,Y_i,Z_i)$的各个子要素划分为情景输入变量、情景分析变量与情景输出变量三类，这些变量构成水环境突发事件情景推演的贝叶斯网络节点。其中情景输入变量即情景$S_i(X_i,Y_i,Z_i)$中的已知变量，用已知变量集合$IS = \{is_k | 1 \leqslant k \leqslant l\}$表示；情景分析变量指通过分析事件情景本身状态得出情景的进一步发展状态的变量，用集合$ES = \{es_q | 1 \leqslant q \leqslant t\}$表示；情景输出变量指输出情景$S_{i+1}$中影响的外部水环境情景状态的变量，用集合$OS = \{os_w | 1 \leqslant w \leqslant h\}$表示。结合具体的水环境突发事件，收集事件的相关信息和领域专家知识等，确定影响该水环境突发事件的情景输入变量、情景分析变量、情景输出变量，这些变量构成了突发事件情景推演的贝叶斯网络节点。

6.6.2.2　确定变量间的关系

用箭头表示贝叶斯网络图中节点的非独立条件关系，针对水环境突发事件不确定性属性特点，箭头表示的是水环境突发事件情景的随机变量之间以及情景演变前后的随机变量之间的“因果”关系。

贝叶斯网络构建中确定随机变量之间的关系是项复杂且关键的系统工程，分析情景要素之间的关系涉及很多领域的知识，这里需要多领域的专家的参与。通过文献调查、文件调查及专家访谈法，对水环境突发事件情景随机变量之间的网络有向关系打分，消除多名专家知识的不一致，采用D-S证据合成的人工智能理论将多个专家访谈结果进行整合，再根据文献调查结果对整合结果进行校验，以形成比较符合现实情景的水环境突发事件贝叶斯网络结构。

D-S证据推理首先需要一个辨识框架，可以定义非空集合$X = \{\theta_1,\theta_2,\cdots,\theta_j,\cdots,\theta_n\}$获得，此非空集合由一些有限互斥元素$\theta_i$组成。对于随机变量域中的任何命题$A$都包含$2^X$，规定映射$m:2^X \to [0,1]$为条件概率求值函数，$m$满足以下条件：

(1)$m(\Phi) = 0$。

(2)$0 \leqslant m(A) \leqslant 1, \forall A \subset X$。

(3)$\sum_{A \subset X} m(A) = 1$。

当$A \subset X$且$m(A) > 0$,则A为焦点元素。在D-S证据人工智能理论里对事件A使用区间$[\mathrm{Bel}(A), \mathrm{Pl}(A)]$描述,$\mathrm{Bel}(A)$和$\mathrm{Pl}(A)$表示对于焦点元素的信任、似然函数。

D-S证据理论采用式(6-3)将多名专家的打分状况合成:

$$m(A) = \frac{1}{1-k} \sum_{A_i \cap B_j \cap C_l \cdots = A} m_1(A_i) \cdot m_2(B_j) \cdot m_3(C_l) \cdots \tag{6-3}$$

其中,$k = \sum_{A_i \cap B_j \cap C_l \cdots = \subset \phi} m_1(A_i) \cdot m_2(B_j) \cdot m_3(C_l) \cdots$,它的大小反映了证据冲突程度,系数$1/1-k$称为归一化因子。它的作用是避免在合成时将非零的概率赋给空集。

对于上式,当$k=1$时,证据之间矛盾,公式无法使用。此外,当$k \to 1$时,证据高度冲突,上式将会产生有悖常理的结果。因此,采用改进的证据合成算法,将证据冲突概率按各个命题的平均支持程度加权进行分配,如式(6-4):

$$m(A)' = \sum_{A_i \cap B_j \cap C_l \cdots = A} m_1(A_i) \cdot m_2(B_j) \cdot m_3(C_l) \cdots + k \cdot q(A) \tag{6-4}$$

$$\text{其中}, k = \sum_{A_i \cap B_j \cap C_l \cdots = \phi} m_1(A_i) \cdot m_2(B_j) \cdot m_3(C_l) \cdots, q(A) = \frac{1}{n} \sum_{1 \leqslant i \leqslant n} m_i(A) \tag{6-5}$$

加权平均公式(6-3)与式(6-4)的计算结果,以此达到缺陷互补,节点间的关系信度更高,还可以排除有冲突的网络关系,搭建与水环境突发事件情景相符的贝叶斯网络结构图。两个证据合成理论加权平均的计算式为:

$$m(A)_{\text{总}} = \frac{[m(A) + m(A)']}{2} \tag{6-6}$$

若某两个节点变量$E_1 \to E_2$的因果关系为真的信任度$m(T)$大于或等于设定的信度阈值u,则节点变量$E_1 \to E_2$的因果关系成立。

确定节点关系之后,就可以得到水环境突发事件各个子要素之间的关系图。

6.6.2.3 指派节点条件概率

要计算每一个随机变量节点的条件概率,首先需要已知先验概率,先验概率的节点变量没有父节点,只有子节点,通过第二步确定的节点随机变量之间的关系计算其他未知节点变量的概率,E_{i+1}的概率分布只与E_i有关,和其他变量是独立的。依据节点之间的网络关系确定每个随机变量的条件概率分布是有向无边网络图建模过程中最困难的一项工作。概率分布一般可以从大量的数据中进行统计分析得来,但是水环境突发事件具有一定的罕见性,没有大量的历史数据可以考证,因此一般依靠专家建模。

1)为没有父节点的变量指定先验概率

水环境突发事件情景分析是在事件发生后,应急决策主体对事件现在及所有可能的未来发展态势的分析。需要获得的先验概率为$p(X_i)$。节点变量X_i是水环境突发事件情景分析贝叶斯网络结构中需要获得的已知变量,只有获得了已知变量的概率布情况,才能对情景分析层与情景输出层节点变量的状态概率进行分析。

2)对有父节点的情景指定条件概率,即$p(Y_i)$、$p(Z_i)$

进行概率分配需要具有充分的数据样本或一定的领域知识,而水环境突发事件具有罕见性,很难搜集到充分的数据样本。因此,由多名领域专家根据其经验进行指定。为消除多名专家知识的不一致,采取 DS 证据合成理论将多个专家知识进行整合。可见,在构建情景分析贝叶斯网络的同时,网络已经将大量的领域专家知识保存下来。可以说水环境突发事件情景贝叶斯网络的构建与推演过程,实质上是一个领域专家知识和规则获取的过程。获得了网络节点变量的先验概率或条件概率分配,在得到一定证据信息后,就可以利用网络结构的联合概率公式求解情景分析层与输出层各节点变量的状态概率(采用贝叶斯网络计算软件 Hugin Lite 进行计算)。

6.6.3　水环境突发事件情景的贝叶斯网络推演

水环境突发事件具有罕见性,相应的演化规律知识和处置经验较缺乏;且由于水环境突发事件特殊、复杂的环境,事件的动态演化结果及其波及范围具有显著的不确定性,很难获得事件发展、演化的一些具体信息,应急决策工作难度较大。基于贝叶斯网络的水环境突发事件情景推演模型,通过推演结果获得更加详细、具体的情景分析数据,为情景检索提供有效输入。

依据上文构建的突发事件情景分析贝叶斯网络结构,分配网络节点变量的先验概率或条件概率后,就可应用贝叶斯网络的联合概率公式对情景输出层各节点变量 os_1', os_2', $\cdots$, os_h'的状态概率 P_1, P_2, $\cdots$, P_i进行推演。情景输出层各节点变量的状态概率求得后,结合收集到突发事件的其他情景信息,又可作为情景输入层 is_1, is_2, $\cdots$, is_i 进入下一个情景分析过程,如此类推,可以完成水环境突发事件情景推演过程,直至水环境突发事件进入最终的结束情景(消失情景),即完成了整个突发事件的情景分析。具体如图 6-7 所示。

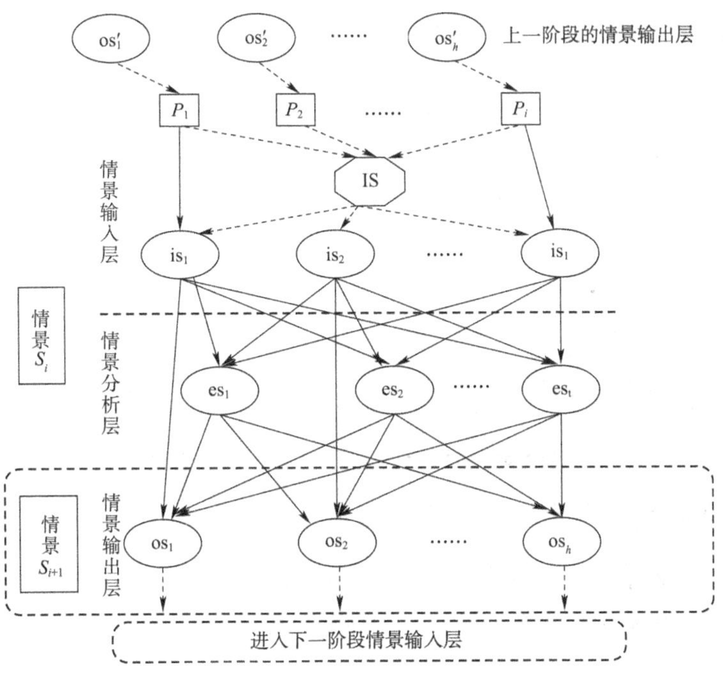

图 6-7　水环境突发事件情景推演网络

基于贝叶斯网络的情景推演,通过事件情景输入变量与情景分析变量之间因果关系的分析，推算、预测情景分析变量与情景输出变量的状态，能够为应急决策主体进行应急方案的选择与实施提供更加充分的依据，提高应急决策工作的准确性和高效性。

6.7 水环境突发事件案例情景表示与情景检索

突发事件情景分析结束后，便是依据情景分析的结果进行应急决策。在基于情景检索的水环境突发事件案例推理应急决策流程中，案例情景表示、情景检索算法是两个关键技术，是实时快速地获得更加合理、有效的应急处置方案的前提。

6.7.1 水环境突发事件的案例情景表示

正如前文分析，若将整个案例作为系统输入，则很难找到相匹配的案例。因此，对水环境突发事件首先通过分类分级将案例分为不同级别，其次采用分层索引技术，以情景作为叶节点构建水环境突发事件的案例组织结构。案例组织结构分为三个层次：类别层、案例层、情景层。另外，可以根据需要将类别层继续细分为不同层次，如将重金属污染这一类别层继续细分为铬、镉、汞等不同种类的重金属污染。事件类别如图 6-8 所示，椭圆代表水环境突发事件案例，多边形代表事件中的关键情景。每新加入一个案例，必须将案例信息按照此方法提交案例的分层组织结构。系统对每个案例的特征属性向量与组织结构的节点相比较，判断新案例特征属性向量是否包含在节点属性向量中，如果包含则将该特征属性向量与下层节点进行比较，直至案例的关键情景都储存在情景层为止。

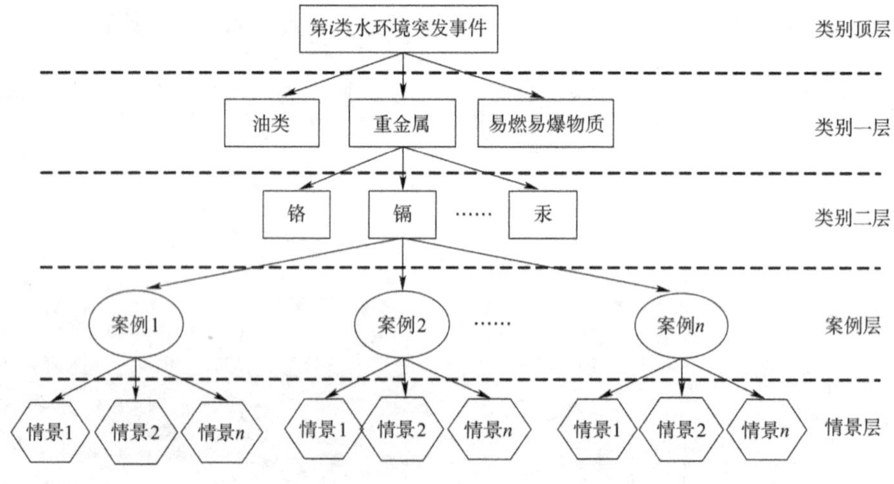

图 6-8 水环境突发事件案例的分层组织结构

6.7.2 水环境突发事件情景检索算法

水环境突发事件案例检索以情景推演为基础，以检索到与新事件当前情景推演特征相似的情景为目标。根据水环境突发事件案例的特性与内容，采用最近相邻法检索算法，其基本原理如下：

假设两个案例之间的检索特征属性一样，定义 Sim( ) 是待求解情景与案例库中已知案例情景的相似度。若 Sim( ) 越接近于 1，说明两个情景之间相似度就越大，也就是待求解情景与已知案例情景越相似。

定义 Sim( )为待求解情景与已知案例情景中第 i 个属性的相似性。其取值与其属性的类型有关,不同的属性的相似度计算方法也不相同。一般规定,两案例情景对应属性取值相差越大时,Sim( )越小;当两者的属性完全匹配时,Sim( )取值为 1;若求解案例情景或案例库中案例情景的某一项取值为不确定时,统一的 Sim( )取 0。

定义 w_i 为第 i 个属性的权重,在最近相邻算法中权重的取值在 0 和 1 之间。定义 k 为参与检索的特征属性数目,它的取值在 1 到 m 之间,其中 m 是特征属性的总数。则计算相似度的最近相邻法数学模型见式(6-7)。

$$\mathrm{sim}(s_o,s_j)=\frac{\sum_{i=1}^{k}w_i\cdot \mathrm{sim}(s_{o_i},s_{j_i})}{\sum_{i=1}^{k}w_i}\qquad(1\leqslant i\leqslant k)\tag{6-7}$$

定义了相似度的计算方法,还需确定一个阈值 u 来判断对应的案例库中案例情景与待求解事件是否相似。如果多个案例情景与待求解事件情景的相似度都大于这个阈值,则按相似度的大小排序,相似度的值越接近 1 的待求解案例就是检索到的最有用案例。

水环境突发事件情景检索算法的实现涉及 4 个方面内容:检索特征属性的确定、检索特征属性的权重获取、属性相似度计算和全局相似度计算。具体流程如图 6-9 所示。此外,考虑到检索特征属性的权重对检索结果的影响,为获得更加合理的属性权重,利用专家打分法在量化众多专家对检索属性对决策结果影响强度判断的基础上,实现最佳寻优。

1)检索特征属性的确定

利用最近相邻检索算法计算情景相似度前,需要对检索特征属性进行确定,以情景推演贝叶斯网络中节点变量为初步检索特征属性,然后通过专家访谈法确定水环境突发事件情景检索的主要特征属性。

2)检索特征属性的权重获取

用最近相邻法检索算法计算情景相似度,检索特征属性的权重对检索结果影响较大,必须进行科学、合理的设置。利用专家打分法量化众多专家对检索属性对决策结果影响程度的判断,获取检索特征属性的权重。具体流程如图 6-10 所示。

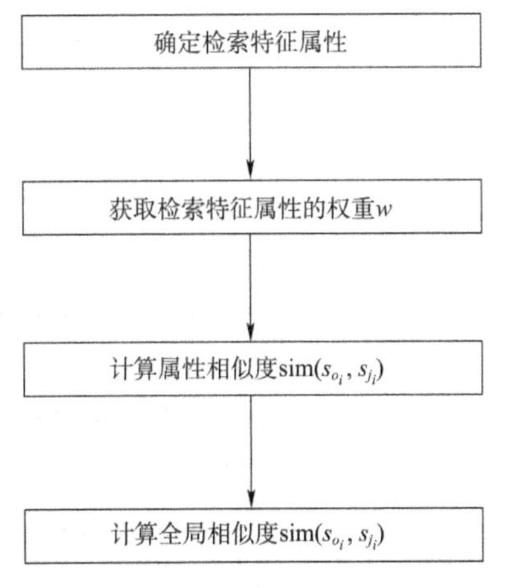

图 6-9　水环境突发事件情景检索计算的流程

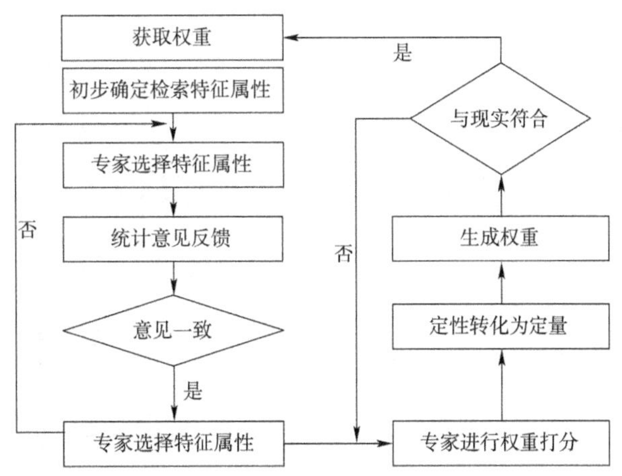

图 6-10　检索特征属性的权重获取流程

3)属性相似度算法

水环境突发事件种类繁多,且用来表示事件情景的特征属性不同,因此,相似度的属性不同,其计算方法也不相同。

(1)确定符号属性。

确定符号属性值列出了该属性所有可能的取值,以一种非此即彼的状态给出,一般根据是否等于0或直接判断两者的相似性:$\text{sim}(s_{o_i},s_{j_i})=0$(不相似)或者$\text{sim}(s_{o_i},s_{j_i})=1$(相似)。例如,检索特征属性“污染物类型”的取值是可以穷尽的。若突发事件情景与案例库中情景的污染物类型相同,则$\text{sim}(s_{o_i},s_{j_i})=1$;若不同,则$\text{sim}(s_{o_i},s_{j_i})=0$。

(2)确定数属性。

确定数属性的相似度可以通过计算两者之间的距离确定。目前,关于计算两个变量距离的方法有许多。采用欧氏距离算法,计算方法如式(6-8):

$$\text{sim}(s_{o_i},s_{j_i})=1-\frac{\text{d}(s_{o_i},s_{j_i})}{z_i}=1-\frac{|s_{o_i}-s_{j_i}|}{z_i} \tag{6-8}$$

式中,z_i为第i个检索特征属性的取值范围。

(3)模糊属性。

模糊属性是指一个不确定的数或区间,通过模糊数学中的隶属函数计算属性间的相似度。按如下方法计算。

确定数与模糊区间属性相似度计算方法见式(6-9):

$$\text{sim}(a,[b_1,b_2])=1-\frac{\text{d}(a,[b_1,b_2])}{z_i} \tag{6-9}$$

式中,$$\text{d}(a,[b_1,b_2])=\frac{\int_{b_1}^{b_2}\text{d}(a,x)\text{d}x}{b_1-b_2}=\begin{cases}\dfrac{(b_2+b_1-2a)}{2} & (a\leqslant b_1)\\[2ex] \dfrac{(b_2-a)^2+(b_1-a)^2}{2(b_2-b_1)} & (b_1<a<b_2)\\[2ex] (2a-b_2+b_1)/2 & (a\geqslant b_2)\end{cases}$$

模糊区间属性值与模糊区间属性值相似度计算方法见式(6-10):

$$\text{sim}([a_1,a_2],[b_1,b_2])=1-\frac{\text{d}([a_1,a_2],[b_1,b_2])}{z_1} \tag{6-10}$$

式中,$$\text{d}([a_1,a_2],[b_1,b_2])=\frac{\int_{a_1}^{a_2}\text{d}(x,[b_1,b_2])\text{d}x}{(a_2-a_1)(b_2-b_1)}$$

$$=\begin{cases}\dfrac{(b_1+b_2-a_1-a_2)}{2} & (a_1<a_2<b_1<b_2)\\[2ex] \dfrac{b_1+b_2-a_1-a_2}{2(b_2-b_1)(a_2-a_1)} & (a_1<b_1<a_2<b_2)\\[2ex] \dfrac{2a_1a_2-(b_1+b_2)(a_1+a_2)+b_1^2+b_2^2}{2(b_2-b_1)} & (b_1<a_1<a_2<b_2)\end{cases}$$

当$a_1\geqslant b_2$时,式(6-10)中的$[a_1,a_2]$与$[b_1,b_2]$互换即可。

4)全局相似度算法

由于当前事件情景的非空属性集合 Q 和检索案例情景的非空属性集合 C 包含的特征属性可能不尽相同,只能根据两者共有的特征属性来计算相似度,因此需要根据共有特征属性的权重比例将权重进行重新分配。由此,根据重新分配的权重及各属性的相似度,计算所有属性的加权相似度,即获得全局相似度值。计算方法如下:

$$\mathrm{sim}(s_o,s_j)=\sum_{i=1}^{m}\left[\frac{w_i}{W_{Q\cap C}}\mathrm{sim}(s_{o_i},s_{j_i})\right] \tag{6-11}$$

式中,$\mathrm{sim}(s_o,s_j)$ 为 Q 和 C 的属性加权相似度;$W_{Q\cap C}$为 Q 和 C 交集的权重之和;w_i 为 Q 与 C 交集中的第 i 个属性的权重;m 为 Q 和 C 交集中属性的个数;$\mathrm{sim}(s_{o_i},s_{j_i})$ 为当前事件情景与检索案例情景第 i 个属性的相似度。其中,$\mathrm{sim}(s_o,s_j)$ 值最大的 s_j 案例即为检索到的情景相似度最大案例。

第7章　高速公路路域水环境突发事件应急处置

突发事件应急处置是应急管理的核心，它表现为对各种资源的组织和利用，在各种方案间进行决策选择。当突发事件出现以后，事件的各种表现形式及特征都逐步显露出来，这就要求对事件产生的各种影响进行整理分析，对事件的发展趋势进行预测，根据分析的结果，制定出相应的应急对策。其间还会涉及对各级政府的法规、政令、条例的遵守以及相关的人力资源的调动，物资的调拨等一系列的行动。2009年4月，交通运输部发布了《公路交通突发事件应急预案》，内容涉及应急组织体系、运行机制、应急保障、监督管理等多个方面，成为我国公路系统制定具体项目突发事件应急预案的指导性文件。

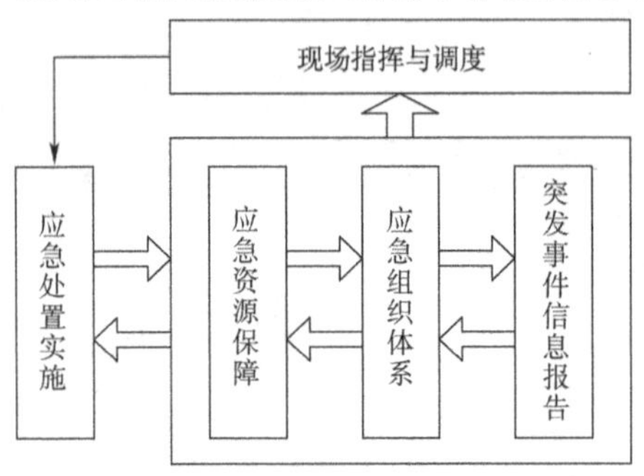

图7-1　应急处置内容结构

本章的应急处置主要包括以下内容，如图7-1所示。

其中，应急组织体系是基础，应急资源保障是条件，突发事件信息报告工作机制、现场指挥调度是关键，应急处置实施是核心任务。

7.1　突发事件应急组织体系

公路交通应急组织体系由国家级(交通运输部)、省级(省级交通运输主管部门)、市级(市级交通运输主管部门)和县级(县级交通运输主管部门)四级应急管理机构组成。如图7-2所示。

国家级公路交通应急管理机构包括应急领导小组、应急工作组、日常管理机构、专家咨询组、现场工作组等。省级、市级、县级突发事件应急组织体系，可根据各地的实际情况成立应急管理机构，明确各自相关职责。

应急组织是一个全方位、立体化、多层次和综合性的应急管理网络，是一个需要动员各方力量的多维度、多领域和多层级的协作型系统。高速公路具有封闭性、车流量大、行车速度快等特点，发生水环境突发事件很可能会造成严重的社会影响，尤其在水源保护区路段发生有毒有害化学品泄漏事件时，其应急救援工作往往不是单个运营公司能完全胜任的，这其中可能涉及多部门、跨组织间协同的应急联动组织。

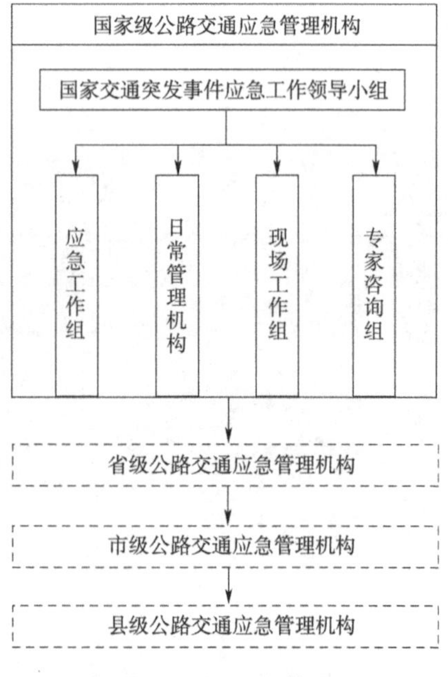

图7-2　应急组织体系

各省市高速公路经营管理公司、交警、路政是高速公路应急管理实施的核心，当突发事件发生时，还需要当地医疗、公安、消防、环保、安监等相关机构的积极配合。在突发事件应急处置当中，高速公路经营管理公司的职责是对现场情况进行实时监控，协调沟通参与应急管理的相关部门以及事后的现场清理等。交警的主要职责是对相关路段车辆的管制与疏导、事故责任认定等。路政的主要职责是协助交警维持现场交通秩序，进行现场损坏设施勘验等。医疗部门的主要职责是伤员救护与伤亡处理。公安与安监主要参与的是治安刑事案件与重大安全生产事故的处理。消防的主要职责是解救受困人群，扑灭火灾、处理危险品泄漏等。环保的主要职责是检测环境污染程度、制定相应措施。当事故发生时，各部门各司其职，相互配合，通过经营管理公司监控中心传递现场信息，互相沟通救援情况与人员物资储备情况，共同携手处置各类应急突发事件。由于全国高速公路已逐渐形成网格化管理模式，在处理跨省级与跨路段的突发事件时，往往需要通过上级部门协调，方可进行共同救助。

由于涉及地域范围大小和事件严重程度不同，并不是每一次突发事件都需要以上部门的共同参与。区域范围内，仅涉及少量人员受伤的事故，只需高速公路公司、交警协同急救人员处理即可。

7.1.1　应急工作领导小组

公路交通突发事件应急工作领导小组（以下简称“应急领导小组”）是Ⅰ级公路交通突发事件的指挥机构，由交通运输部部长任组长，分管部领导任副组长，交通运输部内相关司局负责人为成员。

应急工作领导小组日常状态下的职责如下：

（1）审定相关公路交通应急预案及其政策、规划。

（2）审定应急经费预算。

（3）其他相关重大事项。

应急工作领导小组应急状态下的职责如下：

（1）决定启动和终止Ⅰ级公路交通突发事件预警状态和应急响应行动。

（2）负责统一领导Ⅰ级公路交通突发事件的应急处置工作，发布指挥调度命令，并督促检查执行情况。

（3）根据国务院要求或根据应急处置需要，指定成立现场工作组，并派往突发事件现场开展应急处置工作。

（4）根据需要，会同国务院有关部门，制定应对突发事件的联合行动方案，并监督实施。

（5）当突发事件由国务院统一指挥时，应急领导小组按照国务院的指令，执行相应的应急行动。

（6）其他相关重大事项。

某一具体的营运高速公路路域可由营运路段公司董事长任组长，总经理任副组长，成员由该公司领导班子其他成员、各部门部长组成。

7.1.2　应急工作组

应急工作组在应急领导小组决定启动Ⅰ级公路交通突发事件预警状态和应急响应行动

时自动成立,由交通运输部内相关司局组建,在应急领导小组统一领导下承担具体应急处置工作。应急工作组分为八个工作小组:

(1)综合协调小组:由办公厅主任任组长,公路局、安全监督司分管领导任副组长,成员由办公厅、公路局、安全监督司相关处室人员组成。负责起草重要报告、综合类文件;根据应急工作领导小组和其他应急工作组的要求,统一向党中央、国务院和相关部门报送应急工作文件。

(2)公路抢通小组:由公路局局长任组长,公路局分管副局长任副组长,成员由公路局相关处室人员组成。负责组织公路抢修及保通工作,根据需要,组织协调跨省应急队伍调度和应急机械及物资调配;拟定跨省公路绕行方案并组织实施;负责协调社会力量参与公路抢通工作;拟定抢险救灾资金补助方案。

(3)运输保障小组:由道路运输司司长任组长,道路运输司分管副司长任副组长,成员由道路运输司相关处室人员组成。负责组织协调人员、物资的应急运输保障工作;负责协调与其他运输方式的联运工作;拟定应急运输征用补偿资金补助方案。

(4)通信保障小组:由科技司司长任组长,办公厅、通信中心分管领导任副组长,成员由科技司、办公厅、通信中心相关处室人员组成。负责信息系统通信保障工作;负责电视电话会议通信保障工作;保障交通运输部向地方公路交通应急管理机构下发应急工作文件的传真和告知工作。

(5)新闻宣传小组:由政策法规司司长任组长,政策法规司分管副司长任副组长,成员由政策法规司相关处室人员及新闻办联络员组成。负责收集、处理相关新闻报道,及时消除不实报道带来的负面影响;按照应急领导小组要求,筹备召开新闻发布会,向社会通报突发事件影响及应急处置工作进展情况;负责组织有关新闻媒体,宣传报道应急处置工作中涌现出的先进事迹与典型;指导地方应急管理机构的新闻发布工作。

(6)后勤保障小组:由机关服务中心主任任组长,机关服务中心分管副主任任副组长,成员由机关服务中心相关部门人员组成。负责应急状态期间24小时后勤服务保障工作。

(7)恢复重建小组:由综合规划司司长任组长,公路局、财务司、质监总站分管领导任副组长,成员由综合规划司、公路局、财务司、质监总站相关处室人员组成。负责公路受灾情况统计,组织灾后调研工作;拟定公路灾后恢复重建方案并组织实施。

(8)总结评估小组:由公路局局长任组长,成员由其他应急工作小组、专家咨询组、交通运输部直属科研单位有关人员组成。负责编写应急处置工作大事记;对突发事件情况、应急处置措施、取得的主要成绩、存在的主要问题等进行总结和评估,提出下一步工作建议,并向应急工作领导小组提交总结评估报告。

综合协调小组、公路抢通小组、运输保障小组、通信保障小组、后勤保障小组在应急领导小组决定终止Ⅰ级公路交通突发事件预警状态和应急响应行动时自动解散;新闻宣传小组、恢复重建小组、总结评估小组在相关工作完成后,由应急工作领导小组宣布解散。

7.1.3 日常管理机构

交通运输部设立公路网管理与应急处置中心(以下简称“路网中心”),作为国家级公路交通应急日常管理机构,在应急工作领导小组领导下开展工作。

路网中心日常状态下的职责如下：

(1)负责国家高速公路网、普通国道干线公路、重要客运枢纽的运行监测及有关信息的收集和处理，向社会发布公路出行信息。

(2)负责与国务院相关应急管理机构和地方交通运输应急管理机构的联络、信息上传与下达等日常工作。

(3)拟定、修订与公路交通运输相关的各类突发事件应急预案及有关规章制度。

(4)指导地方公路交通应急预案的编制和实施。

(5)组织公路交通应急培训和演练。

(6)组织有关应急科学技术研究和开发，参加有关的国际合作。

(7)提出年度应急工作经费预算建议。

(8)参与公路交通应急规划的编制。

(9)根据地方公路交通应急管理机构的请求，进行应急指导或协调行动。

(10)负责督导国家公路交通应急物资储备点建设与管理。

路网中心应急状态下的职责如下：

(1)负责24小时值班接警工作。

(2)负责接收、处理应急协作部门预测预警信息，跟踪了解与公路交通运输相关的突发事件，及时向应急领导小组提出启动Ⅰ级预警状态和应急响应行动建议。

(3)负责收集、汇总突发事件信息及应急工作组开展应急处置工作的相关信息，编写应急工作日报。

(4)根据应急领导小组和应急工作组的要求，负责应急处置的具体日常工作，统一向地方公路交通应急管理机构下发应急工作文件。

7.1.4　专家咨询组

专家咨询组是由公路交通运输行业及其他相关行业工程技术、科研、管理、法律等方面专家组成的应急咨询机构。专家咨询组具体职责如下：

(1)参与拟定、修订与公路交通运输相关的各类突发事件应急预案及有关规章制度。

(2)负责对应急准备以及应急行动方案提供专业咨询和建议。

(3)负责对应急响应终止和后期分析评估提出咨询意见。

7.1.5　现场工作组

现场工作组是由应急工作领导小组按照国务院要求，或发布公路交通运输Ⅰ级预警和响应时，或根据地方交通运输主管部门请求，指定成立并派往事发地的临时机构。当现场工作组由国务院统一组建时，交通运输部派出部级领导参加现场工作组；当现场工作组由国务院其他部门统一组建时，交通运输部派出司局级领导参加现场工作组。现场工作组具体职责如下：

(1)按照国务院的统一部署，参与地方人民政府组织开展的突发事件应急处置工作，并及时向应急领导小组报告现场有关情况。

(2)负责跨省公路交通应急队伍的现场指挥和调度，并保障作业安全。

(3)提供公路交通运输方面的技术支持。

(4)协助有关部门开展公路建设工程、道路运输、客货运站安全事故的应急处置工作。

7.1.6 应急协作部门职责

公路交通突发事件预警和处置,需要有关部门积极配合和共同实施。在突发事件应急响应中,应急管理机构根据突发事件的级别和类型,在国务院应急管理机构的统一领导下,协调相关部门参加应急协作,各协作部门的应急任务分工据其职责而定。

武警交通部队作为国家公路交通突发事件专业应急队伍,纳入国家应急救援力量体系。国家公路交通突发事件应急专业队伍参与公路交通突发事件应急处置工作时按国家有关规定执行。

7.2 突发事件应急资源保障

突发事件的处理必须最终落实在资源的使用方面,在资源管理中需要考虑多种需求问题,如资源的保障、资源的布局、资源的有效调度等。资源的保障是处理突发事件必要的物质基础,包括物资资源保障和人力资源保障。资源的布局是为了有效应对突发事件,预先把恰当数量和种类的资源,按照合理的方式,放在合适的地方。配置资源时,要考虑资源的一些约束条件,如运输时间、运输成本、资源的综合成本等。资源的调度在应急管理中是一个实施过程,就是把资源组织起来,把一定数量的资源在限定的时间集结到相应的地点。突发事件所需资源可能来自多个领域,需要各方面的组织协调,协调工作的好坏直接影响到资源使用的效率和对突发事件处理的成功程度。

根据全国高速公路的分布情况,为确保应急物资调运的时效性和覆盖区域的合理性,应以“因地制宜、规模适当、合理分布、有效利用”为原则,结合各地区的气候与地质条件,建立若干国家公路交通应急物资储备点。

省、市交通运输主管部门应根据辖区内公路交通突发事件的种类和特点,结合公路抢通和应急运输保障队伍的分布,依托行业内养护施工企业和道路运输企业的各类设施资源,合理布局、统筹规划建设本地区公路交通应急物资储备点。

7.2.1 物资资源保障

物资资源保障是对突发事件的处置提供具体物资,并对整个物资保障系统的运行提供物资基础。所有的物资资源形成一个系统,该系统主要负责资源状况的保障、检查和评估,优化资源配置(资源的合理布局与动态调配),完成资源的综合利用、整合和共享。

7.2.1.1 应急物资种类

应急物资包括公路抢通物资和救援物资两类。

公路抢通物资主要包括沥青、碎石、砂石、水泥、钢桥、钢板、木材、编织袋、融雪剂、防滑料、吸油材料等;即公路养护部门要对抢险防滑料、沙子、编织袋、铁锹、木杆等应急材料准备充足,除雪车辆、吊车等专用车辆备足油料,设置专门的应急材料存放场所;通信部门要备足机电设备维修零件,以备抢险时更换损坏设备;收费部门、隧道部门要备足收费车道栏杆、照明灯等基本器材,以保证新旧更换。

救援物资包括方便食品、饮水、防护衣物及装备、医药、照明、帐篷、燃料、安全标志、车辆防护器材及常用维修工具、应急救援车辆等。

地方交通运输主管部门可采取社会租赁和购置相结合的方式,储备一定数量的机械,如挖掘机、装载机、平地机、撒布机、汽车起重机、除雪车、平板拖车、运油车、发电机和大功率移动式水泵等。

7.2.1.2 资源运输和采购保障

资源的运输应考虑便利性、就近性、快捷性,因此除所需物资的购买地点外,还应关注运输工具。在一定程度上,快捷性是优于成本等其他特性的考虑因素。重点考虑交通运输设施及能力恢复,救灾物资的运输方案,紧急情况下的交通工具征用和管制,工程抢险和生命线的抢救与恢复等问题。

可设立应急专项经费,做好应急物资的储备、管理、调配。采购内容应翔实、可靠,必要时可动用行政力量挖掘信息,保证采购工作的顺利进行。在突发事件发生时,加强对市场物资的流通监管,坚决打击扰乱市场的违法行为。

7.2.2 人力资源保障

人力资源保障对应急管理保障提供智力支持和组织保证,包括应急管理人才保障和应急队伍保障。

7.2.2.1 应急管理人才保障

一支专业的、训练有素的突发事件应急管理人才队伍对及时有效地处理突发事件起着举足轻重的作用,因此应急管理资源保障离不开人力资源保障。现阶段,从事突发事件管理方面的大部分工作人员为兼职,因此需要经过系统的职业训练和专业化教育,培养不同类型的应急管理人才。应急管理人才大致可以分为以下几类。

(1)高级型决策人才:这类人才是应急管理中最高层次的人才,即高级管理人才。一般需具备以下四种能力:一是对宏观事态的全面把握能力;二是对事态发展趋势的超长的预测能力;三是有临危不惧、处乱不惊的心理素质;四是熟悉事件的产生原因、发展、影响及化解方法,能在事态发展的不同阶段作出相应对策的能力。

(2)执行指挥型人才:这类人才是前线指挥官,即中层管理人员。要求具备领悟力、贯彻力、协同能力,专业背景强,能准确把握、果断决策,能领悟决策层的精神,并将其很好地贯彻下去,根据事态的发展,迅速而果断地制定出可操作性强的行动计划。

(3)具体操作型人才:这类人才是公共部门中现场处理突发事件的专业技术人才,即行动实施人员,如消防员、警察、医护人员等。这类操作型人才要具有快速反应能力、很强的协同能力和整合现场各种资源的能力。

(4)监督指导型人才:应急管理中,需要有人专门对整个事件的处理过程进行记录和跟踪报告,加强处理的透明度并对事件起因、处理、损失和善后进行评估。这类人才要求具备很强的专业背景、动态跟踪能力、整体评估能力和政策把握能力。

(5)信息技术型人才:这类人才是公共部门的“千里眼”“顺风耳”。他们担负着应急管理的预警工作，其任务是及时、准确、全面地搜集信息，而且要不停地更新和反馈。信息技术型人才的核心素质是灵敏性、选择性和责任心。

7.2.2.2 应急队伍保障

在突发事件发生前的警戒状态时，相关部门应组建应急抢险救援小组和义务消防队，开展应急救援培训、训练及演练，不断提高应急救援能力；各相关部门负责人都需参加应急培训，参与救援行动。一旦发生重大突发事件，应急队伍抢救抢险力量不够时，或有可能危及社会安全时，指挥部必须立即向上级和友邻单位通报，必要时需请求社会力量支援。

按照《公路交通突发事件应急预案》，组建和管理应急抢险保障队伍的任务由省、市级公路交通应急管理机构负责，应急抢险保障队伍主要由高速公路经营管理单位、路政管理部门、养护管理单位、公路养护维修工程企业等多单位联合组成，其中公路养护维修工程企业采取公开投标的方式择优选择，在签订合作合同时，对技术管理要求、征用补偿的标准、应急征用的条件和程序以及违约责任等必须明确，以此确保高速公路应急抢险保障行为的规范和完善，保障参与应急抢险的各单位的利益。

7.2.3 资金保障

高速公路应急保障所需的各项经费，应按照现行事权、财权划分原则，分级负担，并按规定程序列入各级交通运输主管部门年度财政预算中。

国家和地方公路交通专业应急队伍建设以及应急物资储备点的物资采购、运输、储存的相关费用，纳入各级财政预算。

路网中心要根据每年开展宣传、教育、培训、演练等日常工作所需经费编列年度预算，报应急领导小组审批，并统一负责该项工作经费的管理与使用。

对受突发事件影响较大和财政困难的地区，应省级交通运输主管部门的请求，交通运输部根据实际情况给予适当支持。

鼓励自然人、法人或者其他组织按照有关法律、法规的规定进行捐赠和援助。

相关部门对应急保障资金进行预算，做好事故应急救援必要的资金准备，确保事故应急处置装备的添置、更新及紧急购置的经费充足。各级交通运输主管部门应建立有效的监管和评估体系，对公路交通突发事件应急保障资金的使用和效果进行监管和评估。

7.2.4 通信与信息保障

高速公路交通应急平台体系包括交通运输部、省、市三级公路交通应急平台，以及依托中心城市辐射覆盖到城乡基层的面向公众的紧急信息接报平台和面向公众的信息发布平台。

各级公路交通应急平台根据公路交通领域突发公共事件信息的接报处理、跟踪反馈和应急处置等应急管理需要，实现与上下级公路交通应急平台的互联互通，具有风险隐患监测、综合预测预警、信息接报与发布、综合研判、辅助决策、指挥调度、异地会商、应急保障、应急评估、模拟演练和综合业务管理等功能，并能够及时向上级公路交通应急平台提供数据、图像、资料等。

公路交通应急平台的基本构成包括：应急指挥场所、移动应急平台、基础支撑系统、数据库系统、综合应用系统、信息接报与发布系统、安全保障体系和标准规范体系。

涉及某一具体的营运高速公路突发事件，营运公司各部门、站应明确应急参与人员的通信方式，并要求相关人员手机全天候开机，遇紧急突发事件时保证与现场信号联络畅通。通信保障组的主要职责有：①负责24小时接警及上报；②协助日常管理组维护通信设施，在线监控系统的正常运行；③负责事故发生时的通信保障及信息传递；④协助企业进行应急预案的演练与修改。应急救援办公室应搜集公司属地各级政府安监局等有关部门值班电话并登记造册，随时更新，确保事故发生时能及时报告事故发生地县级以上政府安监局等有关部门。

7.2.5　科技保障

依托科研机构，加强应对公路交通突发事件技术支撑体系研究，建立突发事件管理技术的开发体系和储备机制；制订研发计划，借鉴国际先进经验，重点加强智能化的应急指挥通信技术装备、辅助决策技术装备、特种应急抢险技术装备的研制工作；开展预警、分析、评估模型研究，提高防范和处置重大公路交通突发事件的决策水平。

7.3　现场指挥与调度

突发事件应急现场指挥与调度系统是一套在应急响应过程中指挥、控制、协调与整合应急资源，进行现场管理的方式，其组织功能、结构都是为了更有效率地处置突发事件而设置的。

突发事件发生后，根据应急处置工作需要，由应急指挥中心总指挥指定相关人员成立现场应急指挥部，负责具体实施应急救援、应急保障、协同处置工作，并根据上级单位或政府及有关部门的指令，结合实际，迅速组织落实相应应急行动。现场指挥机构是在事件发生地成立的临时应急指挥机构，根据事件等级和类型，由相应的应急领导机构指定成立。

现场应急指挥部成立四个工作组，并行使相关职能。

(1)人员疏散组：主要由高速公路交警、路政、营运管理部门、收费站及所在地方政府、社会力量等人员组成，负责对事故影响区域的人员进行疏散。

(2)交通疏导组：由高速公路交警、路政、营运管理等部门组成，负责受影响路段的分流疏导等工作。

(3)后勤保障组：由综合事务部门、工会等组成，负责后勤保障工作。

(4)信息发布组：由党群工作部门负责对外信息发布等工作。

各级组织根据指令，执行处置预案，迅速组织人力、物力，动用各类资源对突发事件进行处置，同时及时预测、评估预案处置效果，并根据相应的效果，动态调整预案或下达临时性指令，以防止意想不到的突发连锁反应。

7.3.1　突发事件指挥调度系统的功能

突发事件应急现场指挥调度系统的功能主要是基于以下五项工作确定：

第一，指挥，即制定应急管理的目标和优先级别，对于要处理的突发事件负大部分责任。

第二，作业，即以实际的行动来完成应急管理计划。

第三，计划，即对所有的信息进行收集与评估，研究制定能够达到应急管理目标的行动计划。

第四，后勤，即为各项应急管理行动提供所需的应急资源和其他服务。

第五，财务，即为各项应急管理行动提供经费和财务分析，并监督各行动的花费。

在这五项组织功能中，指挥处于核心地位，其他四项工作都是为指挥服务的。

指挥调度系统在平时、警戒及战时状态都有各自的功能，但在战时的功能表现得极为突出，主要包括以下方面：

1）判定事件性质，确定应对方案

依据事件的表象特征，在最短的时间内，对其性质作出正确分析和判定；根据判定结果，在最短时间内，确定最优的应对方案并下达实施指令。

2）跟踪和评估

随时掌握事件发展最新信息，对事件发展进行实时跟踪，对预案的实施效果进行实时评估。

3）动态调整预案

根据跟踪评估与预测的情况，随时指挥调整应对措施。

4）对操作请求批复

要求各单位避免可能影响安全的操作，如必须操作，应选择适当时间，并采取必要的防范措施。

（1）批复的原则：该操作必须在保证安全、及时、正确的前提下进行，对不确定的操作请求必须采取必要的防范措施。

（2）批复的方法：时间紧迫，可采取口头批复形式。重大决策可直接由第一决策人决定。

（3）批复的后处理：对批复的执行情况进行跟踪监督，并保存原资料，及时总结更新。

5）响应下级机构技术支援和资源调配的请求

对下级机构的资源请求及时响应、判断和回复，根据需要确定资源调配的方案并与相关单位协调促成，事后进行资源消耗评估和确定补偿方式。

6）组织协调

系统内相关组织协调工作由相应级别的指挥调度系统负责；系统外相关组织协调工作应符合国家有关规定，要求各单位避免可能影响安全的操作。

涉及系统外资源协调时，紧急状况下可由相应级别的指挥调度系统直接牵头，事后直接向上级单位汇报；各单位之间必须加强协调和配合力度。

7）组织事故调查

调查方法需科学、客观、真实。非常时期的调查要有紧迫性，时间是事故处理的重要影响因素。根据执行效果，修改和完善实施方案，将处理结果及相关数据录入数据库，作为实施方案执行效果评估的重要依据。

8）与内外部和舆论的沟通

健全信息渠道，建立汇报制度，让内部人员第一时间掌握事实真相；重视民众的知情权，及时有效地发布准确信息，引导民众，安定民心，避免因消息闭塞导致局面失控或造成无谓的恐慌；正视媒体和舆论，积极沟通交流，增强信息披露的透明度，发挥舆论的桥梁纽带作用，创造媒体公正接入的程序。

7.3.2　现场指挥系统人员结构

7.3.2.1　现场指挥官

现场指挥官是突发事件处理的领导者，在小规模的突发事件中，他可以一个人承担所有的职责。但在大规模的突发事件中，现场指挥官可以通过一般人员或指挥人员共同处理。对于现场指挥官的确认，如果突发事件只是与一个单位有关，由最先到达现场的资深应急管理人员或该辖区的主管担任；如果突发事件涉及多个单位，通常由法律或法规决定谁是指挥官。当突发事件范围较大且较复杂时，现场指挥官就需要更高的级别和资历，负责的单位有权指派另一个更能胜任的现场指挥官。

现场指挥官的基本责任是：建立指挥组织、指派各个部门的主要工作任务、担负起未被指派的任务、与外界建立良好的关系、维护工作人员的身体与心理健康、建立各项资源运用的优先级、与各个单位互动及接收并传达重要信息、确保各单位之间能够有效沟通、指导事故行动计划的拟定及执行、正确传达信息给各媒体、决定灾难救援行动的终止、协助灾后重建与调查。由于现场指挥官的责任重大，因此要求他接受过应急管理的专业培训、充分了解突发事件应急现场指挥系统的运作、熟悉当地的应急预案、参与过当地的应急演练、认识到自己的工作是管理与协调而不是上场作战，更不是行使咆哮发怒的权力。

现场指挥官可以有一个或多个副指挥官。现场指挥官可以任命指挥人员和一般人员。指挥人员负责整个组织的信息管理、安全和联络。一般人员是指其他四个组别的负责人。现场指挥官可以根据突发事件的局势和应对情况将权力下放给这些指挥人员。

7.3.2.2　指挥人员

根据突发事件的规模与情况，现场指挥官可以将自己负责的一些重要工作指派给专门的成员负责，他们通常被称为指挥人员。每项工作只有一个官员，没有副官，但可以根据需要设立一个或若干个助理人员。这些指挥人员是“新闻官”“安全官”和“联络官”。新闻官是“桥梁”，负责设立新闻发布中心，定期发布信息，把有关的信息传递给媒体，让媒体有效并且正确地将应急管理的活动传播给大众，协助媒体采访到正面的信息，避免新闻炒作，同时确保媒体记者的安全。安全官负责监控突发事件现场的安全状况，拟定预防与保护措施，确保所有参与应急管理人员的安全。联络官要担负起不同单位或区域人员的接洽、报到、联络和登记等相关工作，因为当突发事件涉及多个政府机关或多个行政区域时，相关单位或区域会派出人员代表其参与突发事件的处理。

7.3.2.3　一般人员

一般人员指的是作业组、计划组、后勤组与财务组的人员，每组的领导者称“组长”。在处理涉及多个部门的突发事件时，每个组除组长以外可以有一个或多个副组长，但是在每一个应急管理周期内只能任命一位组长。此外，每个组还可以根据需要，配备一定数量的普通工作人员，以执行组长或副组长的命令。总之，应急指挥系统的每个部门都可以根据需要进行扩大和细化。

(1)作业组。作业组负责所有突发事件应急管理预案的执行。组长的主要责任是执行并协调所有的应急管理行动、协助现场指挥官制定应对突发事件的行动计划、确保现场指挥官了解应对工作的进展和应急资源的使用状况等。作业组可以采取多种不同方式扩编,这主要取决于突发事件的种类、参与单位、处理的目标与策略等。在突发事件初期,作业组仅有少数成员参与事件的处理,当突发事件发展得越来越复杂且需要更多的资源投入时,就需要把作业组扩编,可以根据地理或功能设立分组,每一分组必须指定一个分组长,必要时可以在分组层级指派副分组长。

(2)计划组。计划组的任务主要是搜集、分析和处理突发事件的相关信息,拟定每一周期的应急管理行动计划,拟定突发事件结束后的解散计划,监控各项人力、物力资源的状况,对突发事件的应急管理作记录等。根据应对突发事件的需要,计划组下面也可以扩编为多个小组,如资源小组、位置小组、解散小组、文书小组和技术专家小组等。

(3)后勤组。后勤组负责处理突发事件时所需要的各种支持,包括物资、设备、食物和通信等。当然,如果需要的话,后勤组可以根据需要扩编为六个小组,如供给小组、地面支援小组、设备小组、食物小组、通信小组和医疗小组等。

(4)财务组。财务组的主要任务是管理突发事件的财务工作,包括采购、赔偿和成本核算等,并保存所有与突发事件有关的支出账目。根据需要,财务组可以扩编为四个小组,如赔偿小组、支付小组、采购小组和计时小组等。

7.3.3 突发事件应急资源调度

7.3.3.1 应急资源调度的特征

突发事件可分为常规突发事件和非常规突发事件。高速公路路域水环境突发事件属于非常规突发事件,非常规突发事件应急资源调度的特征有:

1)需求突发性

"突发性"是非常规突发事件最显著的特征。由于非常规突发事件发生概率很低,甚至不发生,国家储备的应急物资不可能完全保障非常规突发事件发生时的需要,一旦发生,就会出现相对短缺现象。因此,应对需求突发性是应急管理的重点。

2)需求不确定性

非常规突发事件发生时,会导致灾害点的受灾程度、居民自救情况等问题的准确信息较少。同时,非常规突发事件情景处于不断变化与演变之中,用常规性方法对应急物资配置调度难以满足实际需要。

3)需求时效性

非常规突发事件本身的紧迫性特点要求应急物资需求必须能在最短的时间内得到满足。非常规突发事件造成损失的大小与应急物资能不能及时满足存在一定的相关性,错过应急物资救援最佳时机将会对救援工作造成更大的困难。

4)需求阶段性

随着时间的推移,非常规突发事件的情景处于不断演变之中,需求种类和需求级别也不同。

5)需求法律性与强制性

应急事件管理是一种特殊类型的社会公益性救助活动。紧急状态下,为了应对非常规突发事件,国家和各级政府调配应急救援物资需求具有一定的法律性和强制性,任何人不能挪为他用或者干扰。

7.3.3.2 应急物资需求分类

当非常规突发事件发生后,会对事故发生区域造成严重破坏,这样会形成一些灾害点,各个灾害点就会产生大量的应急物资需求,而储备的应急物资不可能完全保障非常规突发事件发生时对应急物资的需要。因此,要想合理地对区域应急物资进行配置与调度,决策者要根据受灾地区的灾害特点和灾害程度,确定应急物资需求种类、需求级别和数量。一般来说,在非常规突发事件发生后,需求级别高的物资尽量优先保证,需求级别低的物资次之。

根据使用紧急情况来分,应急物资需求可以分为一般级、严重级和紧急级三类。

(1)一般级应急物资:一般级应急物资指在救灾过程中有利于救助、减少灾害损失的一些必需应急物资,如建筑材料、工程设备和农用装载机等物资。

(2)严重级应急物资:严重级应急物资指对减轻灾害损失,缩小灾情范围,对应急救灾工作能够发挥重要作用的物资,如救援运载、防寒保暖等物资。

(3)紧急级应急物资:紧急级应急物资指对挽救人民生命财产损失、稳定局势以及消除灾害的持续发生等起关键性作用的必需物资,如生命救助、生命支持等物资。

7.3.3.3 应急物资调度准备阶段

1)成立应急物资调度指挥中心

大规模突发事件发生后,应立即成立应急物资调度指挥中心,负责物资调度全过程的指挥决策,如物资需求预测、物资筹措决策、物资存放中心的选址、应急物资的发放等。

2)应急物资需求预测

在大规模突发事件发生初期,应急物资调度指挥中心根据突发事件的类别、级别、影响范围,并结合应急预案,对所需应急物资的需求数量、种类作初步的分析;在中后期,物资调度指挥中心应根据应急需求点、物资供应点、物资存放中心的物资信息反馈以及筹措情况作出综合决策。

3)应急物资的筹措

应急物资调度指挥中心在物资需求预测的基础上,通过应急物资信息系统查询应急物资的储备、分布、品种、规格等具体情况,确定应急物资筹措的方式、数量、种类以及应急供应点的数量、分布,物资供应量,物资品种等。

7.3.3.4 应急物资调度的实施阶段

根据所需要的应急物资,可将应急调度分为两个阶段:

1)从应急物资供应点到存放中心的调度

在应急的不同阶段,从物资供应点到存放中心的调度方式是不同的。在应急初期,应采用供应推动方式,将筹集到的应急物资全部调往物资存放中心,而到了中、后期,应根据各需求点在一定时间内的具体需求信息采用需求拉动的方式,有针对性地供应物资。因此,要恰当选择参与应急的供应点以及各供应点的供应量。

2)从应急物资存放中心到应急需求点的调度

在应急初期,采用供应推动方式,考虑各需求点的满意度,将应急物资存放中心的应急物资调往各应急需求点;在应急中、后期,则根据各需求点的物资需求量、种类、需求时间将应急物资存放中心的应急物资调往各应急需求点。

7.3.3.5 应急物资调度的评估阶段

应急结束后，还须对应急物资调度指挥中心在物资调度准备阶段、调度实施阶段的指挥决策绩效和协调能力进行评估，以总结经验、吸取教训。评估时应采用正确的评估方法、建立恰当的应急物资调度评估指标体系。大规模突发事件应急物资调度全过程的高效运行，需要法律、非常规通道、一体化指挥、物资供应、信息等多方面的支撑和保障，因此，要协调好它们之间的关系。

突发事件现场指挥与应急救援案例：2005 年京沪高速公路淮安段“3·29”特大液氯槽车泄漏事故

（一）事故经过

2005 年 3 月 29 日晚 6 点 50 分，京沪高速公路淮安段上行线 103km + 300m 处发生一起交通事故，一辆载有约 35t 液氯的山东槽罐车鲁 H×××××与山东货车鲁 Q×××××相撞，导致槽罐车液氯大量泄漏。两车相撞后，由于肇事的槽罐车驾驶员逃逸，货车驾驶员死亡，延误了最佳抢救救援时机，造成了公路旁 3 个乡镇村民的重大伤亡。共造成 29 人死亡，436 名村民和抢救人员中毒住院治疗，门诊留置人员 1560 人。另有 10500 多名村民被迫疏散转移，大量家畜（家禽）、农作物死亡和损失。造成直接经济损失 1700 余万元。京沪高速公路宿迁至宝应段（约 110km）关闭 20 小时。

（二）现场指挥和应急救援

事故发生后，江苏省委、省政府高度重视，要求全力做好事故抢险救援和中毒人员救治工作。副省长迅速赶赴现场指挥救援，省政府副秘书长和省公安厅、安监局、省交通控股公司及省消防总队的负责同志连夜赶到现场开展救援工作，组织疏散群众。30 日下午，省委书记和省长赶赴事故现场，指导抢险工作。

1）紧急成立指挥部

江苏省省政府成立了“3·29”事故应急处理指挥部，副省长任指挥长，省有关部门和淮安市市政府负责同志参加，事故处置紧张进行。指挥部下设五个工作组：

（1）危险源处置组。由省安监局局长任组长，淮安市、省消防总队政委、省交通控股公司总经理任副组长，在专家组的指导下具体负责将翻落高速公路上的液氯槽罐尽快拖离路面，采取措施，消除危险源。

（2）受灾地区清查组。由淮安市市长任组长，省公安厅副厅长、省环保厅副厅长、省消防总队政委和省安监局局长任副组长，具体负责清查因液氯泄漏而受灾的群众情况，统计详细受灾人数，妥善安置受灾群众，加强受灾区安全警戒，并及早研究死亡人员和受灾群众的赔偿等工作。

（3）医疗救治组。由淮安市副市长任组长，省卫生厅副厅长，淮安市卫生局局长任副组长，具体负责液氯中毒人员的医疗救治工作。

（4）交通疏导组。由省公安厅交管局局长牵头负责，全力做好因事故封闭京沪高速后的交通疏导工作，积极缓解交通堵塞压力。

（5）综合组。由省政府副秘书长牵头负责，省委宣传部、省政府办公厅和淮安市委、市政府有关同志参加。做好事故材料报送、新闻宣传等工作，并要求具体抓好以下几项工作：

①认真做好疏散群众的安置工作,淮安市市政府要全面负责,省有关部门积极配合,调动县区、乡镇和村组各级领导干部,疏散安置群众,在确保安全的前提下继续搜寻受灾群众;②抓紧处置液氯槽罐,消除危险源,为尽快开通高速公路创造条件;③全力做好医疗救治工作,不惜一切代价,抢救受伤人员;④稳妥做好事故宣传报道工作。

2)救援和疏散群众

事发当晚9时30分,淮安市环保局"12369"热线突然接到市政府事故通报。正在值班的市环境监察支队立即将情况向市环保局局长、支队长汇报,很快,淮安市环保局启动了污染事故应急系统,调集监察、检测人员以最快的速度,在第一时间赶往30km外的事故现场。此时,泄漏的大量黄绿色氯气正不断随风扩散。在现场污染程度不明的情况下,淮安市市政府紧急将周围3个乡镇的近万名群众疏散到1km以外的区域,受伤群众已全部送至医院救治,疏散的近万名群众得到妥善安置。

京沪高速公路液氯泄漏事件的处置对于路域水环境突发事件处理具有借鉴意义。高速公路事故的应急救援是一项复杂的系统工程,按照应急预案进行相应的应急救援行动十分重要。

7.4　突发事件信息报告

突发事件信息,就是指与突发事件有关的一切信息。突发事件信息包括两个基本方面的内容:一是指关于突发事件本身的信息,如突发事件的类型、起始时间、严重程度、所造成的危害等;二是指处理突发事件的信息,即在处理突发事件过程中形成的信息,包括各种紧急决策信息、社会动员信息、资源调配信息等。突发事件信息具有价值性、时效性、载体依附性、共享性等特点。

7.4.1　信息报告的特点

1)时效性

要力争第一时间获取有效信息,确保信息报告"快、准、精",为有效预防和处置突发事件赢得宝贵时间。"快"即及时快捷:一是规定报送时限,二是规定报送格式,三是建立倒查追究制度。"准"即表达准确:一是规范报送内容求准,二是迅速组织核查求准,三是提高处理能力求准。"精"即重点突出:一是加强信息研判,二是加强文字表达,三是加强总结分析。

2)准确性

在突发事件应急处置中,信息报告中的每一个字、每一句话、每一个数字,一旦出现差错,都会影响应急领导小组的正确决策,对应急处置造成不可估量的损失。信息报告的准确性包括以下两点:

(1)要素齐全。在组织报送各类突发事件信息时,必须包括事件发生时间、地点、伤亡和损失、危害情况、事发点周边居民分布、原因初步分析、已经采取的应对措施、进展情况以及事件发展预测,明确标注信息编号、签发人、联系人、联系电话等要素。

(2)内容准确。突发事件信息报告要坚持实事求是原则,在信息采写中必须对人、事、物进行准确描述,不能以点代面或避重就轻,更不能有半点虚假或夸张,必须做到准确无误地收集、整理信息。

3)敏感性

发生在人口密集区,沿江、河、湖周边及水源地等敏感地区,以及国家重大活动、节假日期间等敏感时间的突发事件,以及可能演化为重大社会公共事件或新闻媒体追踪报道事件,要求各单位实行信息报告升级管理,务必在第一时间向有关办公室报告。

7.4.2 信息的收集整理

收集是突发事件信息管理的实际起点,是有效防范和应对各种突发事件的前提与基础。信息处理能力在应急管理中也至关重要,信息员要对收集来的突发事件信息进行整理、加工、分析,使之有序化、系统化,为信息的传递做好准备。建立突发事件信息整理机制的目的就是要把杂乱无章的信息变为系统有序的信息,为应急决策服务。

1)建立突发事件信息库

各级政府要建立好各种突发事件信息库,加强各种突发事件信息及各种相关信息的收集工作。在突发事件预防阶段,不仅要对国内外形势、国内外媒体视点、学者建议等进行收集,而且要定期召开有关信息的收集、分析、协调会议。同时,在发生重大突发事件时,各部门之间信息要相互传递,并根据需要从民间的公共机构收集相关信息。具体而言,需要对已爆发的突发事件进行全方位的信息收集,掌握突发事件具体的地点、危害程度、扩散状况、所需资源、应对措施等,以满足应急阶段对信息的需求。

2)建设各级突发事件信息系统

在建设政府突发事件管理基本信息库的基础上,应构建各级国家突发事件信息系统,加强人防、卫生、公安、交通等相关职能部门的信息系统之间的整合,保证突发事件信息被全面、准确并及时地集中起来,确保突发事件信息传递畅通无阻,实现突发事件信息共享。

3)突发事件信息的识别

根据监测收集到的突发事件信息,在比较分析的基础上,判断突发事件信息的实际存在状态,具体确定和描述已经出现的突发事件信息,为开展突发事件信息诊断做好认识上的充分准备。

4)突发事件信息的诊断

根据事件信息识别的结果,利用与事件信息相关的各种信息,对已被识别的事件信息进行基本成因分析和发展趋势预测,为事件信息的评价提供依据。对突发事件信息的诊断,一方面要深入分析事件产生的原因,尽量从多方面找原因和根源,以便使应急预防与预警工作真正落到实处;另一方面,要合理预测事件的发展趋势,事件发展趋势是建立在准确的事件成因分析基础上的,这就要求分析事件信息产生的原因必须深入、具体、客观;另外,事件的成因和过程都是十分复杂的,要运用科学的方法,以保证预测结论符合实际。

7.4.3 信息报告与通知

做好前期信息的收集与整理工作之后,接下来的工作就是信息通知。高速公路路域水环境突发事件属于非常规性的突发事件,事故发生后信息报告是否及时、准确、有效,已成为业内公认的足以影响应急处置全局的重要因素之一。对于某一具体公司运营的高速公路,以危险化学品泄漏为例，根据《突发环境事件应急管理办法》规定的“合适性原则”和“适宜性原则”，按照危险化学品泄漏应急预案的要求和水环境突发事件应急决策支持系统生成的实时应急决策方案，开展应急救援工作。其中信息报告要求如下：

（1）可能或已经发生Ⅰ级危险化学品泄漏危害时，营运路段公司应及时上报省高应急指挥中心办公室，省高应急指挥中心办公室人员立即报告总指挥并通知有关应急指挥中心成员和职能部门，营运路段公司应同时向集团报告，并在1小时内将生产安全事故快报表上报集团。

（2）可能或已经发生Ⅱ级危险化学品泄漏影响时，现场人员应及时上报营运路段公司应急指挥中心办公室，营运路段公司应急指挥中心办公室人员立即报告总指挥并通知有关应急指挥中心成员和职能部门，同时向省高报告，并在1小时内将生产安全事故快报表上报省高应急指挥中心办公室。

危险化学品泄漏信息根据应急响应级别向省高应急指挥中心、地方政府及有关部门报告，通报救援机构，通知各应急指挥中心成员，并根据应急响应级别通过可变情报板或其他媒介发布交通信息应急处置情况。

7.4.4　突发事件信息评价

对已被确认的主要事件信息进行损失性评价，可以明确在这些事件信息冲击下会遭受什么打击，造成什么损失。事件信息评价主要有两个方面：①对现已被确认的事件信息正在造成的损失进行评价；②对现已被确认的事件信息在将来一定时期内可能造成的损失进行评估。对事件信息可能带来损失的评价结论是进行应急管理工作的决策依据。

第 8 章　高速公路路域水环境突发事件应急管理信息系统

8.1　管理信息系统概述

近几年来，随着计算机和信息技术的迅猛发展和普及应用，各行业应用系统的规模迅速扩大，行业应用所产生的信息数据呈爆炸性增长。“大数据”这一概念逐渐普及，当今“大数据”一词的重点其实已经不仅在于数据规模的定义，它更代表着信息技术发展进入了一个新的时代，代表着爆炸性的数据信息给传统的计算技术和信息技术带来的技术挑战与困难，代表着大数据处理所需的新的技术和方法，也代表着大数据分析和应用所带来的新发明、新服务和新的发展机遇。大数据时代的开启，计算机技术及信息技术的飞速发展及广泛应用，有力地推动了管理信息系统的发展。

8.1.1　管理信息系统的概念

从哲学意义上来看，信息是自然界、人类社会和人类思维活动中普遍存在的一切物质和事物的属性；从常识角度看，信息一般是指具有新内容、新知识的消息或情报及用语言、文字、图像等符号媒体所揭示的内容。信息是我们对数据的解释，或者说信息是数据的内在含义。

管理活动是管理者向管理对象施加影响和管理对象向管理者做出反应两个过程的统一，而整个活动是在一定环境中进行的。如果没有管理者、管理对象、管理环境和管理活动的相关信息，任何管理都无法进行，因此信息在管理过程中起着基础性作用。管理信息是反映各种组织管理活动并对管理产生影响的各种消息、情报、资料等，通过数字、文字和图表等形式来反映组织管理活动的现状，并通过它来沟通和协调各个管理环节之间的联系，以便实现对整个组织的有效控制和管理。

由于管理过程的实质是信息处理的过程，因此，为了实现管理的目的，履行管理的职能，就必须进行信息的收集、存储、传输、加工和输出，这就要求建立一个实现辅助管理者的事务处理和管理职能的信息系统。

信息系统是一个人造系统，它由人、硬件、软件和信息资源组成，目的是及时、正确地收集、加工、存储、传递和提供信息，对组织中各项活动进行管理、调节和控制。从广义上讲，信息系统就是输入数据，经过对数据加工处理后输出各种信息的系统。它的主要功能是对信息进行收集、处理、存储、传递和检索。现代社会是一个信息社会，现代人的生存不仅依赖于实物系统，更离不开由诸多信息要素构成的信息系统。信息系统在管理中有着十分重要的作用，在管理活动中经常要不断收集、存储和处理信息。因此，建立管理信息系统，是为科学的决策和行之有效的管理服务。

管理信息系统也是一种信息系统，用于管理与企事业相关的各种事件和对象的信息，并将这种信息提供给企事业内外的系统用户。管理信息系统是一个由人、计算机组成的，能进行管理信息的收集、传递、存储、处理和维护的信息系统。它的本质就是使用信息处理的工具技术，自动地加工和处理信息，实现决策的科学化，达到加强管理的目的。它能实测组织的运行情况，利用过去的数据预测未来；从全局出发进行辅助决策；利用信息控制组织的行为，帮助组织实现长远规划的目标。简言之，管理信息系统是一个以计算机为工具，具有数据处理、预测、控制和辅助决策功能的信息系统。

8.1.2　管理信息系统的基本功能

管理信息系统除具备信息系统对信息进行采集、处理、存储、管理、检索和传递等基本功能外，还具备其特有的计划、控制、预测和辅助决策功能。

(1)计划功能：根据现存条件和约束条件，提供各职能部门的计划。如生产计划、财务计划、采购计划等，并按照不同的管理层次提供相应的计划报告。管理信息系统的计划功能包括计划的试算、计划数据的存取、计划的预测和优化。

(2)控制功能：根据各职能部门提供的数据，对计划执行情况进行监督、检查、比较执行与计划的差异、分析差异及产生差异的原因，同时进行辅助人员管理并及时加以控制。

(3)预测功能：运用现代数学方法、统计方法或模拟方法，根据现有数据预测未来，支持决策者作出正确的决策。这些预测方法的计算量相当大，如果没有管理信息系统的支持是无法完成的。

(4)辅助决策功能：采用相应的数学模型，从大量数据中推导出有关问题的最优解和满意解，辅助决策者进行决策。以期合理利用资源，获取较大的社会经济效益。

8.1.3　管理信息系统的特点

管理信息系统具有以下主要特点。

(1)面向管理支持决策：管理信息系统是继管理学的思想方法、管理与决策的行为理论之后的一个重要发展，是通过量化方法、预测、计划优化支持管理、调节和控制，为管理决策服务的信息系统。它必须能根据管理的需要，及时提供需要的信息，帮助决策者作出决策。

(2)综合性、交叉性和边缘性。管理信息系统是一个对组织进行全面管理的综合系统。综合性体现在一个组织在建设管理信息系统时，可根据需要逐步应用个别领域的子系统，然后进行综合，最终达到应用管理信息系统进行综合管理的目标。管理信息系统综合的意义在于产生更高层次的管理信息，为管理决策服务。交叉性和边缘性体现在三个方面：多学科交叉，多种人才结合，软件和硬件的集成。

(3)人机系统：尽管机器占了大部分，但人始终是管理系统建设的主体，它涉及多方面的人员群体。所以管理信息系统也是一个人机结合的系统。各级管理人员既是系统的使用者，又是系统的组成部分，因此，在其开发过程中，要根据这一特点，正确界定人和计算机在系统中的地位及作用，充分发挥人和计算机各自的长处，使系统的整体性能达到最优。

(4)应用数据库技术与计算机网络。全面地收集、组织管理活动的有关数据，建立数据库，并由数据库管理系统对数据进行管理和控制，实现系统数据共享。计算机网络的应用，使联机实时处理和资源共享成为可能。在管理信息系统中广泛应用计算机局域网络和远程网络,提高了管理信息系统处理信息和辅助决策的能力,使一些大型系统克服了地域的限制。

(5)采用决策模型解决结构化的决策问题。在管理信息系统中普遍使用了决策模型,但这些决策模型主要用于解决结构化的决策问题,即可以利用一定的规则和公式来解决例行的和反复进行的决策,如线性规划求解生产资源最优配置等问题。

8.1.4 管理信息系统研究与发展

管理信息系统的概念最早起源于20世纪30年代,柏德在描述决策与管理的关系时候就提到了管理信息系统的概念。到了20世纪50年代,盖尔提出了管理依赖于信息和决策的概念。

“管理信息系统”一词最早出现在1970年,由瓦尔特给它下了一个定义:“以书面或口头的形式,在适合的时间向经理、职员及外界人员提供过去的、现在的、预测未来的有关企业内部及其环境的信息,以帮助他们进行决策。”很明显,这个定义是出自管理的,而不是出自计算机的。1985年,管理信息系统创始人、著名教授高登才给“管理信息系统”一个较完整的定义:“它是一个利用计算机硬件和软件,手工作业,分析、计划、控制和决策模型,以及数据库的用户——机器系统。它能提供信息,支持企业或组织的运行、管理和决策功能。”此定义说明了管理信息系统的目标、功能和组成,而且反映了管理信息系统当时已达到的水平。而劳顿则认为,管理信息系统是一个基于计算机的信息系统,它通过收集、处理、存储和传递信息,来支持组织的管理、决策、合作、控制、分析活动,并使之可视化。从定义中可以看出,管理信息系统不只是一个技术系统,而且是一个包括人在内的人机系统。

管理信息系统从20世纪50年代中期计算机用于管理领域以来,经历了从简单到复杂,从单机到网络,从功能单一到功能集成,从传统到现代的演化。根据管理信息系统发展的时序和特点,可将管理信息系统的发展历程大致分为电子数据处理系统、管理信息系统、决策支持系统三个阶段。

1)面向业务的电子数据处理系统

1954年,美国的通用电气公司安装了第一台电子计算机,主要用于商业数据的处理。这一事件标志着最原始的电子数据处理系统的诞生。此时企业所运用的管理信息系统大部分是面向操作层的一些处理单项事务的系统,主要是利用计算机代替人工劳动,承担某一方面的数据处理任务,如核算工作、管理库存、编制报表等。电子数据处理系统较少涉及管理问题,它是管理信息系统发展的初级阶段。

2)面向管理的管理信息系统

20世纪70年代初,随着数据库技术、网络通信技术和科学管理方法的发展,计算机在管理上的应用日益广泛,从而使管理信息系统逐渐成熟起来。管理信息系统的特点:①能够将组织中大量的数据和信息高度集中起来,进行快速处理,统一使用。有一个中央数据库和计算机网络系统是管理信息系统的重要标志。管理信息系统的处理方式是在数据库和网络基础上的分布式处理。②利用定量化的科学管理方法,通过预测、计划优化、管理、调节和控制等手段来支持决策。管理信息系统由电子数据处理系统发展而来,与电子数据处理系统相比，管理信息系统更强调信息处理的系统性、综合性，除要求在事务处理上的高效率外，还强调对组织内部的各部门以及各部门之间的管理活动的支持。早期的管理信息系统是指面向中层管理控制的信息系统，主要应用于解决结构化问题。于是人们从20世纪70年代开始研究解决管理中的结构化决策与非结构化决策问题的决策支持系统。

3）面向决策的决策支持系统

决策支持系统以帮助高层次管理人员制定决策为目标，强调系统的灵活性、适应性。决策者和决策分析人员可以充分利用系统的引导，详细了解和分析其决策过程中的各主要因素及其影响，激发其思维创造力，从而在决策支持系统的帮助和引导下逐步深入地透视问题，最终有效地作出决策，即通过人机互助完成最终决策。

8.2 应急管理信息系统分析

应急管理信息系统是一个涵盖城市突发事件整个生命周期，包括实时监测、预测预警、应急决策、启动应急准备、应急处置指挥、恢复重建等一系列业务过程与技术手段，以期有效地预防和处理突发事件，减少损失，恢复社会稳定和公众对政府信任的动态信息系统。

应急管理信息系统是为了支持突发事件应急管理的全过程，通过应用先进的信息技术、通信技术和网络技术，融合科学的方法而建立的综合信息系统，具备业务处理、动态决策、应急指挥、综合协调与总结评价等功能，包括信息资源共享系统、应急业务处理系统、应急管理决策支持系统和应急指挥系统等。可以为城市应急管理提供辅助决策，实现大面积、跨专业和部门的各种资源的实时调度，使应急管理过程更加科学和可视化。

8.2.1 应急管理信息系统分析目标及任务

系统分析是应急管理信息系统开发过程中一个非常重要的环节。系统分析阶段的工作是在系统规划的基础上，对现行系统进行全面详细的调查，并分析系统的现状和存在的问题，真正弄清楚所开发的新系统必须要“做什么”，提出新的管理信息系统的逻辑模型，为下一个阶段的系统设计工作提供依据。

系统分析是应用系统思想和方法，把复杂的对象分解成简单的组成部分，找出这些部分的基本属性和彼此间的关系，它是应急管理信息系统开发设计过程中工作量最大、设计部门和人员最多的一个阶段。系统分析的结果是系统设计和系统实现的基础，系统分析没有做好，整个系统的开发工作要取得成功是不可能的。系统分析阶段的工作质量决定后面的系统设计和系统实施能否顺利进行，关系到管理信息系统开发工作的成败。

系统分析阶段的目标，就是按系统规划所确定的某个开发项目范围内确定的系统开发目标和用户的信息需求，提出系统的逻辑方案。系统分析在整个系统开发过程中，是要解决“做什么”的问题，把要解决哪些问题、满足用户哪些具体的信息需求调查分析清楚，从逻辑上，或者说从信息处理的功能需求上提出系统的建设方案，即逻辑模型，为下一阶段进行物理方案提供依据。

系统分析是确定新系统逻辑设计方案的关键阶段，其基本任务是：从现行系统入手，调查系统的组织结构和各机构间的内在联系，分析组织的职能，详细了解每个业务过程和业务活动的工作流程及信息处理流程，理解用户对信息系统的需求，包括对系统功能、性能方面的需求，对硬件配置、开发周期、开发方式等方面的意向及打算。在详细调查的基础上，系统分析人员运用各种系统的开发理论、开发方法和开发技术，确定系统应具有的逻辑功能，经过与用户反复讨论、分析和修改后产生一个用户比较满意的总体设计，再用一系列图表和文字表示出来，形成符合用户需求的系统逻辑模型，为系统设计阶段提供依据。

8.2.2 应急管理信息系统需求分析

系统需求分析是实事求是地了解并领会用户的客观需求。系统需求分析是信息系统开发的一个重要环节，它完成的好坏直接影响后续软件开发的质量。需求分析任务重，涉及面广，数据量大，关系复杂。因此，对需求分析工作进行科学组织和采取适当的方法是至关重要的。本节将主要对应急管理信息系统的用户需求、业务需求、功能需求以及运行环境等做系统的分析研究，明确系统的功能模块、框架结构以及运行流程。

1)用户需求

系统的运用首先需要验证身份，进入系统的每一个人都对应一个用户名，系统启动首先通过登录界面，输入登录用户名和密码后进入系统主界面。其次要设立授权机制，某个用户输入的信息可以授给其他用户只读和读写两种权限。系统对用户名按权限大小不同分成三类，第一类是系统管理员拥有的用户名，即决策者的用户名，进入主界面后，可操作系统的所有功能，访问系统开放的所有信息，没有任何限制；第二类是一般管理人员的用户名，除对系统数据库进行管理（如数据库数据信息的编辑、存储、更新和维护等）外，系统其他功能都可访问并操作；第三类是应急决策的参与人员的用户名，他所能访问的只能是浏览系统开放的部分信息，如风险源信息、事故案例、应急救援组织、应急救援设施分布情况等。新建用户要输入两次密码。用户修改密码时，首先要登录系统，否则此功能不能用。用户注销必须是用户已登录系统，否则不能用。

2)业务需求

高速公路路域水环境突发事件应急管理信息系统的主要功能是围绕着高速公路路域水环境应急管理工作各项业务展开的，是高速公路路域水环境应急管理体系的信息支撑。水环境突发事件应急管理工作可以分为两种业务：一是以日常工作为主的平时业务，平时业务是指日常的预防和应急准备工作，如应急培训、应急值守、应急科普宣教、应急预案管理与演练；二是水环境突发事件发生时的战时业务，战时业务是指水环境突发事件的事前监测预警、事中决策处理应对、事后恢复重建等，包括水环境突发事件发生时的预警信息发布、应急决策、指挥调度、恢复重建以及总结评估等。

3)功能需求

功能需求是指对要解决的问题进行详细的分析，弄清楚问题的要求，包括需要输入什么数据，要得到什么结果，最后应输出什么。大量的项目实践证明，一个成功的信息系统必须首先要满足使用者的需求，否则开发出的系统可用性将大大降低。因此，对于应急管理信息系统的功能需求分析十分必要。

在功能上，高速公路路域水环境突发事件应急管理信息系统要能够实现水环境突发事件信息的接收分析、应急指挥调度、决策方案生成、处置过程的跟踪反馈等功能。系统应该能够与上下级的系统实现互通互联,通过整合下级政府和省级有关部门系统,形成覆盖全省各地各部门的系统体系。根据应急预案的需要,建设确保指挥调度畅通的水环境应急指挥调度体系,同时,建立满足水环境应急管理工作需要的应急管理数据库系统。

通过需求概述和业务分析,高速公路路域水环境突发事件应急管理信息系统的主要功能应该有:基础信息处理、风险监测预警、应急决策、响应指挥、应急保障评估、模拟演练培训以及 GIS 地理信息展示。各功能具体描述在下文进行阐述。

4)运行环境

系统开发主要技术有:

(1)采用 B/S 模式,使用 NET 架构进行软件开发。

(2)利用高速公路车辆安装的 GPS 和遥感技术的车载监控设备,通过车载录像,无线传输实时图像到监控指挥中心。方便动态实时地获取高速公路水环境突发事件的现场资料及车辆的调度、监控。

(3)使用 GIS 地理信息系统方式进行 GIS 应用开发,分图层进行资源的空间展示,GIS 引擎使用 ArcGIS 4.0。

(4)采用 Microsoft SQL Server2005 或以上版本作为数据库管理,考虑兼容 Oracel 数据库;使用 Web Service 技术进行系统及模块之间的消息通信。

(5)采用 Silverlight 4.0 技术增强 GIS 地理信息系统与应急指挥页面展示效果。

系统软件编制完成后,根据软件开发规范,对应急决策支持系统软件进行内部测试,使其满足系统正常运行的条件,包括功能测试、性能测试、白盒测试、黑盒测试等。

在实现系统开发的部分功能模块的过程中,明确系统的运行条件。①功能性方面:软件按照系统需求实现满足信息共享、信息展示、信息沟通等业务管理要求,集成 GIS、无线通信设备,提供数字、空间、语音、视频相结合的应急指挥管理手段;不同用户具有相应的业务功能权限,系统支持用户和角色设置,支持功能授权。②安全保密性方面:对系统的安全性及数据保密性进行测试,系统对常见的攻击进行屏蔽,具有较好的安全性。③易用性方面:系统用户接口清晰美观,各元素分布合理,具有较好的易用性。④稳定性方面:对重要数据的输入进行了容错检查,操作中无系统异常退出情况,具有一定稳定性。⑤可维护性和可扩展方面:提供必要的设计开发过程文档,文档清晰易理解,方便用户对系统进行维护。同时,在系统设计上预留接口,方便系统的升级与业务的扩展。

8.3 应急管理信息系统总体构建

8.3.1 系统设计目标及原则

应急管理信息系统总体目标是,面对突发事件,能够为决策者和参与指挥的业务人员和专家提供各种通信和信息服务,提供决策依据和分析手段,提供指挥命令实施部署和监督方法,能及时、有效地调集各种资源,实施突发事件应急处置工作,减轻突发事件对社会安稳、居民健康和生命安全造成的威胁,用最有效的控制手段和小的资源投入,将损失控制在最小范围内。

根据高速公路路域水环境应急管理以及高速公路危险货物运输安全监管的需要，结合GIS技术，在现有监管设施设备基础上，采用分步实施的方式，开发和建设较为完善的高速公路路域水环境安全监管与突发事件应急管理信息系统，系统设计目标如下：

1）涵盖应急管理的全过程

应急管理包括安全检测、事故预警、应急响应、应急处置、应急保障、应急决策、事后评估、演练培训等，良好的应急管理系统不但要求决策快速准确、处置有力，还要求能及时发现事故和险情。

2）优化应急管理工作流程

根据工作需要，对于应急管理工作流程进行合理的优化，使应急管理信息系统和安全监管与应急管理业务紧密结合，提高应急管理工作的效率和水平。

3）整合应急资源

建立较为全面的高速公路路域水环境突发事件应急管理信息系统模型框架，能够实现多种技术标准的信息共享，对应急资源进行系统的整合，避免重复建设，最终实现不同部门以及不同地区之间的信息共享。

8.3.2 系统设计原则

鉴于高速公路路域水环境突发事件应急管理的复杂性特征，结合一般系统设计的要求，高速公路路域水环境突发事件应急管理信息系统设计需要满足以下原则：

（1）先进性原则。系统采用先进的决策模型和计算方法，保证模型计算数据的准确性，实现数据库管理及相关监控数据处理自动化，高效、准确地完成信息数据的收集、汇总以及各种统计图表的展示；使用主流的信息技术以保证系统顺利实现预期目标。设计的系统要有优越性价比，硬件选型既要体现当前最新技术，又要方便系统更新，系统软件既要适应当前计算机技术发展新潮流，又要考虑到系统维护的方便性。

（2）安全性原则。系统设计满足系统管理员或管理部门对用户进行权限配置的要求，不同人员权限不同，具有审计功能，可随时查询各使用人员的操作日志，达到系统使用范围可控、普通权限用户无法修改信息库内容的目的。

（3）易用性原则。系统建设要提供简洁易用的工作界面，操作简单实用，符合一般用户的使用习惯，能够自动生成相应的分析图、工作报告，且生成的各种图谱、数据列表能被用户导出。

（4）稳定性原则。系统运行稳定，能够满足多人同时在线使用，能够实现与内部其他信息系统的稳定有效的互联互通。系统软硬件在运行中不发生或极少发生故障，在偶然事故及操作失误时，系统应具有较强自恢复能力，而不应造成系统锁死或信息丢失和破坏。

（5）可扩展性原则。系统具有良好扩展性，在系统设计上预留接口，方便系统的升级与业务的扩展。

（6）满足工程信息化需求。应急管理信息系统作为高速公路工程建设信息一体化平台的组成部分，为高速公路路域水环境突发事件应急决策提供信息化支持，提供大部分用户所需要的基本信息化管理功能和基本需求。

8.3.3 系统分层结构设计

采用SOA(面向服务的体系结构)设计思想,将高速公路路域水环境突发事件应急管理信息系统分为硬件支持层、数据层、支撑层、应用层以及人机交互层五个层次,如图8-1所示,涉及应急管理信息系统运行过程中的各个环节。

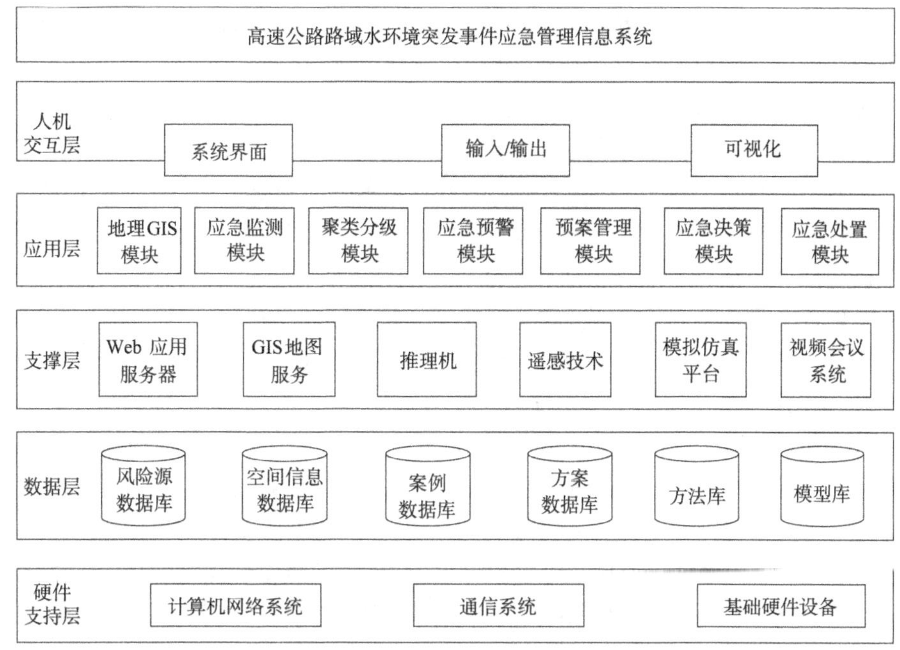

图8-1 高速公路路域水环境突发事件应急管理信息系统分层结构

1)人机交互层

人机交互是管理信息系统必不可少的部分,是人与系统相互交流的载体,是实现应急管理各参与方人员信息共享的主要入口,是管理者与决策者获取各类应急管理及应急决策所需信息数据的人机交互界面。一方面管理决策者了解水环境突发事件后,根据已获取的事件信息和处理经验向系统输入先验数据并提出组织以及决策要求;另一方面,系统向管理决策者提供视图界面和菜单驱动,根据所提供信息为管理决策者推理出应急方案和各种辅助方案事实的管理信息。其主要作用有:

(1)决策者可根据个人喜好在多种形式的交互方式中选择一种,根据系统设置的权限通过计算机网页、客户端系统、手机登录软件等渠道进入系统。

(2)系统可按照决策者输入的主观要求及客观数据参数,输出适用于当前突发事件且满足决策者意向的应急方案。

(3)对系统分析输出结果实现可视化,采用的输出现实方式有虚拟场景、视频、动画、图形和文本。

2)应用层

应用层是系统核心层,主要实现本研究所提出的监测预警与方案生成以及应急处置功能。主要包括地理GIS模块、应急监测模块、聚类分级模块、应急预警模块、预案管理模块、应急决策和应急处置模块。应用层在运行过程中按照应急管理功能实现流程，根据监测与GIS空间分析的信息数据，以及全面调用空间信息库、模型库、方法库、案例库、方案库中的相关信息，最终通过应急决策及预案管理生成应急方案并且对当前事故实施应急方案进行应急处置。

3）支撑层

支撑层通过运用各种现代化技术实现系统监测、预警、决策以及处置功能，主要是为实现应用层各个模块的功能提供相应辅助决策管理的技术和服务，以确保整个系统智能管理总目标顺利实现，包括Web应用、GIS地图定位服务、遥感技术、推理机、模拟仿真和视频会议系统。根据应急管理流程，构建Web应用服务和GIS地图服务；GIS空间信息分析与定位技术和遥感技术是系统功能实现的重要数据支撑，满足对地貌与水文气象的观测、空间分析和信息数据处理的需求。模拟仿真利用存储在模型库中的数据文件，在虚拟环境中模拟事故扩展范围和应急方案实施效果，在本研究中可以用于水环境污染物迁移与致污机理分析。

4）数据层

数据层是整个管理信息系统核心部分，它的主要作用是为整个系统功能的实现提供数据支持。数据层提供了存储空间，统一管理系统内各类数据，涉及各类信息数据，如空间信息、属性信息等的收集、存储、维护、更新和共享。

5）硬件支持层

硬件支持层是系统的基础，运用信息传输工具实现应急信息共享，它主要由计算机网络系统、通信系统和基础硬件设备三个部分组成。利用计算机网络系统与通信系统保持用户界面和应急指挥中心服务器之间的通信联系，实现信息数据的交换与共享。基础硬件设备包括网络设备、主机系统和工作站及配套设备等基本硬件设备，还包括视频监控设备、大屏幕显示系统和安全监测系统配套设备等具有专项功能的硬件系统。

8.3.4 系统运行流程设计

高速公路路域水环境突发事件应急管理信息系统是先进信息技术（GIS地理信息系统、GPS定位、RS遥感系统）和应急信息资源的结合。根据水环境突发事件应急管理的需求，结合当前国内外水污染事故的应急管理和处置经验，总结得到高速公路路域水环境突发事件应急管理信息系统的总体运行流程，如图8-2所示。

此系统流程中包含多个子系统，这些子系统连同一些必要的辅助技术手段，共同构成水环境突发事件应急管理信息系统。各子系统通过应急管理综合信息平台协同工作，为指挥中心、业务专家与工作人员提供相应的服务。

应急管理综合信息平台是整个应急系统的枢纽，负责完成各个子系统的功能整合以及日常业务、系统管理等工作；系统数据库的日常信息来自外部的GIS地理信息系统的空间分析以及应急监测系统的监控预测；应急聚类分级系统科学、合理地划分水环境突发事件级别，为应急管理部门迅速、科学地配备人员、装备和器材提供了依据，为编制应急预案奠定了基础，并作为应急预警的依据，是应急处理流程的第一步；应急预测预警系统基于聚类分级结果完成水环境突发事件的预测和接警工作；应急预案管理系统根据各类信息数据形成，并为决策支持提供草案；应急决策支持系统负责对突发环境事件的相关信息（尤其是监测预警信息）进行深入分析，帮助指挥中心、管理工作人员进行态势评估，并结合历史事件处理的实际情况给出突发事件处理的参考意见,本子系统为具体指挥调度提供决策参考和信息支持;应急指挥调度系统负责突发环境事件处理过程中的指挥调度工作,落实具体的决策,是应急系统的核心;现场应急处置系统通过应急管理综合信息平台,获取指挥调度系统的指令,在事件发生现场采取措施并向系统数据库和应急管理综合信息平台反馈信息,与前述步骤形成循环;应急评估系统负责在突发事件终止后对事件处理过程进行综合评估并根据污染破坏情况确定恢复方案,本系统是应急事件处理的最后一步,同时,其评估总结也将获得新的数据信息,丰富系统数据库的内容。

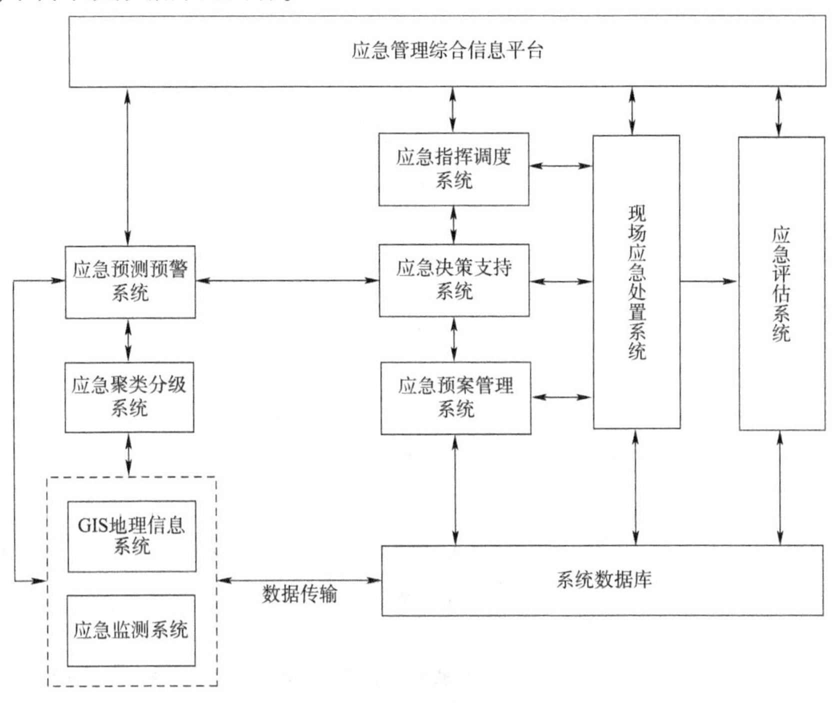

图 8-2 高速公路路域水环境突发事件应急管理信息系统总体流程

总的来说,水环境突发事件应急管理的各个子系统相互联系、互相配合并互相影响,共同构成了一个循环网络。然而,图 8-2 所示仅是水环境突发事件应急管理中一些关键环节关联特征的简单示意,具体的实现方案仍然需要大量的技术手段进行辅助。这些技术手段,一方面包括数据库系统、数据仓库和数据挖掘软件、报表软件、GIS、GPS、遥感、传感、通信、网络等数据采集、处理、管理、传送的技术;另一方面也涉及各类模型,尤其是水环境突发事件致污模型、污染物扩散和消除模型、聚类分级模型、人员疏散模型、方案推理模型等。

8.3.5 系统总体功能设计

根据《国家突发公共事件总体应急预案》(以下简称《预案》)的要求,高速公路路域水环境突发事件应急管理信息系统建设应该遵循“平战结合”的思想,将日常的业务管理和应急管理结合起来,即在平时运用相关的系统进行业务处理,一旦发生事故,在应急管理系统中能够快速地获得常态业务系统的数据库,提供水环境突发事件的详细信息,完成突发事件处理方案的制定以及事故的处置,以期将高速公路路域水环境突发事件所造成的损失降到最低限度。通过对高速公路路域水环境突发事件与应急决策现状分析以及《预案》要求,高速公路路域水环境突发事件应急管理信息系统功能结构如图 8-3 所示。

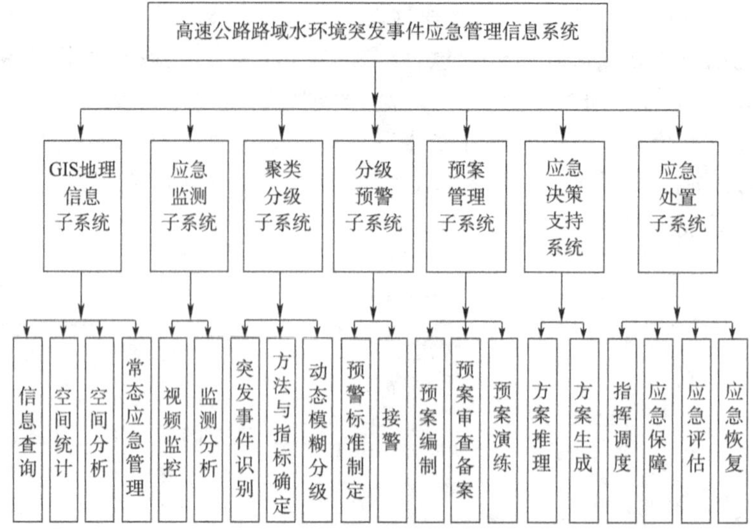

图 8-3　高速公路路域水环境突发事件应急管理信息系统功能结构

通过各子系统协作,辅助实现以下功能:

1)高速公路危险货物运输业务管理

高速公路建设及运输申报是日常监管的开始,它是高速公路建设管理与危险货物运输管理中信息采集的重要部分。通过申报能够及时了解到高速公路建设过程中所运的水污染危险品,或者运输过程中危险货物的名称,运输路线、路段等基础信息,并且能及时发现公路建设或者公路危险货物运输的早期险情,把事故消灭在萌芽状态。

2)高速公路车辆许可证和安全检查

高速公路运输许可证和安全检查是高速公路危险货物运输中车辆和公路建设监管的重要内容,也是高速公路危险货物运输以及公路建设险情隐患监测防控的手段之一。利用信息技术和计算机网络,汇集检查结果,及时作出风险评估分析,及时整改,消灭险情。

3)监控预警与接警

监控高速公路危险货物运输状态和环境状态,以及危险货物运输车辆运行状况,和高速公路建设过程中危险品的状态,及时作出险情和事故预警,并发布预警信息。同时,接收广泛的险情和事故报警。

4)聚类分级

对高速公路路域水环境突发事件级别进行科学、合理的划分,为应急管理部门迅速、科学地配备人员、装备和器材提供了依据,为编制应急预案奠定了基础。

5)应急预案管理

通过对信息的分析,预测事物的发展趋势,识别可能带来的威胁,并针对这些情况制定相应的预备性处置方案,同时根据具体的事态发展及时调整行动方案,以控制事态的发展,将可能发生的损失降至最低,维护整体利益和长远利益。

6)智能辅助应急决策

根据相关应急预案,结合应急组织体系和工作流程、应急物资、应急人员、事故状态等情况，对事故进行仿真分析，模拟事故的发展和变化，利用人工智能技术，在案例信息库的基础上，提供应急处置方案。

7）指挥调度

系统应该能够辅助应急指挥人员有效合理地调度应急队伍和应急物资等，并且能够及时将应急指挥的决策命令、事故发展态势和对事故的应急处置情况传递给相关人员，实现各单位协同合作、资源合理有序调度，提高事故的处置效率。

8）应急保障

建立应急物资信息库、应急人员信息库、应急设备信息库，并与其他部门和社会实现信息共享，实现各种应急资源的合理配置和调度，为应急处置工作提供有效的保障。

9）应急评估

针对高速公路水环境突发事件处置的各个环节进行评估，找出其中的不足之处，总结其中的成功之处，并形成详细的评估报告，为今后工作的改进和提高提供重要依据。

10）演练培训

汇集各种高速公路路域水环境突发事件的应急处置措施，建立完整的应急处置措施信息库，以供应急人员进行日常应急培训。对各类事故影响后果进行模拟仿真分析，在虚拟场景中分析事故发展趋势，提出对应的应急对策，对处置事故的各个环节和具体措施以及各个部门间的配合等进行模拟演练，从而提高应急预案的有效性和针对性。

8.3.6　系统数据库设计

1）空间信息数据库

突发事件的应急决策离不开对信息数据的综合分析处理，信息数据是决策的基础，信息数据的准确性、统一性、完整性决定决策的质量。空间信息数据库主要包含基础地理信息、现场实时数据信息、属性信息数据等，具体如表8-1所示。

空间信息内容　　表8-1

信息名称	信息内容说明
空间地理信息	空间分布与地理状况信息
危险货物运输信息	货物名称、路线，路段、车辆许可证、安全检查情况等
物资储备信息	救援人员数量、救援设备物资分布及数量等相关信息，救援人员所在单位、救援设备物资生产厂家等信息
人口数据信息	事故发生地点以及扩散的范围内的人口密度、组成等有关信息，社区分布、流动人口分布
监测设备分布数据信息	污染物浓度测量仪器、水位测量仪器、水体流速测量仪器、气候气象测量仪器等各类监测设备、仪器分布及属性信息
事故隐患点数据信息	各类事故隐患点分部信息
通信设备数据信息	基站、通信线路、应急通信网等通信设施相关信息
救援设备器材信息	防毒、防火、防腐蚀、防辐射等各类救援器材、设备分布、数量等信息
事故报告信息	事件发生的时间、地点、原因、等级等所有实时信息

续上表

信息名称	信息内容说明
现场视频信息	现场固定视频探头和移动卫星通信指挥车等采集的现场视频信息
气象监测信息	温度、风速、风向、降雨等监测信息
水情监测信息	水位、积水等水情监测信息
交通状况监测信息	道路交通状况监测信息
应急损失信息	事故导致的人、财、物损失信息

2)方法库

方法库主要负责编辑、录入、查询、存储、描述、获取以及更新在应对水环境突发事件过程中所运用到或者可能运用到的优化、评估、预测、统计、决策等相关数值或非数值方法,本系统采用方法如表8-2所示。

方法库构成 表8-2

类别	方法
优化方法	智能优化方法
	最短路径法
	动态规划法
	单纯形法
评估方法	层次分析法
	熵值法
	组合赋权法
预测方法	人工神经网络
	贝叶斯均衡算法
	指数平滑法
	移动平均法
统计方法	回归分析法
	聚类分析法
决策方法	判别分析法
	案例推理法
	情景检索法

3)模型库

模型库是应急决策支持系统中分析与解决问题的核心,通过人机交互系统将决策问题转化为具体的一系列决策任务后,将由模型库系统来完成这些任务,并将结果返回人机交互系统,提供给决策者。模型库还提供对模型的建立、调用、运行和更新等功能,与数据库能进行交互,实现模型所需数据的输入输出和过程结果的存取,并与方法库联结,实现方法的运用,用户通过人机交互系统对模型管理系统进行操作。模型库主要内容如表8-3所示。

模型库主要内容 表8-3

模型名称	内容说明
多属性群决策分析模型	多专家对多属性决策问题进行评价,将专家评价建议有机整合,最终给出单一评价结果
事故因果连锁模型	借助于多米诺骨牌描述事故的因果连锁关系,即事故的发生是一连串事件按一定顺序互为因果依次发生的结果
动态模糊分级模型	利用动态三角模糊数法和聚类分析法对事件进行模糊评判,确定事件分级
结构方程模型	采用潜变量和显变量构造度量模型和结构模型,并用线性回归的形式拟合潜变量之间的关系
线性规划模型	用线性规划方程及其约束条件进行问题求解
整数规划模型	用整数规划方程及其约束条件进行问题求解
资源调度模型	用于实现多阶段资源优化调度的方程表达式
污染物泄漏扩散模型	用于预测泄漏水污染物扩散的污染范围以及水环境中污染物的浓度
突发事件致因机理模型	根据风险源、突发事件、风险事故这三者之间的相互关系、作用力和污染物影响水质的作用途径分析事故致因因子
贝叶斯决策模型	根据新信息从先验概率得到后验概率的一种方法,用于求解不完全信息动态博弈问题
多目标运输模型	运输总费用最小、运输路程最短、运送时间最短、对环境破坏最小等多目标规划的运输问题求解
模糊决策分析模型	根据模糊决策分析原理求解定性与定量相结合的决策问题
数据处理模型	完成对数据库中数据的选择、投影、旋转、排序和统计等功能

8.4 应急管理信息系统模块设计

根据图8-3将应急管理信息系统划分为地理GIS、应急监测、分级预警、预案管理、应急决策支持、应急处置六个子系统。下文介绍各子系统功能。

8.4.1 地理GIS子系统

地理信息系统(Geographic Information System,GIS)是以地理空间信息数据为对象,对整个水环境突发事件所在空间的有关地理分布数据进行采集、存储、管理、运算、分析、查询、显示和描述的技术系统。它是一种利用计算机对空间信息进行查询、存储和处理的系统,通过GIS系统,结合GPS定位技术对高速公路路域水环境突发事件地点进行准确空间定位,并对水环境突发事件的污染源实行信息查询与空间分析,利用地图为决策者提供可视化分类显示。该系统还可以利用系统地理分析功能结合一般的数据库操作,对事故隐患和污染物扩散规律进行分析与预测,为决策者提供辅助决策支持。

GIS在高速公路路域水环境突发事件应急管理信息系统建设中扮演着“神经中枢”的角色。GIS具有采集、存储、管理各种空间数据的能力,可实现对高速公路路域水环境突发事件应急管理信息基础数据和专业数据的动态管理。GIS以研究和辅助决策为目的,可由计算机程序模拟各种分析方法,作用于空间数据,产生高层次的信息,可以快速、准确、综合地对高速公路路域水环境突发事件应急管理复杂的空间信息进行过程和动态分析,可将各种信息及分析结果,以多种形式输出。高速公路路域水环境突发事件应急管理信息系统基于GIS的综合信息平台,可以对高速公路路域水环境突发事件应急管理各类信息资源进行整合、统计、分析、整理,按照规定级别和层次实现资源共享,为后续的各种系统功能提供技术支持。高速公路路域水环境突发事件应急管理信息系统以GIS为信息技术平台,融合现代通信技术、全球定位/卫星导航(GPS /GNSS)技术,可以实现集语音、数据、图像为一体的城市公共安全应急管理信息网络和通信系统。

GIS在应急管理领域,主要用于以下方面:空间数据管理、显示;结合地图进行空间分析,如缓冲区分析、叠置分析、路径分析;进行统计分析,并将统计结果进行专题图制作、输出;利用Web GIS进行信息发布。

(1)空间定位:对事故发生地点实现快速定位,查询事故周边地理环境以及应急救援资源分布。

(2)信息查询:决策者可以进行单项查询、组合查询和模糊查询,查询内容包括气象、水文条件、地形地貌特征数据等;污染源种类、泄漏量;应急救援支援分布;应急救援最佳路线。

(3)空间统计:污染源基础信息数据或其他地形地貌、水文、气象等空间信息数据需要进行统计,一方面为空间分析提供数据支撑,另一方面为决策支持提供依据。

(4)空间分析:从污染物空间位置、联系等方面来研究污染物,对污染物作出定量的描述和分析,以达到获取、描述和认知污染源空间信息数据,理解和解释水环境突发事件地理图案的背景过程,污染物扩散过程的模拟和预测,调控突发事件地点应急救援设施的分布以及应急救援最佳路线等目的。

(5)数据录入:将当前污染源基础信息、事故发生时间信息、事故发生空间信息、应急设施分布信息、应急救援方案信息等数据入库。

(6)常态管理:平时状态下,没有预警和未发生突发事件,主要任务是应急处置方案实施完成后对实施效果进行评价,通过不断总结经验,逐步完善、补充应急方案具体处置措施,并存储在应急决策支持系统的信息库和案例库,待下次出现类似案例时,通过情景检索调用案例库的相似案例情景的方案处置措施。该模块实现的功能还包括重点风险源管理、突发事件管理、应急检查与演练培训、应急人员管理、应急文件管理等。

8.4.2 应急监测子系统

应急监测系统主要通过路政巡查、站点监控、路面监控等监控手段,一方面,实时监控路域水环境风险源及突发事件情况;另一方面,发生突发事件时,实时发现和查明水污染情况(污染物种类、污染范围和污染程度等),包括现场定点监测和动态监测,根据监测信息数据处理结果对水环境突发事件演化趋势进行分析预测。

(1)大气与水质监测:实现对大气、水质、风速和流速的实时监测,对监测数据进行处理,生成走势图或统计图标等。

(2)视频监测:实现移动设备在线定位,对突发事件多发区域和突发事件隐患区域动态实时监控、录像、视频传输和视频共享等功能。

(3)现场监测:对突发事件现场进行布点和水样采集,由现场监测人员快速对样本进行测定,并记录测定结果。

(4)监测分析:监测信息数据出来后,对信息数据进行分析处理,一般需要从时间、空间两个维度进行分析,结合污染物扩散特征和气象水文资料来推演突发事件影响范围和发展趋势。

8.4.3　分级预警子系统

实现从被动应战到主动预防的转变是当前高速公路水环境突发事件应急管理的核心思想之一,这要求做好高速公路水环境突发事件的分级预警工作,加强风险防范,提高应对水环境突发事件的能力和水平。分级预警系统应具有良好的水环境突发事件信息检测,获取、感知、风险识别评级和预警发布等技术作为支撑。分级预警实现了对风险源的实时、动态监控与风险分级报警或警告,有利于提高应急决策的快速性和应急处置的高效性。

分级预警子系统主要对一些高速公路上可能导致水环境突发事件发生的信号进行检测,根据检测获取的信息资料,通过信息分析、事态预测、风险识别评估等过程,判断可能发生的水环境突发事件,识别路域水环境突发事件风险源及风险事件,对发生水环境突发事件的可能性及其可能造成的影响进行分析,确定突发事件类型,形成风险源清单和突发事件清单。采用第4章提出的聚类分级方法,判别突发事件风险等级,将判别结果输送到案例匹配环节和报警系统,辅助案例匹配,并发出相应级别的预警信号。分级预警子系统运行流程如图8-4所示。

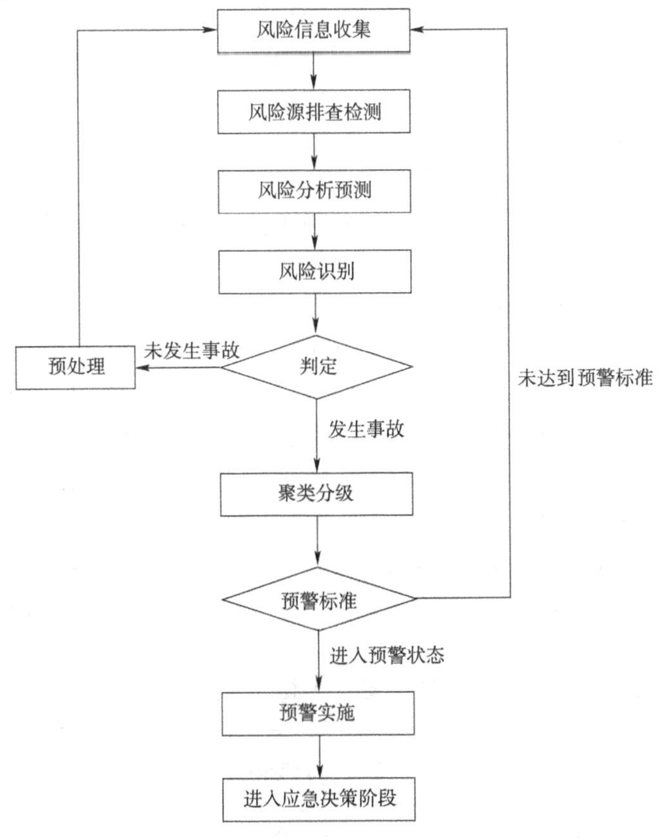

图8-4　分级预警子系统运行流程

水环境突发事件预警系统主要包括四个部分，分别是风险信息收集系统、风险分级系统、预警评价与推断系统以及报警系统。

1）风险信息收集系统

收集突发环境事件风险信息主要有三个途径：原因者报告、公众举报、环境监测机构的监测。因为举报人不可能都具有相关的专业知识及技能，也不可能都按照环境监测机构的专业信息程序进行报告，所以应该整合全社会的信息收集资源，建立以公安机关指挥中心和110报警服务台为主体的“公安平台”，以民政、环保、工商等政府部门为帮手的信息平台。其中，《国家突发环境事件应急预案》明确指出，环保部门负责环境污染事件、生物物种安全事件、辐射事件信息接收、报告、处理、统计分析；海洋部门负责海上石油勘探开发溢油事件信息接收、报告、处理、统计分析；交通部门负责海上船舶、港口污染事件信息报告、接收、处理、统计分析。

2）风险分级系统

通过风险信息收集系统提出的资料分析、现场调查、专家调查等方法识别风险源、风险事件。对识别出的风险源和风险事件进行归类、特征分析，形成相应清单。运用书中提出的动态三角模糊数法和聚类分析法建立评价模型，对案例库中的案例进行分类分级，将案例按级别存储，建立动态分级数据库，突发事件发生时，对突发事件分类分级，将分级结果输入，缩小检索范围，提高检索效率。

3）预警评价与推断系统

风险信息收集系统在捕捉到突发环境事件的相关信息后，应按照既定的程序，在限定的时间内进入预警评价与推断系统。《国家突发环境事件应急预案》规定，突发事件责任单位和责任人以及负有监管责任的单位发现突发环境事件后，应在1小时内向所在地县级以上人民政府报告，同时向上一级相关专业主管部门报告，并立即组织进行现场调查。紧急情况下，可以越级上报。负责确认环境事件的单位，在确认重大（Ⅱ级）环境事件后，1小时内报告省级相关专业主管部门，特别重大（Ⅰ级）环境事件立即报告国务院相关专业主管部门，并通报其他相关部门。地方各级人民政府应当在接到报告后1小时内向上一级人民政府报告。省级人民政府在接到报告后1小时内，向国务院及国务院有关部门报告。对重大（Ⅱ级）、特别重大（Ⅰ级）突发环境事件，有关部门应立即向国务院报告。

预警评价与推断系统的掌控权力应该由各级环境主管部门的应急领导小组行使，小组下设应急办公室、应急现场指挥组及环境安全专家咨询组。其中，应急办公室是应急领导组下属的常设机构，负责日常的由风险信息收集系统到预警评价与推断系统的报警工作；应急现场指挥组负责发生突发环境事件后的现场指挥处理工作；环境安全专家咨询组的主要职责是根据突发环境事件的各种指标，对突发环境事件的危害范围、发展趋势作出科学评估，并参与污染程度、危害范围、事件等级的判定，为污染区域警报设立与解除等重大防护措施的决策提供技术依据。

目前，突发环境事件风险指标经过预警评价得出的危险推断从低到高分为黄、橙、红三个风险等级；其严重性和紧急程度从低到高分为一般（Ⅳ级）、较重（Ⅲ级）、严重（Ⅱ级）和特别严重（Ⅰ级）四级预警，并依次用蓝色、黄色、橙色和红色表示。

4）报警系统

报警系统指各级环境保护部门下设的应急组，将已经发生或将要发生的突发环境事件的信息通过法定渠道告知公众、当地政府以及上级部门，以便政府提前采取相应措施。制定水环境突发事件预警标准，按照事件分类分级结果，将突发事件的预警分为四级：一般（Ⅳ级）、较重（Ⅲ级）、严重（Ⅱ级）和特别严重（Ⅰ级），并依次用蓝色、黄色、橙色和红色表示。蓝色预警由县级人民政府负责发布，黄色预警由市（地）级人民政府负责发布，橙色预警由省级人民政府负责发布，红色预警由事件发生地省级人民政府根据国务院授权发布。

8.4.4　预案管理子系统

应急预案管理子系统是通过对高速公路建设运营过程中可能遇到的各类对高速公路路域水环境可能带来影响的突发事件进行分析，预测其发展规律，为确保水环境不受污染，高速公路恢复正常运输秩序而制定一系列行动方案及管理过程。预案管理子系统为了减轻高速公路建设运营过程中的突发事件对路域水环境的影响，提高事件发生后的处置能力，有效恢复正常状态而规定了处置各类突发事件的工作原则、组织体系、现场指挥部门的职责、应急处置和救援流程以及各类保障制度。预案管理子系统主要包括应急预案编制、应急预案评审、应急预案培训演练、应急预案完善四个部分。应急预案管理子系统运行流程如图8-5所示。

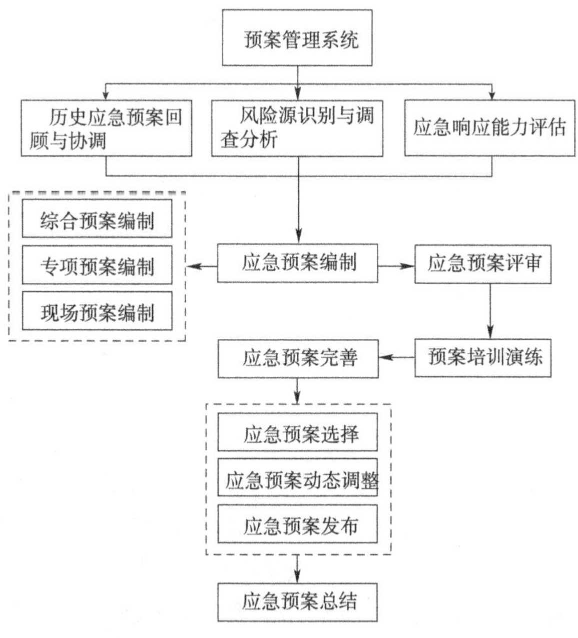

图8-5　预案管理子系统运行流程

1）应急预案编制

水环境突发事件应急预案编制是一项涉及面广、专业性强的工作。编制一个完整的水环境突发事件应急预案需要遵守统一领导、层次分明、分工负责、有针对性、动态可操作以及综合协调等原则。应急预案编制的前提是确定水环境突发事件的预警分级，按照预案面向对象的针对性，将应急预案分为综合预案、专项预案和现场预案三类。

2）应急预案评审

应急预案评审是在应急预案编制完成后，对预案成果进行评价和审查，指导应急预案修改完善。应急预案评审方法有定量评审和定性评审两种，定量评审的结果的准确性较高，但在实际操作中不方便；定性评审通过专家对应急预案编制的整体性、科学性、有效性、可操作性和针对性等方面进行评审评估。

3）应急预案培训演练

应急预案培训演练功能是利用地理空间技术，结合全景技术、监控设备、计算机技术对应急预案制定的特定救援过程进行模拟演练，结合GIS空间的分析能够有效地检验各类救援预案的合理性和有效性，可以针对预案的弊端及时修改，能够不断完善预案，并能在演练过程中应急人员的相关工作技能更加熟练，掌握应急事件发生时的处置流程；能够提高不同部门之间的协调合作能力，可以保证在实际中遇到类似的突发事件时能够快速、有效地采取应对措施，最终提高整体应急反应能力。

水环境突发事件应急管理信息系统根据培训对象和培训目的不同，将应急预案培训分为岗位培训、专业培训和高级研修培训三种形式。

4）应急预案完善

应急预案完善是在培训演练或应急事件发生后的应急预案的选择、调用和动态调整的过程中进行的，主要包括应急预案的选择和动态调整。应急预案的选择就是根据应急事件的性质、事件级别和事件类型在预案库中选择最匹配的应对预案，通过关键词搜索类似历史事故的处置方法，选择最合适的。前期必须实行统一的预案编制标准，将预案模板化和数字化，才能保证预案选择迅速有效。应急预案应跟随应急事件演变而动态调整，根据事先制定的应急预案、事故现场状况和历史事故经验等组合各相关应急预案，利用信息技术动态生成事故后果模拟分析图和应急资源调度管理计划等，实现现场应急预案的动态调整。

8.4.5 应急决策支持系统

由于应急决策者需要在短时间内制定应急方案，需要对在引入应急措施后，可能带来的不利影响作出权衡，这对决策者来说是个不小的考验，因此需要利用人工智能决策方法来制定智能决策系统，从而辅助决策者制定应急决策方案。

水环境突发事件的发生、演变以及造成危害引发的各种各样的事故有其内在的原因和自身的规律，它们之间存在着错综复杂的逻辑关系。要在有限的时间内做到有效地应对，将损失降到最低，就必须在已有信息系统（如GIS）的基础上建立相应的应急决策支持系统。应急决策支持系统由人机接口、数据库、案例库、知识库、模型库以及推理系统构成。人机接口是人机交互界面，用户通过人机交互界面和系统进行沟通，向系统提出问题，系统接收问题并解答，最后将决策方案输出。数据库则存储整个推理决策过程中所需要的信息；知识库中存放的是对知识的表示方法以及存放规则；模型库内存放的是所需的模型；推理系统则是一组解释程序，通过预先制定的推理规则以及相应的消除冲突策略，可以实现推理过程，为应急决策提供依据。高速公路路域水环境突发事件应急决策支持系统应包括两大功能，分别为方案推理和方案评估。应急决策子系统将按照图8-6所示流程进行高速公路路域水环境突发事件应急决策。

如图8-6所示，在地理GIS技术与视频监控进行信息采集后，对水污染地点进行快速定位和周边影响分析，提供现场污染源的基本信息和监测信息，通过突发事件情景分析，对突发事件发展趋势作出判断；在确定现场风险源后，进行突发事件识别和突发事件致因分析，如果现场突发事件等级并未达到水污染发生程度，则只需对突发事件进行预处理，如果现场突发事件等级达到导致周边水污染发生的程度，则根据监测信息数据处理与分析结果，预测水污染的扩散趋势，分析计算预警指标值，判断水污染事故等级，按照事故预警标准，对应急决策中心发出相应的预警信号；通过方案推理系统，为当前水环境突发事件匹配相应的方案，经过仿真模拟以及方案评估后，在确保应急方案实施效果达到最优的情况下，快速启动应急处置方案。应急决策支持系统具体功能如下：

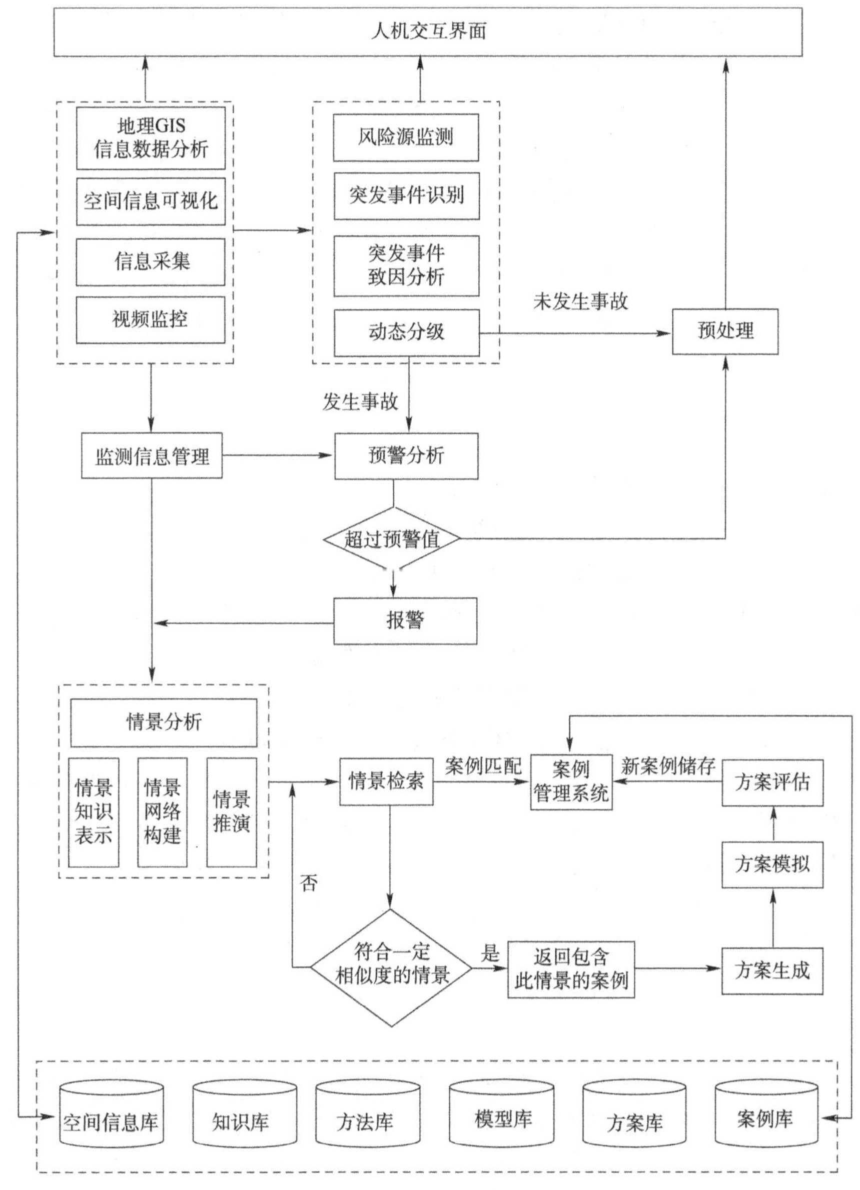

图 8-6 应急决策支持系统流程图

1）方案推理

在方案推理子系统中，通过地理 GIS 与应急监测获得当前水环境突发事件的属性信息数据，由决策者通过系统交互界面输入，结合分级结果，系统检索案例库中以往发生过的相似事件案例，查询该突发事件案例的应急处置措施及经验，在方案库中检索到相似事故案例的应急决策方案,然后通过情景分析与相似情景检索,得到与当前突发事件具有最大相似度的匹配案例情景。案例推理子系统功能如下:

(1)情景分析。通过对系统收集的空间信息与属性信息的分析与研究,识别影响水环境突发事件发展的外部因素,模拟外部因素可能发生的多种交叉情景分析和预测各种可能前景,在推演的基础上,对未来可能的情景加以描述,同时将一些有关联的单独预测集形成一个总体的综合预测。其主要内容可以分为水环境突发事件情景的表示、贝叶斯网络构建、预测推演三个阶段。

(2)情景检索。根据当前发生的水环境突发事件情景,依据情景分析后所获得的情景表示,设定一个相似度阈值以衡量当前突发事件情景与案例库中的案例情景的相似度,设计合理的检索算法,检索案例库中符合该相似度阈值的所有相似案例情景。如果案例情景存在,则在所在级别相似案例情景中选择其中相似度最大的情景作为检索结果,如果检索不到符合该相似度阈值的情景,可以相应调整阈值再次检索,如果最后检索失败,则需要人工制定应急处置方案。

(3)应急方案生成。根据情景检索所获得的最大相似度情景案例,对照案例库查询该相似案例应急处置措施以及应急救援效果,作为当前突发事件应急方案生成的基础,依据当前突发事件演变过程及具体情景信息,在案例库中匹配当前突发事件的应急处置方案,经决策者根据主观经验对应急方案进行必要的修正,作为将要实施的应急方案。

2)方案评估

方案评估主要利用模拟仿真平台对当前突发事件的应急方案进行仿真模拟,找出应急方案实施过程中存在的问题,判断应急决策方案的优缺点,考量应急方案实施的效果,及时总结归纳经验并反馈应急处置方案编制与实施的意见,根据反馈的信息,不断完善、修订应急方案,保证水环境突发事件应急方案的迅速启动和顺利实施,为突发事件的现场应对提供指导,最大限度地提高应急方案的合理性,将突发事件带来的负面影响降至最低。同时,记录相关反馈信息,经过修正补充后,对案例处置过程中的经验或教训进行表示和存储,并将案例通过分类分级加入案例库,待下次出现类似案例时直接调用。

(1)方案模拟。利用模拟仿真技术对生成的应急方案进行计算机仿真模拟演练,找出应急处置和方案实施过程中可能出现的问题,以对应急处置方案实现动态调整。

(2)方案评估。采用适宜评估方法,如层次分析法、组合赋权法等,对应急方案中各类指标进行评估,对方案中某些指标的不足进行完善,然后利用智能优化方法或动态规划法对应急方案进一步优化,确保应急方案实施效果达到最优。

8.4.6 应急处置子系统

应急处置是由突发事件发生后高速公路应急管理部门为了应对高速公路水环境突发事件发生所做的准备和采取的一系列救援行动,其主要目的是减轻突发事件造成的危害程度,安置受灾人员,防止事件的衍生或进一步扩大。突发事件应急处置是应急管理的核心,它表现为对各种资源的组织和利用,在各种方案间进行决策选择。

我国《国家突发公共事件总体应急预案》对应急处置作了明确的规定:

(1)信息报告。特别重大或者重大突发公共事件发生后,各地区、各部门要立即报告,最迟不得超过4小时,同时通报有关地区和部门;应急处置过程中,要及时续报有关情况。

(2)先期处置。突发公共事件发生后,事发地的省级人民政府或者国务院有关部门在报告特别重大、重大突发公共事件信息的同时,要根据职责和规定的权限启动相关应急预案,及时、有效地进行处置,控制事态;在境外发生涉及中国公民和机构的突发事件,我驻外使领馆、国务院有关部门和有关地方人民政府要采取措施控制事态发展,组织开展应急救援工作。

(3)应急响应。对于先期处置未能有效控制事态的特别重大突发公共事件,要及时启动相关预案,由国务院相关应急指挥机构或国务院工作组统一指挥或指导有关地区、部门开展处置工作;现场应急指挥机构负责现场的应急处置工作;需要多个国务院相关部门共同参与处置的突发公共事件,由该类突发公共事件的业务主管部门牵头,其他部门予以协助。

高速公路如果有了完备的监测、预测、预警系统，就可以对大部分事件进行预警，这样就可以在突发事件发生前采取相应的应对措施，但也有一些事件，如重特大交通事故、危险品泄漏等事前难以预见，一般要到发生后才可能采取行动。因此，突发事件应急处置是一个需要迅速做出反应，通过应急管理部门的组织、协调，启动应急处理程序，调动所需资源，稳定有序地处理突发事件的过程。应急处置的具体行动包括信息报送、指挥调度、应急现场处置与救援、应急保障、应急恢复及应急评估等内容。高速公路路域水环境应急处置流程如图8-7所示。

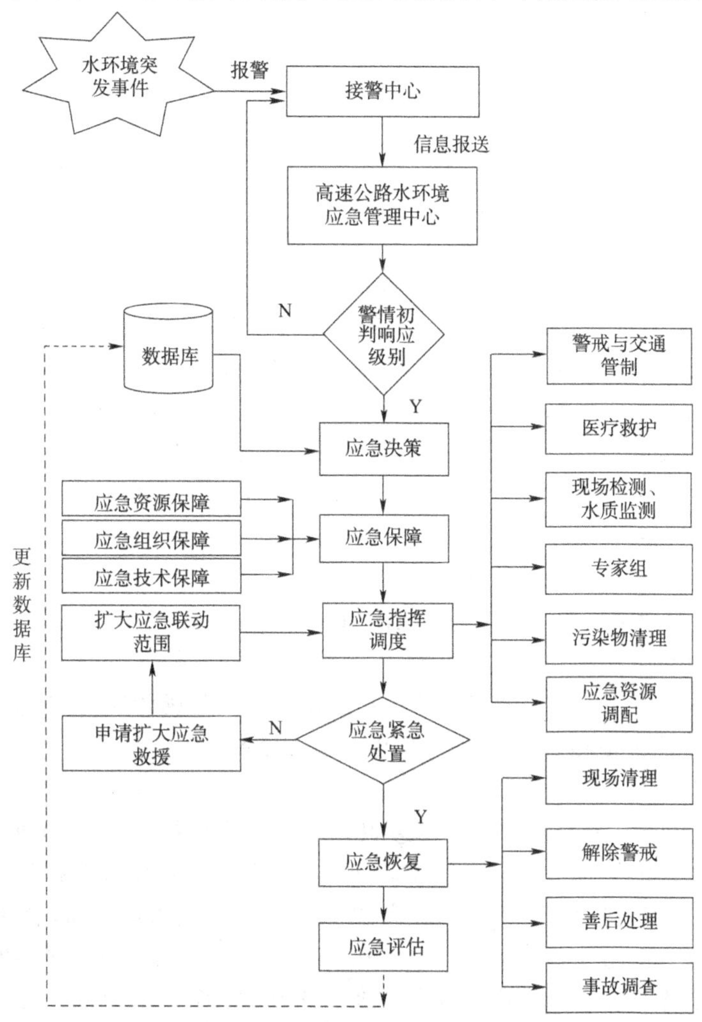

图8-7　高速公路路域水环境突发事件应急处置流程

1）信息报送

明确突发事件发生后，按照应急预案进行信息报送，将突发事件相关信息报送应急管理和救援部门。信息报送的内容包括事件的类型、事发位置、事件级别，并对事态发展趋势作出判断。

2）应急保障

应急保障是对应急所需的各类资源进行管理和维护，应急保障系统可以实现系统资源的合理布局和动态调配，以提高资源的综合利用效能，同时提供资源状态信息，从而有效地应对突发事件。该系统能够对高速公路路域所有重点水域、重点施工地段、重点危险源、重点监控区域等建立空间化的重点目标库，通过 GIS 管理，可以分析得出满足城市应急管理的最优资源分配，对资源利用实现整合共享、综合调配等。将应急资源的存储、使用等情况进行可视化展示并进行实时监控，突发事件发生时，根据事件所必需的应急资源的需求情况，通过该系统确定其可调度的数量以及调度方案。利用网络分析功能，结合实时路况和道路最优路径制定运输线路，并根据实时交通路况和突发交通路况，重新制定前进路线，实现多阶段的跟踪调度。

3）应急指挥调度

水环境突发事件应急指挥小组可以通过水环境突发事件应急管理综合平台指挥调度功能，提出现场应急行动原则和方案，展开救援处置，调度应急队伍、应急物资、应急装备等资源，将水环境突发事件发生、发展情况和应急处置状况传递给相关人员，实现协调指挥、有效监督，提高应急效率。结合最优路径算法以及实时道路交通最新情况，从事故发生地点到救援单位规划最优的前进道路，以达到调配营救力量，同时根据事故类型以及事故危险源性质差异，分析危险影响和扩散的方向与速度，根据路网和周边相关场所位置，确定出避难区域以及制定补救措施。该功能可以按照事故发生的实时情况，把事故空间位置、事故影响范围、救援应急物资、调配救援人员以及救援车辆即时信息实时展现在电子地图上，结合实时气候、环境以及其他信息进行实时化、动态化和可视化指挥调度。

4）应急现场紧急处置

现场紧急处置主要依靠事发地的高速公路建设运营企业应急处置力量。水环境突发事件发生后，当地建设单位以及公路运输单位应立即组织开展自救、互救，并迅速上报突发事件信息。各级应急救援指挥机构分别按权限组织处置。根据突发事件具体情况和实际需要调动应急队伍，集结专用设备、器械和药品等救援物资，落实处置措施。公安、武警对现场施行保护、警戒和协助抢救。水环境突发事件应急小组根据现场请求，负责紧急调集建设单位内部救援力量、专用设备和物资，参与应急现场紧急处置。

5）应急恢复

若经过各方力量的全力救援，灾情逐步化解直至完全解除，并且认真细致地检查现场不存在水环境安全隐患后，可终止警戒状态。同时将工作重点由抢险救援工作转移到灾后恢复。首先，妥善处理抢险过程中产生的废弃物，防止出现二次污染；同时做好现场清理、人员清点和撤离、警戒解除等工作。其次，做好事后分析，经验总结。对处置突发事件过程中的决策、应急救援方案以及遇到的次生问题都要记录在案，形成文字资料，在丰富案例库的同时为以后妥善处置相似突发事件提供借鉴。

6)应急评估

应急评估是对应急管理体系的全方位、系统性评价和检测,是实现系统自我改进、组织机构完善、应急预案修订的一个不可或缺的重要途径。建立科学、合理、全面、高效的应急评估机制,可以加强应急管理工作的规范性和有效性,改变应急管理工作的重点,变被动为主动,明确自身应对突发事件能力的优势和弱势,提高应急抢险的专业化水平,提高各级各类人员的应急意识水平,有助于提升全社会的应急管理效能。应急评估按实施阶段划分为应急准备评估和应急处置后评估。

应急准备评估,是指按照"SECP"的思路,对应急组织体系、应急预案体系、应急保障体系和应急运转机制建设进行评估,找出无突发事件的常态下,应急管理体系的日常建设中存在的问题和不足,以便为应对突发事件作足准备。

应急处置后评估,是指针对具体突发事件的应急处置结束后,对突发事件的预警监测、应急响应、专业处置、应急保障、应急信息管理、恢复重建等应急处置过程进行综合评估,找出应对突发事件过程中防灾抗灾能力、系统运行管理、应急水平、信息管理能力、后勤保障能力和综合应急能力出现的问题和不足,以便改进提升,提高未来的应急管理水平。

第9章　案　　例

9.1　GM高速公路延长线工程突发环境事件应急预案管理

本案例分析以GM高速公路延长线工程突发环境事件应急预案管理为主,简要介绍项目概况,对GM高速公路与路域水环境相关的风险因素进行识别,并进行应急资源的调查,在此基础上形成具有客观性、针对性、科学性的应急预案,为本项目应急预案制定完善的宣传、培训与演习管理制度。

9.1.1　项目概况

9.1.1.1　地理位置

GM高速公路位于佛山市,是横向贯穿佛山市各区的一条主干道,是佛山市公路干线网规划"四纵九横两环"的重要组成部分。路线走向基本与规划中的"横四"相对应。本项目为GM高速公路延长线工程,位于佛山市高明区内,起点在高明区更合镇白石附近,顺接GM高速公路西樵至更楼段,往西展线,上跨省道S273、省道S273改建工程,经小洞跨省道S113,终点在高村附近,与在建的江门至罗定高速公路相接(预留鹤开高速接入条件)。

9.1.1.2　建设规模

GM高速公路延长线项目路线全长18.152km,设大桥2765.26m/9座,中桥304.06m/5座,隧道292m/1座;设更合东、更合西、高村互通立交共3处,停车区1处,加油站1处。采用高速公路标准,双向六车道,设计荷载公路—I级,设计行车速度100km/h。路面结构类型主线为沥青混凝土路面,匝道为水泥混凝土路面。

9.1.1.3　区域环境概况

1)河流水系

项目位于广东省中南部,佛山市西南部,珠江三角洲西部边缘,西江下游,佛山市高明区境内。路线涉及河流主要包括高明河与更楼河,属西江水系。高明河发源于高明区更合镇的老香山托盘顶,于高明区下窦注入西江,属平原河流,全长约82.4km,流域面积1033.5km^2。该河自西向东流经长坑仔林场、鸭迳、明村、首岭、石村、塘荀、蛇塘,在停步村附近折向东北方向,经陀柳新村,然后在新圩镇及深水附近转向东,于高明区下窦(西岸镇)汇入西江河。流域最高点高程为698.9m,主河沟平均坡度约8.48‰。流域内森林茂密,植被良好,水土流失轻微。桥址地处东经112°34′,北纬22°48′,查全国水文分区,该区为第64区;查全国暴雨分区,该区为第8区。高明区水利局提供的沧江河汇入西江口资料为$Q_1\% = 1670m^3s$,$H_1\% = 13.69m$。更楼河发源于更楼鬼顶岗,全长17.84 km,流域面积114.16 km^2,于白石桥附近汇入沧江,上游有深步水库和福山水库。项目所在区域地下水主要类型为第四系松散层孔隙水和基岩裂隙水。

根据《广东省地表水环境功能区划》，本项目跨越的高明河河段水质功能为“综合”，水质目标Ⅲ类；更楼河水质功能为“综合”，水质目标Ⅱ类，因此拟建公路经过的高明河、更楼河分别执行《地表水环境质量标准》(GB 3838—2002)中Ⅲ类、Ⅱ类地表水水质标准。

2)地形地貌

项目区以低矮丘陵地貌为主，局部为山间洼(谷)地，地形总体较平缓，地势上总体趋势是南西高、北东低。山顶多呈浑圆状，山脊较宽缓，山峰高程一般为50～100m，最高高程152.8m；台地地区的高程一般为30～60m。

沿线低矮山丘错落分布，山坡坡度一般为10°～20°，局部地段自然坡度达35°。沟谷较为宽阔，纵坡坡度较小。覆盖层分为陆相河流冲积层、丘陵台地残(坡)积层，覆盖层的厚度为2～28.9m，下伏基岩为燕山四期的黑云母花岗岩。山坡经过多年的人工造林，树木(基本为桉树)茂密，水土保持较好，低洼处有少量农田，但鱼塘、养殖场较为密集。

3)气候特征

高明区属亚热带海洋性季风气候，日照充足，气候温和，无霜期长，受季风的影响大。夏无暴暑，冬无严寒，四季草木常青。多年平均气温为21.6℃，低温在12月至次年1月，平均气温为12.6～15.1℃。最高气温为37.5℃，发生在1980年7月10日。最大日温差为7.0～7.6℃。年均降水量1702mm，最大降水量可达2000mm。雨季一般从3月份开始，10月份结束，长达半年多。其中5—8月雨量最多，占全年降水量的80%左右。记录的最大月降雨量为1973年8月的668.7mm。降雨季节，西江河河水暴涨，可高达9.00m高程。夏季洪涝和夏秋强热带气旋为本区灾害性气候。强热带气旋次数多年平均1～4次，风力一般为6～9级，登陆时风速可达34m/s，并常伴随暴雨。本区春季至初秋盛行偏南风，秋季至冬末盛行偏北或偏东风，风向转换期在4月份和9月份。根据《中华人民共和国公路自然区划图》，本区属华南沿海台风区(Ⅵ7)。年霜冻期最多6天。

9.1.1.4 区域环境质量概况

2014年，高明区全年空气质量达到优良的天数为260天，已建成污水处理厂7座，污水处理能力20万立方米/日，城镇污水集中处理率92.1%，人均公园绿地面积19.17m^2，建成区绿化覆盖率42.2%，城镇生活垃圾无害化处理率95.2%。

根据2014年佛山市环境质量公报，佛山市环境质量总体良好，其水环境质量状况如下。

饮用水源地水质：佛山市饮用水源地水质均达到《地表水环境质量标准》(GB 3838—2002)Ⅲ类水质标准，饮用水源地水质达标率为100%，水质状况总体保持优良。

主要江河水质：主要江河水质状况总体优良，平洲水道、容桂水道及潭洲水道符合《地表水环境质量标准》(GB 3838—2002)Ⅲ类水质，西江干流水道、东平水道、顺德水道、东海水道符合《地表水环境质量标准》(GB 3838—2002)Ⅱ类水质。

城市内河水质：主要城市内河涌，除佛山水道达到相应水质标准，其余的西南涌、大棉涌、桂畔海、大良河、水口水道、高明河均存在污染超标现象，主要污染物为溶解氧、氨氮、五日生化需氧量和总磷等。

9.1.1.5 环境敏感点

项目沿线跨越高明河，该段水体执行水质功能Ⅲ类标准，水质功能主要综合用水，水质保护目标为Ⅲ类,下游没有取水口,也没有饮用水源保护区等水环境敏感目标。在距项目起点高明河下游16km荷城东南边缘建有沧江水利枢纽工程,是一项以防洪、排涝为主,集灌溉、航运等功能为一体的综合性大型水利工程,受益面积1.03万公顷,受益人口20多万,该枢纽工程由于距离本项目较远,不列入敏感点。本预案将高明河水质作为保护目标,需要特别关注交通事故所造成的有毒有害物质泄漏污染河流的风险。水环境敏感点如表9-1所示。

水环境敏感点　　表9-1

序　　号	河　　流	相对位置	水质目标
1	高明河	白石大桥K78+040	GB 3838—2002Ⅲ类水质标准
2	更楼河	白石大桥下游10m	GB 3838—2002Ⅱ类水质标准

9.1.2　GM高速公路环境风险识别与评估

风险识别与评估是应急预案编制的基础,是应急响应行动的依据。在这一阶段,需全面识别与项目相关的危险、有害因素,对客观存在的、尚未发生的潜在风险加以罗列,并进行周密、系统的调查分析,综合归类,揭秘潜在的风险及其性质等。风险评价是采用系统科学的方法,根据各种定性与定量的风险分析方法,确认系统存在的危险性,评估突发事件发生的可能性以及可能导致的破坏或伤害程度,根据其风险大小,采取相应的安全措施,以达到系统安全的过程。通常选择对最坏的情况进行分析,并考虑二次事故的发生。

9.1.2.1　环境风险分析

项目为高速公路项目,公路本身没有重大危险源和危险设施,但营运期内的危险品运输车辆,可能因翻车、撞车等交通事故导致危险品泄漏而发生环境风险事故,给沿线水体、大气、土壤、居民生活带来污染。同时停车区有加油站,可能因火灾、雷击、短路等意外事故,造成爆炸、起火、泄漏等,引起污染。

9.1.2.2　公路运输环境风险事故分析

1)公路运输环境风险物品来源

据调查,项目所在地高明区内规划的高明化工工业园、沧江工业园、高富公司富湾石化基地三处可能存在危险品集散源。

高明化工工业园规划范围包括荷城街道、明城镇、杨和镇、更合镇,是以新材料、新能源为主导的战略性新兴化工产业园,将大力发展石油化工、塑料制造等优势制造业。

沧江工业园位于广东省佛山市高明行政区东部、广海中线北边“一河两岸”区域,东至高明区荷城新村、丹冲村、河江村,南至高明区三洲圩、孔堂村、下良村、杨和镇大楠村、清泰村,西至杨和镇人和中学、高明区主干公路养护中心,北至杨和镇圆岗村、三洲仙村、尼教村、墨编村、高明监狱,属于杨和镇和荷城街道管辖内。企业集中在园区的中部和西部,高明大道的两侧尤为密集。中部片区(59家)以发展电子及通信设施制造、机械制造、金属材料、食品、新材料等产业为主;西部片区(13家)以发展塑料制品、非金属矿物制品等产业为主;高明河以北的北部片区(西安)有9家纺织、1家合成革(不含制革和蓝湿皮工艺)企业。

基于以上信息,佛山市将在日后大力发展化工类产业,主要涉及石油化工、塑料新材料、纺织印染、涂料油漆等种类。在本项目的长期营运过程中，公路上可能存在多种气态、油质液态和固态危险品运输，如油漆制造中使用的TDI（甲苯二异氰酸酯）原料；石化工业的燃气成品，燃油成品：液化气、93#、97#汽油；涂料与稀释剂的原料；多种芳香烃以及印染工业中使用的液氯等酸碱类物质。根据公路通行车辆组成调查，目前在项目公路上行驶的危险品运输车辆仅有燃油运输车辆，GM高速公路西延线等建成通车后，由于交通状况改善可能使其他危险品种类运输车辆增加。因此本预案考虑的危险品包括有毒危险品、成品油类等。

对于道路交通事故所造成的环境污染，一般可能有以下后果：

(1)对事故现场及附近一定范围内的地表造成污染。

(2)对事故现场及附近一定范围内的空气造成污染。

(3)对地表水体和地下水体造成污染。

其中，一般来说，对于地表土壤的污染，由于土壤是固体，流动性差，因此污染的扩散范围不大，事故影响易于控制；而对于空气的污染，由于空气流动性大，扩散性强，因此气体污染物的蔓延一般是无法控制的。但是，正是由于空气扩散速度快，环境容量大，泄漏的气体能够迅速被稀释，因而事故影响的延续时间也较短，“后遗症”不重；而作为液态的水，则介于二者之间，一旦污染物进入水体，则沿着水流方向运输、转移和扩散，其影响范围、影响程度的不确定性都非常大，事故的蔓延难以控制，因此具有范围广、时间长、控制难、影响大的特点。所以，交通事故所造成的污染物泄漏导致地表水和地下水水体的污染历来是公路建设项目环境风险评价的重点。

本公路影响区域内主要水体为高明河和更楼河。更楼河水质功能为主要综合用水，水质保护目标为Ⅱ类。高明河水质功能为主要综合用水，水质保护目标为Ⅲ类，因此需要特别关注交通事故所造成的有毒有害物质泄漏污染河流的风险。

根据有关调查，目前项目影响区内的车辆以中小型非货物车（小轿车、小巴、中巴等）为主，大型车多为大巴车。载货车辆主要为小货车、大卡车等，货物主要为建筑材料、生活日常用品、食品五金、少量化学品、成品油罐车以及农产品等种类。

2)环境风险事故概率

公路建成后，运输车辆会逐年增多，装载危险品如化学用品、油料等的车辆可能翻车、撞车，从而具有发生泄漏事故的隐患。由于危险品泄漏到河流水体中的危害远大于地面，因此运输事故风险主要针对发生在所经过地表水体的桥梁路段的危险品运输事故进行分析。

交通事故概率类比深圳市梅观高速统计资料进行。根据深圳市高速公路有限公司资料，梅观高速公路在近5年中全线发生交通事故共105次，以小车、货车为主，未发生危险品泄漏事故。

利用所调查的资料和数据，运用概率法估算危险品运输事故发生概率，对事故发生后对高明河、更楼河水域产生的影响以及全路段发生概率进行分析评述。该风险分析方法采用的预测模式如下：

$$P = Q_0 \times Q_1 \times Q_2 \times Q_3 \times Q_4 \times Q_5$$

式中，P为重要水域地段出现污染风险概率，次/年；Q_0为该地区目前车辆相撞翻车等重大交通事故概率，次/百万辆·km；Q_1为预测年的年绝对交通量，百万辆/年；Q_2为装载有毒、有害危险品货车占总交通量的比例；Q_3为重要水域长度，km；Q_4为由于高速公路的修通，可能降低交通事故率的比重，%；Q_5为危险品运输车辆交通安全系数。

参数确定：

Q_0，类比的梅观高速全长19km，5年桥上发生事故约为105件，日均交通量40000辆/天，则每年每百万车千米交通事故次数，即交通事故率Q_0为0.076次/百万辆·km。

Q_2，根据工程资料和目前公路运行情况，确定车辆中从事危险品（石油、化肥和农药）运输车辆的占车辆总比例的2%。

Q_3，根据可研设计资料，省道S273跨线桥桥长426m，按照桥两端外延50m即桥长526m计算。若以气态泄漏考虑，则以公路全长18.125km计。

Q_4，在可比条件下，由于现有公路建设线路流畅，可有效改善交通环境，因此Q_4取为0.5。

Q_5，危险品运输车辆交通安全系数，指由于从事危险品运输的车辆，无论是从驾驶员的交通安全观念，还是从车辆本身的特殊标志等方面考虑，均比一般运行车辆发生交通事故的可能性小，但由于没有确切的统计依据，故Q_5取为1.0。

事故风险概率估算，结果详见表9-2。

本项目事故风险概率 表9-2

桥量路段	2014		2021		2028	
影响长度Q_3(km)	Q_1	P	Q_1	P	Q_1	P
0.526	4.04	0.002	8.16	0.003	13.60	0.005
18.125	11.02	0.188	22.43	0.284	37.36	0.473

可以看出，在大桥段发生危险品泄漏事故的概率较小，2028年最大，仅0.005次/年；而在延长线全路段发生危险品泄漏事故的概率，2028年最大，为0.473次/年，由于液态危险品在地面蔓延速度慢，因此本概率主要针对气态危险品泄漏。可以看出，公路全路段危险品事故发生概率与梅观高速基本接近。

在项目运输过程中发生的各类危险品泄漏事故中，液氯泄漏既会造成直接的水体污染，也会经闪蒸形成云团，通过空气危害周边。本书以液氯罐体破裂造成的泄漏量为例进行计算。其他危险品同压力罐体泄漏量基本类似。

(1)罐体泄漏尺寸。由于氯气储罐为压力容器，其接管处开焊，根据世界银行国际信贷公司(IFC)编写的《工业污染事故评价技术手册》中提供的有关压力容器的裂口尺寸确定原则，确定事故的泄漏长度尺寸为其管径周长的20%，即长度为3.14×89mm×20%，约0.05589m。焊缝开裂宽度为0.001m。则泄漏的面积$A=0.05589\text{m}\times0.001\text{m}=5.589\times10^{-5}\text{m}^2$。

(2)泄漏速率。由于液氯沸点为-34℃，泄漏后将出现气、液两相流动的情况。泄漏速率按如下公式计算：

$$Q_0=C_dA\sqrt{2\rho(P-P_0)}=0.8\times5.589\times10^{-5}\times10^3$$
$$\sqrt{2\times15.55\times(1-0.5)}\approx0.18(\text{kg/s})$$

式中，Q_0为两相流泄漏速度，kg/s；C_d为两相流泄漏系数，取0.8；A为裂口面积，5.589×

$10^{-5}\mathrm{m}^2$；P 为两相混合物的压力，$1\times10^6\mathrm{Pa}$；P_0为临界压力，$0.5\times10^6\mathrm{Pa}$；ρ 为两相混合物的平均密度，15.55kg/m。

$$\rho=\frac{1}{\dfrac{F}{\rho_1}+\dfrac{1-F}{\rho_2}}=\frac{1}{\dfrac{0.202}{3.17}+\dfrac{1-0.202}{1393}}$$

式中，ρ_1为氯气在25℃标准大气压下的密度，取3.17kg/m^3；ρ_2为液氯密度，1393kg/m^3。

$$F=\frac{C_P(T-T_0)}{H}=\frac{0.957\times(298-239)}{280}$$

式中，C_P为两相混合物的比定压热容，0.957kJ/kg·K；T 为两相混合物的温度，298K；T_0为液氯在环境压力下的沸点温度，239K；H 为液氯的气化潜热，280 kJ/kg·K。

(3)泄漏量计算。

泄漏量 $W=Q_0\times t=0.18\times3600=648(\mathrm{kg})$，按照液氯体积折算则为0.465m^3。

泄漏时，闪蒸的液氯将以细小液滴形成云团，与空气混合而吸热。考虑广东地区气温较高，若空气传递给液氯云团足够的热量，根据经验，当 $F>0.2$ 时，不会形成液池，即648kg液氯全部闪蒸。

$$C=\frac{0.0059}{\sqrt{(K_\mathrm{d}\cdot t)^3}}V_0$$

3)环境风险事故级别

根据事故发生的情况，按照可能发生的环境风险事故严重性、紧急程度及危险程度进行等级划分。以便应急组织按照相应的事故等级进行应急响应，开展应急救援。

根据《国家突发环境事件应急预案》《国家突发公共事件总体应急预案》，将项目突发环境污染事件的预警分为四级，预警级别由低到高，等级依次为Ⅳ级(一般环境事件)、Ⅲ级(较大环境事件)、Ⅱ级(重大环境事件)、Ⅰ级(特别重大环境事件)。

(1)特别重大环境事件。

特别重大环境事件指可能发生或者引发特别重大突发环境事件的；或者事件已经发生，可能进一步扩大影响范围，造成特别重大危害的。

①发生交通事故，导致公路运输的危险品发生泄漏，需疏散、转移群众5万人以上，直接经济损失1000万元以上。

②发生交通事故，导致公路危险品发生泄漏或爆炸，导致30人以上死亡，或中毒(重伤)100人以上。

③加油站发生事故引起爆炸及火灾。

④发生交通事故，导致运输危险品车辆坠入高明河、更楼河，并引起严重水污染事故。

(2)重大环境事件。

重大环境事件指可能发生或者引发重大突发环境事件的；或事件已经发生，可能进一步扩大影响范围，造成重大危害的。

①发生交通事故，导致公路运输的危险品发生泄漏，需疏散、转移群众1万人以上，5万人以下。

②发生交通事故，导致公路危险品发生泄漏或爆炸，导致10人以上，30人以下死亡，或

中毒(重伤)50 人以上,100 人以下。

③加油站发生燃油泄漏事故,泄漏范围较小,未发生火灾及爆炸。

④发生交通事故,导致运输危险品车辆坠入高明河、更楼河等,未发生泄漏或泄漏量较少且危险品危害性较低。

(3)较大环境事件。

较大环境事件指可能发生或者引发较大环境事件的;或事件已经发生,可能进一步扩大影响范围,造成较大危害的。

①发生交通事故、导致车辆燃油泄漏,且可能流出路面以外区域。

②发生交通事故,导致车辆坠入高明河、更楼河。

③交通车辆发生火灾事故。

(4)一般环境事件。

一般环境事件指可能发生或引发一般突发环境事件的;或事件已经发生,可能进一步扩大影响范围,造成公共危害的。

①发生交通事故导致车辆燃油少量泄漏,可控制在路面范围内的情况。

②交通车辆发生一般性交通事故,导致燃油泄漏。

4)防范设施与措施

根据预防为主、防治结合的指导思想,公路营运单位通过设置各项防范设施与措施,以期降低公路环境风险事故发生的概率,或通过防范设施与措施对已发生事故实现初期处理,抑制事故影响扩大。

公路桥梁设置纵向排水系统和事故应急池,一旦发生危险品泄漏,液体危险品及消防废水可通过收集管网汇入事故应急池,应急池设计参数如表 9-3 及图 9-1 所示。

(1)道路两侧设置纵向排水沟,在发生危险品泄漏时可截留部分事故初期径流,为应急队伍争取反应时间。

(2)道路两侧及中间分隔带设有防护栏,可有效防止车辆因交通事故冲出道路外。桥梁段采用加强型的混凝土防撞栏。

(3)重要路段设置远程影像监控系统,可 24 小时对公路行驶车辆进行有效监控;设置测速系统,监控车辆车速,有效降低交通事故的发生概率。

(4)路政大队配备专用路政巡逻车对公路全线进行巡查,并且对危险品运输车辆进行检查,有效降低了交通事故及环境风险的发生概率。

(5)公路营运单位与富湾特大桥沙站达成用沙协议,可在紧急情况下提供沙料与运输车辆协助,形成应急联动。

桥梁应急池设计参数 表 9-3

序号	大桥	桩号	设计参数(m)
1	白石大桥	K76 +812	5400 ×5400 ×4300,有效容积 96.25m³
2	罗丹大桥	K78 +983	5400 ×5400 ×4300,有效容积 96.25m³
3	大岭大桥	K81 +455	5400 ×5400 ×4300,有效容积 96.25m³
4	塘花大桥	K83 +616	5400 ×5400 ×4300,有效容积 96.25m³
5	螺洞大桥	K88 +041	5400 ×5400 ×4300,有效容积 96.25m³

a)白石大桥事故应急池

b)大岭大桥事故应急池

c)罗丹大桥事故应急池

d)螺洞大桥事故应急池

e)塘花大桥事故应急池

f)沙站

图9-1 应急池照片

5)防范建议

(1)对现有防范设施包括桥面纵向排水系统、事故应急池等做好日常维护,发现问题及时修复,杜绝"滴、跑、漏、冒"现象发生,保证设施在事故应急中的有效性、安全性。

(2)对公路纵向排水沟及时清理,防止被沿途抛撒的垃圾、落叶以及杂草生长堵塞,从而失去原有功能与潜在的应急能力。公路营运单位应对排水沟出水口设置适当的封堵设施,避免事故中径流通过排水沟直接流入水环境中造成危害,同时将封堵物资如沙袋、土袋作为应急物资就近储备。

(3)加强路面监控。可根据情况适当增加路面监控设备数量,尤其对涉水桥梁桥面应做到无缝监控,实现早发现、早控制、早处理。

(4)收费站应对过往危险品运输车辆进行安全检查,及时发现"跑、冒、漏"现象,尽可能减少危险品在路面散落、泄漏情况的发生；对车辆稳定性进行检查，防止运输车辆由于故障停止工作以及二次事故的发生；对驾驶员精神状态进行检查，防止由于疲劳驾驶等原因导致事故发生，同时提醒驾驶员本路段应特别注意，使用公路摄像头对危险品运输车辆行驶过程进行监控；全面提高危险品运输车辆在路段行驶的安全系数。

(5)营运单位应对超载情况正确处置，做好路面养护工作，消除路面积水，防止行人、动物进入，加强公路管理，保证公路运行状况良好，减小由意外导致的事故发生概率。

(6)对可能出现的利用高速公路偷排废液的情况，一经发现，必须移交相关环境管理单位，对偷排单位、人员严厉处治。

(7)对应急过程中使用的物资，应根据应急对象分类整理，就近存放，方便应急人员提取。

(8)定期更新应急预案内实时信息，如联系方式等，对应急物资定期检查更新，对应急人员定期培训演练，不断提高公司应急力量。

(9)公路营运单位应根据公路沿线村庄名录，将各村管理人员姓名与联系方式等信息补充完整。并根据名录联系各村管理人员，请求管理人员提供应急工作协助，做好事故应急时必要的撤离、疏散工作。名录应做到定期更新。

9.1.3 GM高速公路应急预案内容

9.1.3.1 应急预案适用范围

本预案适用于在GM高速公路延长线工程范围内人为或不可抗力造成的环境破坏事件，主要包括废水排放、废气排放、漏油、固废处理(包括危险废物)等和因自然灾害造成的危及人体健康的环境污染事故等，主要包括公路交通事故、火灾事故、危险品泄漏事故及加油站爆炸事故。

9.1.3.2 应急响应程序和内容

1)报告程序

单位内部报告：如发生火灾、泄漏、交通意外等事故时，发现者应第一时间上报应急指挥小组或值班领导，也可以第一时间向环境主管部门及有关部门报告或报警。

主管部门报告：指挥部在接到报告后，应立即询问和查看事故的基本情况，并在15分钟内向环境主管部门及有关部门报告或报警，根据事故影响程度进行判断，分级启动应急措施。

2)内部报警联络方式

内部报警联络方式：内部报警联络可采用内部24小时联系电话、手机、对讲机以及最近的警铃系统。

3)报告内容

内部报告基本内容：报警人信息及联系方式；事故地点、时间以及设备设施；事故类型：火灾、泄漏、交通事故等；事故的规模描述；有无人员伤亡与被困人员；已采取的应急措施。

政府相关部门报告基本内容：单位名称、事故发生时间、装置、设备；事故类型：火灾、泄漏、交通事故等；事故伤亡情况、严重程度，有无被困人员；已采取的应急措施和将要采取的措施；事故可能的原因和影响范围；事故是否可控，是否请求增援。

9.1.3.3 突发事件分级响应机制

按照事故可控性、严重程度和影响范围及应急响应所需资源，将事故应急响应分为：

一级响应(重大事故),对应Ⅰ级预警。

二级响应(较大事故),对应Ⅱ级预警。

三级响应(一般事故),对应Ⅲ级预警。

监控中心接到报警信息并确认后,根据信息预判预警等级,按分级响应机制实行应急响应,启动应急预案。

一级应急响应对应Ⅰ级预警,主要针对公路重大交通事故、危险品泄漏、危险品运输车辆冲入高明河、加油站爆炸等造成重大环境污染事故等各类事故。

1)一级响应

(1)一级响应预警。

可能发生或者引发重大突发环境事件的,或者事件已经发生,可能进一步扩大影响范围,造成重大危害的进行一级响应预警。

发生交通事故,导致公路运输的危险品发生泄漏或爆炸、加油站发生火灾,需疏散、转移群众300人及以上,或导致5人及以上死亡,或中毒(重伤)50人及以上,或直接经济损失1000万元以上。

发生交通事故,导致危险品运输车辆坠入高明河内,或在桥面发生重大泄漏事故。

加油站发生爆炸。

(2)一级响应指挥。

一级应急响应指挥由公司应急指挥领导小组总指挥执行,总指挥不在时,由副总指挥执行,并报总指挥。总指挥到位后,现场指挥权应移交至总指挥,视现场情况,总指挥可指令授权应急指挥小组某成员行使总指挥职权;如遇政府成立现场应急指挥部时,移交政府指挥部人员指挥,火灾时在公安、消防部门到场后移交消防部门指挥,并介绍事故情况和已采取的应急措施,配合协助应急指挥与处置。

(3)一级响应通知。

一级响应状态下,应通知所有有关单位。

(4)一级应急物资。

接到一级响应通知后,应急人员应迅速携带以下应急物资前往事发地点,提供初期物资支持,各物资数量与种类根据事故规模与危险程度调整。其余应急物资可在相关专业处理人员到达后另行购买调用。

通用物资有:对讲机、便携式灭火器、吸油布(防漏油)、防毒面罩、应急灯、反光衣、反光警示牌、反光路障锥、雨衣雨鞋(雨天)、医疗急救设备、拖车、吊车。

若涉及危险品泄漏,同时应携带危险品防护服、软木塞、沙土/沙土包(油类灭火与堵渗)、尼龙绳、铲、锹、扁担、箩筐等。

若涉及水面上油类泄漏,同时应携带隔油栅、吸油棉等。

2)二级响应

(1)二级响应预警。

可能发生或者引发较大突发环境事件的;或事件已经发生,可能进一步扩大影响范围,造成较大危害的进行二级响应预警。

发生交通事故,导致公路运输的危险品发生泄漏,或加油站发生火灾,需疏散、转移群众

300 人以下,或导致 5 人以下死亡,或中毒(重伤)50 人以下。

发生交通事故,导致危险品运输车辆发生少量泄漏。

发生交通事故,导致非危险品运输车辆发生燃油泄漏并起火燃烧,可能引起爆炸或连环车祸。

发生交通事故,导致非危险品运输车辆坠入高明河、更楼河等水体。

(2)二级响应指挥。

二级应急指挥由应急总指挥或者副总指挥执行,依序由副总经理、路政大队队长,非工作日期间由值班指挥执行,并报告总指挥。

(3)二级响应通知。

二级响应根据事故发生所在行政区域,通知区域行政部门,包括人民政府、交通局;涉及少量危险品泄漏时应包括应急办、环保局;涉及非危险品运输车辆坠入河流时应包括水务局。

通知部门应根据事故状况及时调整增加。

(4)二级应急物资。

接到二级响应通知后,应急人员应迅速携带以下应急物资前往事发地点,提供初期物资支持。各物资数量与种类根据事故规模与危险程度调整。其余应急物资可在相关专业处理人员到达后另行购买调用:对讲机、便携式灭火器、沙土/沙土包(油类灭火与堵渗)、吸油布(防漏油)、防毒面罩、应急灯、反光衣、反光警示牌、反光路障锥、雨衣雨鞋(雨天)、医疗急救设备等。

3)三级响应

(1)三级响应预警。

可能发生或引发一般突发环境事件的;或事件已经发生,可能进一步扩大影响范围,造成公共危害的进行三级响应预警。

发生交通事故导致车辆燃油少量泄漏,可控制在路面范围内的情况。

危险品车辆发生交通事故,危险品未发生泄漏。

加油站加油设备故障无法控制,发生泄漏在可控制地面范围内。

(2)三级响应指挥。

三级应急指挥由值班副总指挥调度指挥,并报总指挥;初期的指挥由现场在场最高职务人员指挥应急处置,并报副总指挥。

(3)三级响应通知。

三级响应根据事故发生所在行政区域,通知区域行政部门,包括人民政府、交通局。

通知部门应根据事故状况及时调整增加。

(4)三级应急物资。

接到三级响应通知后,应急人员应迅速携带以下应急物资前往事发地点,提供初期物资支持。各物资数量与种类根据事故规模调整:

对讲机、便携式灭火器、吸油布(防漏油)、应急灯、反光衣、反光警示牌、反光路障锥、雨衣雨鞋(雨天)、医疗急救箱等。

4)应急处置措施

应急处置措施分为交通事故应急措施、火灾事故应急措施、恶意堵塞收费站应急措施、危险化学品泄漏应急措施及加油站事故应急措施五大块。

9.1.3.4 应急措施

1)交通事故应急措施

高速公路发生交通事故后,事故车辆与受伤人员占用主干道,将影响区域公路交通,导致道路拥堵;事故车辆在受损情况下可能发生起火燃烧等状况,严重影响车辆通行,甚至发生二次事故,危及周边人群安全。为及时处置交通事故,尽可能减少事故导致的生命财产损失,制定以下应急措施:

(1)接到事故报告后,应询问清楚事故发生路段、事故大小、事故车辆类型、是否有受伤人员等相关信息,并立刻通知交警、消防队、监控中心,根据报告情况通知急救人员,若涉及危险化学品与易燃易爆品运输车辆应即刻启动危险化学物品泄漏应急措施。

(2)较大以上交通事故,大队领导应赶赴现场组织指挥。同时迅速把事故信息传达至各收费站、交通运营维护中心。各收费站向通行车辆发布事故路段信息,提示其限速行驶,收费员在发放通行卡时,应告知司乘人员限速行驶,注意安全。若有封闭公路的情况,各收费站在接到封闭指令后,应关闭车道,在进入高速公路匝道口向司乘人员发布高速公路封闭通告,提示车辆选择其他行驶路线,对封闭路段内滞留车辆应通过路政引导车辆进入停车区停车等待。交通运营维护中心应利用可变信息情况板,向通行车辆发布交通事故信息、限速警告指令、高速公路封闭通告。

(3)事故处理人员应在接到报告后尽快携带事故应急物资出动,到达现场采取警戒措施,视事故情况延长、扩大警戒区并增设各种指示标志和警示灯具,防止连锁事故发生,可根据事故大小要求增援以及交通管制和公路封闭。

(4)到达现场后应注意保护现场,保护事故现场的要点有:①保护好车辆制动时的拖拉痕迹;②受伤害方行进、终止位置;③双方车辆的位置;④车上的散落物;⑤标明和保护好伤(亡)人员的倒位、血迹。

(5)若有受伤人员,及时抢救伤者,采取急救措施。拦截过路车辆、尽快将伤员送到就近医院抢救。同时积极配合公安、交警、消防等相关部门进行乘客财产及重要物资转移和现场区域外部车辆的疏导,并根据事故现场的不同情况分别处置。

(6)记录事故目击证人的联系方法,对处理事故的交警主动如实地反映情况、积极配合交警进行现场调查和分析。

(7)需要增派人员、搬运货物、抢修车辆、清洗路面、使用吊车等情况的,应分别通知搬运车辆、抢修厂、养护、吊车施救中心等部门和人员上路协助施救。

(8)事故处理人员到达现场后应注意因事故造成的危险情况,如汽油外泄等,要采取必要的措施,防止二次事故的发生。现场勘察完毕后,当事人应当在公安机关交通管理部门的组织下,按照要求及时将车辆移至不妨碍交通的地方,并清理现场。

(9)因事故车辆致使交通堵塞的,采取交通管制,配合高速交警采用“间断放行”“借道行驶”的办法,使受堵车辆尽快分流。或经交警同意,在已保留现场痕迹、画出现场位置简图的情况下,将堵塞通行的事故车辆先行移至路侧,清出通行车道;造成交通堵塞30分钟内无法恢复的,应请示交警,由交警部门作出改道行驶或封闭高速公路的决定。若实行公路封闭,各收费站在高速公路封闭后,应预留紧急通道,保证救援车辆、特勤车辆等必须通行车辆的通行需求。

(10)事故发生后禁止危险、易燃易爆品运输车辆进入事故路段。

(11)交警、消防等部门完成事故处理后,应在3小时内清障完毕。如情况特殊,可延长清障时间。

(12)事故现场清理完毕后,通知交警大队解除交通管制,恢复通行,并及时报告信息监控中心、公司领导以及其他参与事故救援的单位和领导。

(13)事故等级发生变化时,应及时请求上一级应急救援指挥机构启动上一级应急预案。

2)危险化学物品泄漏应急措施

危险品运输车辆影响交通安全突发事件分为以下几类:

一类:危险品运输车辆因爆胎或发生故障滞留路面、收费车道、服务(停车)区。

二类:危险品运输车辆发生危险品渗漏、散落路面或收费车道、服务(停车)区。

三类:危险品运输车辆发生倾覆事故。

四类:危险品运输车辆发生爆炸事故。

发生一、二类事件时,事件发生地单位应及时向公安、消防等部门报告;路政派人员协助交警做好现场安全布控,视现场情况组织抢修或清障。抢修及清障作业由路政中队带班领导或路政班长负责现场指挥。

发生三类以上事件时,被运输的危险品在运输途中突发性发生溢漏、爆炸、燃烧等,将在短时间内造成一定面积的恶性污染事故。除按照交通事故处置预案处理外,还应按下列规定处理。

事故初期信息通告:

(1)接到泄漏事故报告后,路政部门应立即将事故信息通报应急预案领导小组。应急预案领导小组应立即向省路警指挥中心报告,由省路警指挥中心协商后根据实际情况向各单位下达封闭指令,特殊情况下应急预案领导小组可以在封闭的同时报告。应急预案领导小组同时通知消防队及环保部门,并根据相应应急响应对相关单位进行通知,启动环保应急预案。同时报告监控中心,要组织展开应急监测工作,为应急预案领导小组及时提供准确信息进行判断决策。

(2)若发生有毒气体泄漏,应立即向政府请示,在有关部门的指示下进行人员疏散避难。根据有毒物质类型,确定人员疏散防护距离以及该段内需要进行人员疏散的村庄名单,做好可能受影响村庄的疏散工作。有必要时可请求交警、消防人员协助疏散工作。同时封闭高速公路,禁止车辆进入。

在进行疏散工作时,应向村民说明事故信息与避难措施等相关资讯,切忌“急、躁、乱”等情况发生,做到有序撤离,并做好群众情绪安抚工作,对可能出现的流言、夸张性描述做到及时纠正,防止社会秩序破坏。

(3)若危险品泄漏发生在大桥段,管理中心应在30分钟内通知河流下游水厂,并要求桥梁事故应急池管理人员做好应急池操作,准备接收事故径流。

(4)路政大队应迅速把事故信息传达至各收费站、交通运营维护中心。各收费站向通行车辆发布危险路段信息,提示其限速行驶,收费员在发放通行卡时,应告知司乘人员限速行驶,注意安全。若有封闭公路的情况,各收费站在接到封闭指令后,应关闭车道,在进入高速公路匝道口向司乘人员发布高速公路封闭通告,提示车辆选择其他行驶路线。

事故现场处置措施:

(1)事故处置人员应携带相关安全防护工具(防毒面具与防化服)以及应急物资尽快到达事发地点。

(2)到场后要立即组织疏散无关人员到安全地段。特别是在收费站场内,应及时疏散全体人员到安全地段。在未分清化学品的类型之前,划出事故危险警戒区域,警戒区域不得小于150m半径范围;禁止无关车辆、人员进入警戒区域。若发生有毒气体泄漏,除初期做好村民联络与疏散工作外,事故处置人员同时应对公路上滞留车辆、停车区、收费站内人员做好导流、疏散工作,迅速转移无关人员至上风向安全距离。

(3)应检查现场人员伤亡情况,对伤者及时采取医疗急救措施并送至医院。如有危险品中毒情况,应解开衣服、输氧或询问专业处置人员救助方法,并转送医院急救。

(4)事故处置人员到场后应尽快获取危险品相关信息,并向管理中心反馈,注意排除其他危险因素,防止二次事故的发生,如燃气、燃油泄漏情况下的一切火源。如超出处置能力范围,如明火条件下的易爆物品泄漏,在做好初步拦挡措施与人员疏散工作后应退避,等待专业处置人员接手工作。

(5)若发生液态化学品泄漏,事故处置人员到场后应使用沙袋/土袋做好拦挡措施,防止危险品泄漏进一步扩大范围,同时应对该段公路排水沟出水口进行封堵,将危险品截留在本段排水沟内,将泄漏严格控制在路面与排水沟内,防止对路侧农田与村民房屋造成影响,减少农业与村民损失。

(6)协助到场的专业处置人员做好危险品罐体堵漏措施,可采用运输车辆携带的充气堵漏装置以及应急人员携带的软木塞进行封堵。针对泄漏的危险品性质,使用石灰/黄沙/吸油布/吸油棉等处理物质吸收、中和,使用后的处理物资不得随意丢弃,应与危险品收集后作为危废集中处置。

(7)若危险品泄漏涉及涉水大桥,除通知开启事故应急池,做好第(4)、(5)点所述危险品泄漏封堵工作,应有工作人员检查桥面纵向收集管道系统,检查是否存在破损泄漏,发现问题应及时处置,并在30分钟内将泄漏信息反馈至处置人员、管理中心、领导小组等应急管理部门。

(8)若发生油类危险品泄漏至水体,应立即租用船只,携带隔油栏对出油点进行隔离,防止泄漏随水体扩散。

(9)当专业处置人员到达现场后,应移交处理工作,积极协助处置人员,提供物资、人力上的援助。

(10)应急工作终止后,尽快完成清理工作,协助交警恢复公路交通。

(11)事故等级发生变化时,应及时请求上一级应急救援指挥机构启动上一级应急预案。

9.1.3.5 应急协同措施

本项目段内风险事故协同措施:

(1)与公路上下游单位应急联动:本项目段发生风险事故时,应通知公路上下游营运单位,请求协助做好交通管制与分流措施。

(2)与当地政府应急联动:在发生风险事故时,应及时通知当地政府以及有关应急处置部门,并在事故处置过程中及时向部门进行信息反馈。在部门专业指导处置人员到达现场后,应按需移交指挥权,并提供人员、物资协助,积极参加救援工作。

本项目以外公路、单位风险事故协同:

如果发生本项目范围以外风险源突发环境风险事故,导致库区或者坝址下游水环境污染事件时,公司有责任采取应急协同措施:

(1)一旦发现事故,应立即启动报警,由应急指挥小组向有关县、市应急办通报。并先期采取应急措施展开救援,防止事故的进一步扩大。

(2)根据佛山市或省应急指挥小组的意见积极配合,提供应急设备和救援物资,如果需要,可将企业救援力量纳入市、省一级应急救援力量,协同救援。

(3)如果需要,在得到主管部门批准后,可根据市、省应急指挥小组的要求对公路进行封闭。

9.1.3.6 应急监测

本项目突发环境事件时,公司负责组织应急监测实施,主要工作为:

确定污染物类型 ——→ 制定监测方案 ——→ 委托监测任务 ——→ 补充监测内容
监测成果反馈 ←—— 做好应急协调 ←—— 汇报监测成果 ←——

具体流程为:

1)确定污染物监测方案

(1)监测污染物组分。

根据前期调查结果,明确危险品泄漏事故中需要进行应急监测的污染物物质,一般以泄漏的危险品为主。可根据污染物可能在环境中发生的反应,增加衍生物或其他毒害物质组分。必要时可询问危险品运输人员及公司或监测站,确定危险品监测组分。若无法取得危险品有关信息,可根据相关方法,由危险品感官性质初步判定监测物质种类(感官分析应在监测站等专业人士指导下进行,不可盲目进行)。

(2)监测项目。

危险品若溢出或抛洒超过公路路面进入土壤,应设置土壤监测。

危险品若进入河流水体,应设置水质监测。

危险品具有挥发性或为气态危险品,则应增加空气监测。

(3)监测点位设置。

水质监测项目:主要针对发生危险品进入高明河水体事故。应分别在事故发生点上游50m、下游50m、下游750m(下游支流入河口上游50m处)、下游沧江水利枢纽取水口设置垂直断面混合水样监测点。

空气监测项目:对泄漏的气态危险品分别在下风向隔离距离、昼间防护距离、夜间防护距离(若最近村庄与事故地点距离小于防护距离,则应在村庄最近距离)设置监测点位。

土壤监测项目:①若污染物属抛洒污染类型,等打扫后采集表层5cm土样,采样点不少于3个。②若污染物属液体倾翻污染类型,污染物向低洼处流动的同时向深度方向渗透并向两侧横向扩散,每个点应进行分层采样,分层可按照地表、20cm、50cm、1m布设,采样点不少于5个。③若污染物属于爆炸污染类型,以放射同心圆方式布点,采样点不少于5个,爆炸中心应分层采样,周边采表层土样(0~20cm)。④应在事故周边未受污染地面设置2~3个背景对照点。

(4)监测频次。

水质监测项目:2 ~4 次/天,随污染物浓度下降逐渐降低频次,当两次连续监测结果低于环境空气质量标准时可终止监测。

空气监测项目:3 ~4 次/天,随污染物浓度下降逐渐降低频次,当两次连续监测结果低于环境空气质量标准时可终止监测。

土壤监测项目:1 次/天,根据应急处置进展情况降低频次。应急处置结束后再进行 1 次。

(5)监测方法。

选择合理的监测方法,或由委托的监测单位进行选择。

2)监测报告要求

(1)现场的原始记录。

绘制事故现场的示意图,标出采样点位。

记录事件发生时间、事件持续时间、每次采样时间。

现场状况描述,必要的地理、水文、气象参数(如水流向、流速、流量、水温、气温、气压、风向、风速等)。

事故可能产生的污染物种类、毒性、流失量及影响范围。

现场测试出的污染物有关数据,如有多组数据应编制成数据表,并附有简单分析。

现场监测记录是应急监测结果的依据之一,应按规范格式填写,主要项目包括环境条件、分析项目、分析方法、测试时间、样品类型、仪器名称、型号、编号、测试结果。

原始记录应有测试人员、分析人员、校核人员、审核人员等相关人员的签字,发生事故的单位的名称、联系电话等。

(2)应急监测报告的主要报告内容。

时间——事故发生时间、接到通知时间、到达现场监测的时间。

自然环境——事故发生地及周边的自然环境(附现场示意图及照片、录像资料)。

监测结果——采样点位(断面)、监测频次、监测方法、主要污染物的种类、浓度、排放量。

污染事件的类型和性质——根据规定和现场情况确定事故类型(附现场收集到的证据、勘察纪录、当事人陈述)、污染事件的性质。

污染事故的危害与损失——污染事故对环境的危害、造成的经济损失、人员的伤亡等。

简要说明污染事故排放的主要污染物的危险性、毒性与应急处置的相应建议。

应急监测现场负责人的签字。

3)监测委托方式

公司应根据监测污染物种类,就近委托具备污染物监测资质的监测站实施应急监测。具体委托可参考如下流程:

(1)根据危险品监测组分初步判断结果,联系高明区环境监测站,咨询具备资质的监测单位。

(2)联系监测单位,根据监测物质组分、监测点位、监测项目、监测频次提出应急监测委托,并与监测单位协商补充完善监测内容。

(3)公司或直接联系高明区环保局,提出应急监测委托,由高明区环保局组织专业的应急监测方案。

(4)公司应同时就预定的监测方案向高明区环保局报告并征求意见。

4)应急监测补充完善

(1)完成应急监测委托后,公司应根据监测单位初步现场及实验室分析建议,对污染物进行定性、定量分析以及确定污染范围。根据不同形式的环境事故,对已有应急监测方案的监测对象、监测点位、监测项目、监测方法、监测频次、质控提出补充完善要求,或增加应急监测委托内容,并报高明区环保局及有关部门。

(2)应急监测应根据事态的变化,在应急领导小组及有关专业人员的指导下适当调整监测方案。

5)应急监测协调内容

(1)根据应急领导小组的指示,建立应急监测网络,组织制定突发性环境污染事故应急监测预案。

(2)应急监测终止后应当根据事故变化情况向领导汇报,并分析事故发生的原因,提出预防措施,进行追踪监测。

(3)完成应急领导小组交办的其他工作。

6)应急监测反馈

监测结果应及时反馈给应急指挥小组,以便其调整应急工作方案。

9.1.3.7 事故报告

1)报送规定

发生以下事项,应尽快报管理中心,并通过管理中心向省高管局报告;

发生重特大交通事故;公路、桥梁及其附属设施遭到严重破坏,丧失正常使用功能;其他认为需要报备的事项。发生预计出现超过6小时的交通中断或阻塞和虽未引起长时交通中断或阻塞但出现重大人员伤亡或社会影响恶劣的公路交通事件。

2)报送程序

(1)初报。

重大紧急情况发生后,应在事发后尽快报管理处、高管局办公室;24小时写出书面报告报高管局办公室。如果情况复杂,暂时无法确定,可以“先报事后报情”,即先报发生了什么重大事件,随后根据调查工作的进展,随时报送有关情况。任何人不得以任何理由压报或阻挠重大紧急信息的报送。

(2)续报。

在初报的基础上,及时、准确、全面地报送重大紧急事件的调查情况和处置工作的进展情况。特别重大紧急情况的续报,应一日一报或一日数报。

(3)反馈。

重大紧急情况处置完毕后,要跟踪调查,并及时将事故处理结果与事故原因调查等信息反映给管理处和高管局领导。

9.1.4 GM高速公路应急管理宣传、培训与演练

9.1.4.1 应急宣传

向职工公布本公司突发环境事件应急预案、报警电话等,主要以宣传栏,定期讲座,宣传

标语为手段。广泛宣传应急法律法规和预防、避险、自救、互救、减灾等常识。增强职工的防范意识和相关心理准备,提高职工的防范能力。

9.1.4.2 应急培训

1)培训组织

应急指挥小组部门负责组织、指导应急预案的培训工作,各相关部门和应急救援专业组负责人做好日常预案的学习培训工作,根据预案实施情况制订相应的培训计划,采取多种形式对应急人员进行应急知识和技能的培训。培训应做好记录和培训评估。

2)应急人员的培训内容

危险重点部位的分布与事故风险;事故报警与报告程序、方式;火灾、泄漏的抢险处置措施;各种应急设备设施及防护用品的使用与正确佩戴;应急疏散程序与事故现场的保护;医疗急救知识与技能。

3)员工与公众的培训

可能的重大危险事故及其后果;事故报警与报告;灭火器的使用与基本灭火方法;泄漏处置与基本防护知识;疏散撤离的组织、方法和程序;自救与互救的基本常识。

4)应急培训要求

针对性:针对可能的事故及承担的应急职责,对不同人员予以不同的培训内容;周期性:公司级的培训每年一次;真实性:培训应贴近实际应急活动。

9.1.4.3 应急演练

(1)公司级演练以多个应急小组之间或某些外部应急组织之间相互协调进行的演练与公司级预案全部或部分功能的综合演练,演练频次每年2次以上。

(2)配合政府有关部门的演练,公司积极配合、组织参加。

9.1.5 GM高速公路预案的评审、备案、发布和更新

应急预案编制及修改后应进行专家评审,以确保预案的持续适宜性,评审方式可采取专家咨询的方式进行,邀请环保、水利以及相关部门的专家进行咨询。根据专家咨询意见及专家评审意见表,对预案进行修改。

公司应将最新版本应急预案报当地政府环境保护管理部门备案。备案应准备并填写的文件包括公司营业执照、组织机构代码证、审批登记申请表、企业事业单位突发环境事件应急预案备案表、专家评审意见、专家评审意见修改说明、应急预案发布文件、应急预案正文及光盘。

以上文件一式三份,交至高明区运输与环境保护局环境监测科进行备案。具体程序如下:

(1)公司应急预案经公司环境安全生产委员会评审后,由总经理签署发布。

(2)应急预案发布后7个工作日内,应向当地政府环境保护管理部门备案。

(3)安全管理部负责对应急预案的统一管理。

(4)办公室负责预案的管理发放,发放应建立发放记录,并及时对已发放预案进行更新,确保各部门获得最新版本的应急预案。

(5)应发放给应急指挥小组成员和各部门主要负责人、岗位。

(6)每年应根据公司演练结果及其他信息进行修改。修改后组织评审,以确保预案的持续适宜性,评审时间和评审方式视具体情况而定。

在下列情况下,应对应急预案及时修订:

(1)危险源发生变化(包括危险源的种类、数量、位置)。

(2)应急机构或人员发生变化。

(3)应急装备、设施发生变化。

(4)应急演练评价中发生存在不符合项。

(5)法律、法规发生变化。

应急预案的修订由应急指挥小组根据上述情况的变化和原因,向公司领导提出申请,说明修改原因,经授权后组织修订,并将修改后的文件传递给相关部门备案。

预案修订应建立修改记录(包括修改日期、页码、内容、修改人)。

9.1.6 案例成效与启示

GM 高速公路延长线工程突发环境事件应急预案将显著提高佛山 GM 高速公路有限公司应对 GM 高速公路延长线段突发环境事件的能力,健全突发环境事件应急机制。使其能正确应对局部区域内各类突发性环境污染、生态破坏等事故,通过按照预定方案有条不紊地实施救援,能达到最大限度地减少人员伤亡和财产损失、降低环境损害和社会影响,保障公众安全,维护社会稳定,促进经济社会全面、协调、可持续发展。

本应急预案的制定与管理目的明确、依据全面、过程严谨、责任清晰,应急预案的制定程序和应急预案的内容均具有极高的借鉴价值。

首先,应急预案的主体分工明确。佛山 GM 高速公路有限公司委托珠江水资源保护科学研究所编制,由佛山 GM 高速公路有限公司负责本应急预案的具体实施及修订、发布、备案工作;佛山市 GM 区环境运输与城市管理局负责本应急预案的备案登记及管理工作。责任主体是应急预案制定的前提,发挥各单位或部门的优势,制定具有实际意义的应急预案。

充分完成预案制定前环境调查、风险评估、应急资源调查等工作。从地理位置、建设规模、沿线设施、区域环境、环境敏感点等多方面进行调查,以事实为依据,使项目周边与水环境相关的调查充分合理。提出水环境敏感点,风险管理重点突出。将高明河水质作为保护目标,需要特别关注发生交通事故所造成的有毒有害物质泄漏进入河流的风险。分别完成环境风险因素分析、公路运输环境风险事故分析、加油站环境风险事故分析、其他污水环境风险分析等,对全生命周期的各阶段进行风险分析,采用事故风险概率模型、易燃、易爆重大危险源伤害模型等,并采用了定量与定性结合的分析方法,具有更强的说服力。

应急预案坚持分类管理、分级相应、协同处理的原则。从突发事件前期处理、分级响应机制到应急处置、应急监测,均依据风险识别和评估的结果,采取相应的预案措施。针对危险化学物品泄漏事故、交通事故、加油站事故等分别提出相应的处置措施,提出本项目段内风险事故协同、本项目以外公路、单位风险事故协同措施,加大区域内突发事件处理能力。

9.2 高速公路路域水环境突发事件应急决策——以DG高速公路“4·25事件”为例

9.2.1 DG高速公路“4·25事件”基本概况

2016年4月25日5时30分,在DG高速公路上途经流溪河供水水源地附近发生了一起翻车事件,一辆载有16.13t石油的油罐车右侧前轮爆胎时因驾驶员猛打方向造成侧翻,油品泄漏至流溪河,同时,车辆起火燃烧。在处理事故期间的6时14分,在事故后方300m处又发生两辆危化品槽罐车辆追尾事故,其中一辆运载白油、溶剂油槽罐车发生燃烧并爆炸,另一辆运载苯乙烯的槽罐车起火燃烧,同时发生石油泄漏,有毒有害物质泄漏后随水流扩散,造成河水严重污染。该水环境突发事件以下简称“4·25事件”,突发事件现场如图9-2所示。

图9-2 DG高速公路“4·25事件”现场

“4·25事件”发生时间为白天,地点在流溪河水域,公路沿线区域地势复杂,地形起伏变化大,分属构造侵蚀剥蚀丘陵、低中山及中山地貌,沿线多处设置雨水处理站,路基段设置双排水沟,桥梁段设置双层防撞墙;河流处在丰水期,水体流速>1.5m/s,水量大,造成污染物的扩散快,受污染的流溪河区域属工农业水源与饮用源头河。因此,若不及时处置,“4·25事件”将造成极为严重的后果。

9.2.2 DG高速公路路域水环境突发事件风险源识别

DG高速公路路域水环境突发事件的识别主要是分析其突发事件的作用机理,不仅要明确其来源,也要明晰其作用过程,同时也要掌握该突发事件在作用过程中发展趋势。

1)识别手段

根据DG高速公路的实际情况,结合对高速公路路域水环境保护领域一些专家的咨询，DG高速公路管理阶段可分施工准备、施工、运营三个阶段，目前项目已通车，进入了运营期。水环境突发事件的识别主要运用专家访谈及问卷调查方法进行；对于现场突发事件的及时发现，可以借助历史资料、相关工程情况、视频监控、路政、养护人员日常巡查、高速公路监控系统、报警等手段来完成。水环境突发事件的及时发现主要借助以下手段：

(1)历史资料。

收集整理DG高速公路所在区域及邻近地区的现有社会、自然环境等历史资料，在综合分析现有资料的基础上，归纳该区域普遍存在的突发事件及突发事件的特征，并确定着重考察地区及考察方法。

(2)类似工程情况。

当缺乏相关历史资料时，可以根据相似工程已发生的突发事件资料、当时相关部门对突发事件所采取的对应措施及事件的记录描述，类比本项目存在的生态环境风险源，提前预判突发事件的规模及等级。

(3)视频监控。

监控应急中心利用设置在高速公路两侧的摄像机监控系统，将重点部位的实时情况传输至监控应急中心并显示在监视器上。同时，监控应急中心监控员以视频扫描的方式，每半小时对路面、路两侧、路段车辆、车辆运输物等轮巡一遍，基本保证无盲点，一旦发现车辆、路况或环境出现异常应立即进入预警状态。

(4)路政、养护人员日常巡查。

路政人员分早中晚三班进行值班，每班不少于一次对全线路面进行巡查。出现恶劣天气、交通量增大(如春运、黄金周期间)等情况时根据实际情况增加巡查次数，加大巡查密度。发现车辆、路况或环境出现异常时必须立即报告监控应急中心。

通过对全线道路各组成部分的日常巡查、定期检查以及特殊检查，并结合高速公路的监测数据，建立健全高速公路状况档案，发现危害及时登记查明、分析原因，制定危害对策与方案。

(5)高速公路监控系统。

高速公路监控系统可用以高速公路运营环境为对象的气温、湿度及风力状况监测，对高速公路路域、水域流速流量的监测，对高速公路车辆密集度的监测，对高速公路来往车辆运载物的监测。利用光缆或无线传输相结合的方式，将各监测系统采集的数据实时传输至高速公路水域监控中心健康监控系统服务器端，由数据管理、分析系统与安全评估系统整理、分析数据，提供监测分析结果和报表，实现对高速公路水域的安全评估和预警。

2)突发事件识别

DG高速公路项目工程穿越流溪河水库、黄龙带水库、流溪河等水源保护区，其周边水系丰富，山体众多，边坡陡峭，雨水量充沛。项目对水源保护区的影响包括两方面：一是运营期危险品运输车辆对水质的潜在威胁，二是设计期的环保设计要求及标准不满足会遗留潜在风险。结合本项目的建设环境等实际情况，可列水环境突发事件风险源清单及对水环境造成的潜在影响，如表9-4所示。

DG 高速公路路域水环境突发事件风险源识别清单 表 9-4

序 号	突发事件	对水环境造成的潜在影响
1	路面采用沥青路面	有害物质随径流流入周边水体
2	路面径流收集系统破损	路面径流直接冲刷地面,有害物质进入周边水体或地下水
3	雨水处理站选址不当	收集的径流及有毒有害物质全部倾覆水体
4	生活用水及垃圾排放	污染水体
5	危险物品交通运输事故	危险物品进入水体,污染河流,影响用水安全

(1)路面采用沥青路面。

桥面采用沥青路面,在高温及暴雨冲刷的影响下,路面材料中的有害物质容易随径流冲刷至桥底地面,进入周边水体,影响水质。

(2)路面径流收集系统破损。

穿越水库时,项目采用高架桥通过,桥面径流收集系统中的水管采用 PVC 材料,水管经长期风吹日晒,加上径流物质的腐蚀,容易破裂,尤其是垂直于水平处的接头弯头,容易被水流冲刷掉,导致桥面径流收集系统破损,无法正常收集路面径流;更严重的是,桥面段出现危险物品交通运输事故,会导致危险物品泄漏,汇集的径流直接冲入水中,严重污染水体安全。

(3)雨水处理站选址不当。

本项目途经群山与丰富的水系,桥面穿越地带距离水体较近,边坡陡峭。雨水处理站选址不当,易造成后期废水收集困难,且若雨水处理站容量较大($800 \sim 2500m^3$),易受自重过大及边坡冲刷的影响,溢流后的废水会直接流入水体,影响河流下游水质。

(4)生活用水及垃圾排放。

DG 高速公路附近居民生活用水和垃圾的直接排放会对附近水域造成直接污染。

(5)危险物品交通运输事故。

高速交通事故所造成的环境污染一般会产生以下后果:一是对事故现场及附近一定范围内的地表造成污染,二是对事故现场及附近一定范围内的空气造成污染,三是对地表水体和地下水体造成污染。其中,一般来说,由于土壤是固体,流动性差,因此对于地表土壤的污染一般扩散范围不大,事故影响易于控制;而对于空气的污染,由于空气流动性大、扩散性强,气体污染物的蔓延一般是无法控制的。但是,由于空气扩散速度快,环境容量大,泄漏的气体能够迅速被稀释,因而事故影响的延续时间较短,"后遗症"不重;而作为液态的水,则介于二者之间,一旦污染物进入水体,则沿着水流方向运输、转移和扩散,其影响范围、影响程度的不确定性都非常大,事故蔓延难以控制,因此具有范围广、时间长、控制难、影响大的特点。所以,交通事故所造成的危险物品污染物泄漏对于地表水和地下水体的污染历来是高速公路路域水环境风险评价的重点。

本高速公路影响区域内主要水体为高明河和更楼河。更楼河水质功能主要为综合用水,水质保护目标为Ⅱ类。高明河水质功能主要为综合用水,水质保护目标为Ⅲ类,因此需要特别关注发生交通事故所造成的有毒有害物质泄漏进入河流的风险。同时,防撞护栏、径流收集系统、蓄水池、应急池等环保设计及施工材料的选用属于潜在风险因素,可能对施工或运营阶段造成不利影响。

9.2.3 DG高速公路路域水环境突发事件分级

针对DG高速公路路域水环境“4·25事件”,选择动态模糊综合分级方法对水环境突发事件进行分级,并通过聚类分析法和最短距离法对同一级别内的事件进行深入划分,提高突发事件应急决策的科学性、合理性。

高速公路路域水环境最大可信事故是指危险物质(有毒有害危险化学品及油类)泄漏突发事件和交通事故发生连锁反应之后对周边水环境水质造成污染的突发事件。“4·25事件”符合最大可信事故特征,应用第4章水环境突发事件分级指标及权重,采用5分打分法,对九项分级指标依次打分,并计算欧式距离,对照建立的水环境突发事件分级数据库中的分级标准划分级别。

跨水源保护区桥段均采用了双排水桥面径流收集系统,并设置了数个雨水处理站,可以有效收集初期泄漏的有毒有害危险物品,因此“泄漏物质的处置措施”一项对事件造成的后果影响相对较小,得2分;泄漏物质的量过多,超出雨水处理站的容量出现溢流或者直接倾覆水中,对事件后果影响不容忽视,因此,“泄漏物质总量”得4分;本项目段设置了监控系统,发生突发事件后,可较早发现、报警并上报应急管理中心,因此,即使发现了水环境突发事件,持续时间也不可能过久,“事故持续时间”得2分。依次对每项分级指标进行打分,最后采用likert5分值进行打分,综合得分为3.366,与数据库中的案例信息进行聚类分析后,可判定为该突发事件属于等级中第一类水环境突发事件,应该启动相应的应急响应。

通过对突发事件的级别划分以及事件之间聚类所得的结果定位了“4·25事件”在案例库中所处级别,下一步案例分析与推演只需要检索第一类水环境突发事件对应的情景与处置方案,在该级别案例库中检索情景相似度高的案例,生成应急处置方案。

9.2.4 DG高速公路路域水环境突发事件情景分析

在计算DG高速公路路域水环境“4·25事件”现实情景与案例情景的相似度之前,首先确定基于情景检索“4·25事件”应急决策检索的情景属性。

1)节点变量的确定及网络构建

基于第6章对水环境突发事件情景三维表达,从灾害体、抗灾体以及承灾体构建“4·25事件”的情景网络。

(1)抗灾体维度的节点变量及取值。

“4·25事件”发生后,DG高速公路路域水环境应急管理中心根据突发事件所处的情景进行实时决策,针对不同类型污染物应采取不同类型应急处理方法,如表9-5所示。

不同类型污染物水环境突发事件的应急处理方法 表9-5

污染物类型	一般应急处理方法
油类	采用围油栏围堵,收油机回收,吸油棉等吸附材料吸收,消油剂等化学试剂处理,为彻底消除溢油对环境的影响,还可采用生物法进一步处理残余油污染
重金属	上游拦河筑坝,疏导水体不再流经有重金属污染的河面;采用沉淀法或絮凝法与水体中重金属物质反应产生沉淀物

续上表

污染物类型	一般应急处理方法
易燃易爆物质	切断点火源，使突发事件发生区域无闪光、烟或火焰，使泄漏物远离燃烧物质，在下游设置多个拦隔断面清理打捞水中污染物
其他有害物质（含危化品）	未破损部分及时转移、打捞、清理；对水中部分污染物进行化学处理或稀释

处理措施因污染物不同需要灵活变化，但是可以提炼出两条主要的应急处理措施：围堵、疏导以及稀释污染物浓度。在水环境突发事件中，油类污染物与危化品污染物是主要的污染物类型。因此，选择"围堵、疏导"和"稀释污染物浓度"作为应急响应措施节点（抗灾体）不失一般性。

另外，在一定程度上应急资源是否完备以及应急资源是否能够及时到达事故现场决定着应急处置效果，所以将"应急资源完备度"和"应急资源到达时间"这两个指标也纳入"抗灾体"维度。"围堵、疏导"节点变量按照处置的有效性，将其分为三个等级：处置效果差、处置效果一般、处置效果良好。为了更贴切地表示污染物处置措施有效性所处等级，并且方便实现下文的相似度情景检索，将该随机变量的取值范围进行0～1的模糊量化处理：处置效果差（0～0.3）、处置效果一般（0.3～0.8）、处置效果良好（0.8～1）；"稀释污染物浓度"按照正常设计条件下水环境稀释浓度混合模型，依靠稀释作用达到水质目标所能承纳的污染物量和自净容量，污染物被稀释的程度划分为三个等级：污染物浓度降低30%以下、降低30%～80%以及降低80%以上；根据张素丽的研究结果，将满足水环境突发事件处置所需全部资源的程度划分为三个等级：应急资源匮乏（0～0.3）、应急资源基本满足（0.3～0.8）、应急资源充足（0.8～1）；"应急资源到达时间"指标根据张永领的突发事件应急资源的需求结构研究结果，将应急资源到达突发事件发生现场的及时性划分为三个等级：较为延迟（0～0.3）、较为及时（0.3～0.8）、比较及时（0.8～1）。

（2）灾害体维度的节点变量及取值。

从灾害体的维度来看，"事故发生时间""事故发生地""污染物泄漏量"和"水体流速"是反映水环境突发事件本身状态的关键性指标，结合DG高速公路工程的特点，这四项指标也是反映水环境突发事件等级的重要指标。为更易操作表达，根据所研究的水环境突发事件仅需要考虑石油以及化学药品两种不具有挥发性质的危险物质进入水体，而"风速"是用来描述挥发性化学物质的，且本次的研究对象仅考虑某一特定数量的污染物进入水体，所以"风速""突发事件形式"（碰撞、倾翻、爆炸等）指标未纳入灾害体维度。

"突发事件发生时间"取值为白天或晚上，量化之后为白天（1）/晚上（0）；"突发事件发生地"指标根据距离应急救援部门的距离分为三个等级：距离较远（0～0.3）、距离适中（0.3～0.8）、距离很近（0.8～1）；按照张羽文献的流速指标分值划分方法，将"水体流速"指标划分为两个等级：$<1.5m/s$，$\geq 1.5m/s$；"污染物泄漏量"以特定水体的水环境容量临界值作为划分依据，假定水体为湖泊水库，根据《制订地方水污染排放标准的技术原则与方法》

(GB/T 3839—1983)的规定,水环境有机物水环境容量计算可以采用公式如下:

$$w = \frac{1}{\Delta t}(c_s - c)v + Kc_s + c_s q$$

式中,w 为有机物在湖泊水库的水环境容量,kg/d;Δt 为水库保持设计水量的天数;c 为实测有机物浓度,mg/L;c_s 为水库中的标准容量,mg/L;K 为湖泊中有机物耗氧系数,1/d;v 为水源保护区标准,$10^4 m^3$;q 为保证安全流量,m^3/d。

流溪河水库为集中式生活饮用水地表水源地保护区,属于Ⅱ类标准,按照《地表水环境质量标准》(GB 3838—2002)取 BOD_5 的水质标准为 3mg/L,流域面积为 $34km^2$,总库容 $3.110^7 m^3$,BOD 耗氧系数根据室内模拟实验确定。以室内水环境模拟实验方法算出 BOD 耗氧系数,然后用数学优化技术确定 K 值,这里 K 为湖泊水源地耗氧系数。用最小二乘法计算得出该湖泊水源地的 BOD 耗氧系数为 0.075,最终通过上式测得该水库的 BOD_5 的水环境容量为 325kg/d。因此,“污染物泄漏量”指标按照超过该水库的水环境容量临界值的倍数分为三个等级:临界值以内(<325kg)、临界值的 1~3 倍(≥325kg 且<975kg)、临界值的 3 倍以上(≥975kg)。

(3)承灾体维度的节点变量及取值。

承灾体维度的表达主要包括以下三个指标:“受污染区域”“污染物浓度”“到达取水口时间”。根据污染面积占水体总体面积的比例,将“受污染区域”指标划分为三个等级:小面积污染(0~0.3)、较大面积污染(0.3~0.8)、基本全部污染(0.8~1);《地表水环境质量标准》(GB 3838—2002)中规定 BOD_5 的浓度要求如表 9-6 所示,将污染物浓度分为以下三个等级:<3mg/L、≥3mg/L 且<10mg/L、≥10mg/L。

地表水环境质量标准基本项目标准限值(单位:mg/L) 表 9-6

项目	Ⅰ类	Ⅱ类	Ⅲ类	Ⅳ类	Ⅴ类
五日生化需氧量(BOD_5)	3	3	4	6	10

根据《中华人民共和国水污染防治法》第 42 条规定:在长江干流设置取水口的,取水距离可以划分<500m、<1500m 以及>3000m 三种,所以到达取水口的时间可以依据到达取水口的距离除以水体流速划分为三个时间段:时间较短(<5min),时间适中(≥5min 且<40min),时间较长(≥40min)。

综上所述,抗灾体指标里的“应急资源完备度 x_1”“应急资源到达时间 x_2”“围堵、疏导 x_3”可以根据文献划分为三个等级,可以方便基于情景检索的水环境突发事件案例推理应急决策方案生成方法检索相似案例,“稀释污染物浓度 x_4”等级根据水环境稀释浓度混合模型划分,灾害体四个指标中“突发事件发生地 y_2”指标可以依据应急救援部门的距离划分为三个等级,依据张羽文献的流速指标分值划分方法确定“水体流速 y_4”取值范围,“污染物泄漏量 y_3”以特定水体的水环境容量临界值作为划分依据计算得出,而承灾的三个指标体中的“受污染区域 z_1”根据污染面积占水体总体面积的比例划分为三个等级,其中“污染物浓度 z_2”指标按照《地表水环境质量标准》(GB 3838—2002)取 BOD_5 的水质标准划分,最后根据《中华人民共和国水污染防治法》划定“到达取水口时间 z_3”等级,“4·25 事件”情景网络节点变量及变量取值如表 9-7 所示。

"4·25 事件"情景节点变量及取值 表 9-7

维 度	指 标	取值范围及量化分值
抗灾体	应急资源完备度 x_1	应急资源匮乏(0～0.3)/应急资源基本满足(0.3～0.8)/应急资源充足(0.8～1)
	应急资源到达时间 x_2	较为延迟(0～0.3)/较为及时(0.3～0.8)/及时(0.8～1)
	围堵、疏导 x_3	处置效果差(0～0.3)/处置效果一般(0.3～0.8)/处置效果良好(0.8～1)
	稀释污染物浓度 x_4	污染物浓度降低 30% 以下、降低 30%～80% 以及降低 80% 以上
灾害体	突发事件发生时间 y_1	白天(1)、晚上(0)
	突发事件发生地 y_2	距离较远(0～0.3)/距离适中(0.3～0.8)/距离很近(0.8～1)
	污染物泄漏量 y_3	临界值以内(<325kg)、临界值的 1～3 倍(>325kg 且 <975kg)、临界值的 3 倍以上(>975kg)
	水体流速 y_4	<1.5m/s、>1.5m/s
承灾体	受污染区域 z_1	小面积污染(0～0.3)、较大面积污染(0.3～0.8)、基本全部污染(0.8～1)
	污染物浓度 z_2	≤3mg/L、≥3mg/L 且≤10mg/L、≥10mg/L
	到达取水口时间 z_3	时间较短(<5min),时间适中(>5min 且 <40min),时间较长(>40min)

取信度阈值 $u=0.85$,相似度满足检索要求。通过"污染物泄漏量 y_3"节点与其余节点间的网络因果关系的确定来演示贝叶斯网络结构关系确定的过程。y_3与其他变量因果关系的基本概率赋值函数 $m_i(T,F)$ 取值由 5 名专家打分所得,函数中 T 表示两变量之间存在因果关系,F 代表两个变量之间无直接因果关系。需要说明的是,表中仅列专家认为两个变量之间有直接因果关系的概率赋值函数。显然,"污染物泄漏量 y_3"这一变量与"抗灾体维度""灾害体维度"中的其他变量并无直接因果关系,仅与"承灾体"维度中的变量有关系。计算 y_3与"承灾体"维度其他变量因果关系的组合 $m(T)$,若 $m(T)\geqslant 0.85$,则因果关系成立。

水环境突发事件节点变量专家打分数据与 D-S 证据合成计算结果 表 9-8

因果关系		m_1	m_2	m_3	m_4	m_5	$m(T)$
Y_3	Z_1	0.90	0.80	0.70	0.85	0.95	0.95
	Z_2	0.99	0.95	0.96	0.94	0.90	0.99
	Z_3	0.69	0.50	0.58	0.64	0.75	0.21

根据表 9-8 的计算结果发现,Z_3的 $m(T)=0.21\leqslant 0.85$,则 Z_3的因果关系不成立,故此舍去该变量。因此承载体这一维度就只剩受污染区域 Z_1和污染物浓度 Z_2这两个变量,将所有水环境突发事件筛选的节点变量之间的关系通过上述两个公式加权求值的方法得到,就能得到水环境突发事件情景分析的贝叶斯网络结构图,如图 9-3 所示。

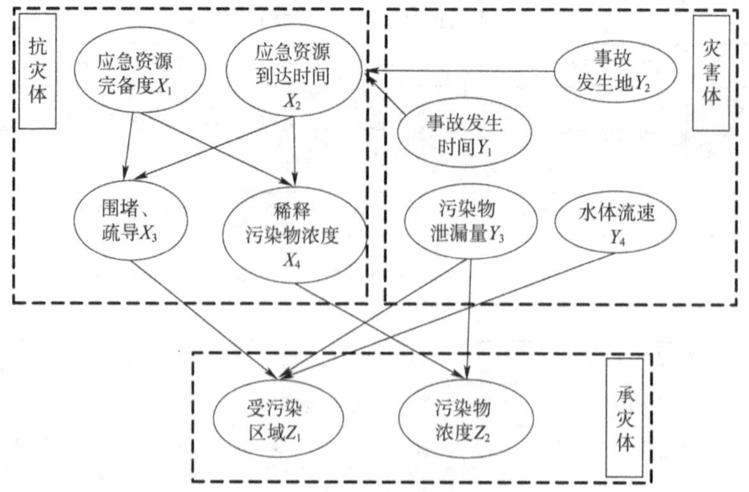

图 9-3　水环境突发事件情景分析的贝叶斯网络结构

变量 X_1、X_2、Y_1、Y_2、Y_3、Y_4为已知变量，从已知变量的取值可以通过 D-S 证据理论计算得出水环境突发事件情景分析贝叶斯网络结构图，从图 9-3 可以看出应急资源完备度 X_1这一变量将会影响围堵、疏导效果和稀释污染物浓度效果，而围堵、疏导 X_3的效果将进一步影响变量受污染区域 Z_1，当围堵、疏导效果良好时，受污染区域也大大减少；当围堵、疏导效果不理想时，受污染区域也一步扩大，使水环境突发事件危害加剧，从图 9-3 中可以发现与其实际情况相符。

2）情景网络推演

在利用贝叶斯网络结构进行情景推演时，确定情景网络节点的先验概率是贝叶斯网络推演的基础条件，其中先验概率又可称为条件概率，可以采用调研专家依据自身工作、知识经验和事件本身特征相结合确定。为尽量消除多名专家知识的不一致，根据第 5 章的推演过程，采用 D-S 证据合成理论整合各位专家的经验知识，实现较为科学合理的条件概率表。

将构建好的贝叶斯网络结构及所有节点的条件概率输入计算软件 Hugin Lite 8.1，如图 9-4所示。

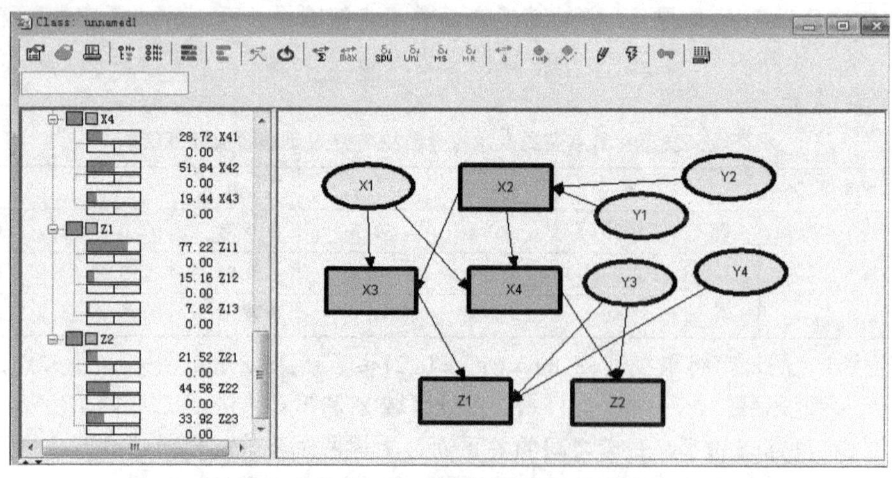

图 9-4　水环境突发事件情景的贝叶斯网络运行结果（基于 Hugin Lite 8.1 软件）

图 9-4 右侧为各节点变量取值的概率值。当获得证据信息：突发事件发生时间为白天，突发事件发生地较远，泄漏量为(325kg,975kg)时，水体流速 >1.5m/s 且应急资源完备度较为充足时，则可计算出水环境突发事件灾害体、抗灾体、承灾体这三个维度因素节点变量概率，如表 9-9 所示。

水环境突发事件情景各节点变量的状态概率　　表 9-9

维 度	节点变量	取值范围	状态概率
灾害体	突发事件发生时间	白天/晚上	(1,0)证据信息
	突发事件发生地	距离较远/距离适中/距离很近	(1,0,0)证据信息
	污染物泄漏量	≤325kg/(325kg,975kg)/≥975kg	(0,1,0)证据信息
	水体流速	≤1.5m/s, >1.5 m/s	(1,0,0)证据信息
抗灾体	应急资源完备度	匮乏/较为充足/很充足	(0,1,0)证据信息
	应急资源到达时间	较为延迟/较为及时/及时	(0.27,0.52,0.21)
	围堵、疏导	处置效果差/一般/良好	(0.26,0.50,0.24)
	稀释污染物浓度	降低 30% 以下/降低 30% ~ 80% /降低 80% 以上	(0.29,0.52,0.19)
承灾体	受污染区域	小面积污染/较大面积污染/基本全部污染	(0.65,0.24,0.11)
	污染物浓度	≤3mg/L/(3 mg/L,10 mg/L)/≥10 mg/L	(0.34,0.46,0.19)

通过具体的实际情况分析，发现该推演结果与“4·25 事件”现实情况较为吻合，说明基于贝叶斯网络的水环境突发事件情景分析方法可行、有效。

9.2.5　DG 高速公路路域水环境突发事件案例推理

在情景分析的基础上，按照基于情景分析的突发事件案例推理决策方法，对“4·25 事件”进行情景表示和案例推理，给出应急方案选择原则。

1）基于 XML 的水环境突发事件案例情景表示

根据对水环境突发事件案例的收集整理以及上文中水环境突发事件情景知识表示的内容，得出“4·25 事件”描述中发生情景的主要特征属性，如表 9-10 所示。

水环境突发事件描述 I 中发生情景的主要特征属性　　表 9-10

序号	特征属性	说 明	内容属性	类 型
1	污染物类型	污染物的类别归属	mixed	文本型
2	突发事件发生时间	水污染事件的具体时刻	empty	日期型
3	突发事件发生地	水污染事件的具体位置	empty	数值型
4	突发事件发生形式	碰撞、倾翻、爆炸等	textOnly	文本型
5	污染物泄漏量	污染物的泄漏总量	empty	数值型
6	水体流速	受污染水体的流速	empty	数值型
7	应急资源完备度	针对特定类型污染物的应急资源是否充足	empty	数值型

续上表

序号	特征属性	说明	内容属性	类型
8	受污染区域	水体受污染的区域面积	empty	数值型
9	污染物浓度	特定污染物的浓度情况	empty	数值型

根据情景检索算法检索到包含相似情景的案例，再将该案例的应急决策方案 F 与应急效果 J 作为决策依据，即生成实时应急决策方案。根据《国家突发环境事件应急预案》等相关文件的规定，结合大量水环境突发事件案例，分析水环境突发事件案例的应急方案 F 和应急效果 J 的主要内容及说明，如表 9-11 所示。

水环境突发事件应急方案 *F* 和应急效果 *J* 的主要内容及说明 表 9-11

项目	内容	说明
应急响应	应急组织	（临时）组织体系及相关职责
	处置措施	事件发生后，应急组织按照应急预案迅速采取的紧急处置措施
	现场检测与评估	水污染浓度监测工作
	医疗卫生救助	紧急医疗救护和现场卫生处置工作采取的安全防护措施
	群众的安全防护	群众疏散、转移和安置工作
	社会力量的参与	动员社会力量参与的措施
	信息发布	突发事件信息的及时发布情况
保障措施	通信保障	规范信息获取、分析、发布、报送格式和程序，保证应急组织机构之间的信息共享通畅
	应急装备情况	救援装备情况
	应急队伍保障	应急救援力量的建设和准备情况
	交通运输保障	根据需要及时协调交通等行政主管部门提供交通运输保障的情况
	应急物资保障	应急物资的储备情况
	社会动员保障	动员和组织社会力量参与突发事件应急救援的情况
	技术储备与保障	利用技术支撑体系的专家和机构，成立应急救援专家组，为应急救援提供技术和保障的情况
事件调查总结	善后处置措施	包括人员安置、补偿、征用物资补偿、灾后重建，污染物收集、清理与处理等事项
	应急反馈信息	应急响应与保障措施的反馈信息
	事件调查	事件调查工作
	处罚措施	对事件责任者的处罚措施
	经验教训	事件预警防范、应急处理等的经验教训
	防范和整改措施	提高事件预警防范、应急处理等工作效果的措施

2）基于情景检索的水环境突发事件案例推理

DG 高速"4·25 事件"情景与案例情景的检索特征属性值如表 9-12 所示，将其与案例情景中 s_1、s_2按上述相似度算法进行相似度计算。$\mathrm{sim}(s_{o_i},s_{1_i})$、$\mathrm{sim}(s_{o_i},s_{2_i})$的计算举例如下：

应急资源完备度：

$$\mathrm{sim}(s_{o_2},s_{1_2})=1-\frac{\frac{(2\times0.7-0.6+0.4)}{2}}{1-0}=0.4$$

$$\mathrm{sim}(s_{o_2},s_{2_2})=1-\frac{\frac{(0.6-0.45)^2+(0.4-0.45)^2}{2\times0.2}}{1-0}=0.9375$$

突发事件发生地：

$$\mathrm{sim}(s_{o_5},s_{1_5})=1-\frac{0.6-0.5}{1-0}=0.9$$

$$\mathrm{sim}(s_{o_5},s_{2_5})=1-\frac{0.7-0.5}{1-0}=0.8$$

"4·25 事件"s_o 与案例情景 s_1、s_2 相似度计算度结果 表 9-12

属　　性	"4·25 事件"情景 s_o	案例情景 s_1	案例情景 s_2	$\mathrm{sim}(s_{o_i},s_{1_i})$	$\mathrm{sim}(s_{o_i},s_{2_i})$
污染物类型	溢油	溢油	溢油	0	0
应急资源完备度	0.4～0.6	0.7	0.45	0.4	0.9375
应急资源到达时间	0.3～0.6	0.5	0.6	0.92	0.85
突发事件发生时间	晚上	晚上	白天	1	0
突发事件发生地	0.5	0.6	0.7	0.9	0.8
污染物泄漏量	400～600L	700L	660L	0.7	0.72
水体流速	1.2m/s	1.1m/s	1.4m/s	0.97	0.93
受污染区域	0.4～0.6	0.65	0.70	0.725	0.7
污染物浓度	6～8	7	9	0.975	0.6

各个检索特征属性的相似度再乘以对应的权重，即得突发事件情景与案例情景的全局相似度。权重未纳入研究范围，故将各个检索特征属性的权重取相同值 1/9，最终，算得 $\mathrm{sim}(s_{o_i},s_{1_i})=0.73$，$\mathrm{sim}(s_{o_i},s_{2_i})=0.62$。因此，案例情景 s_1 相对于案例情景 s_2 更加贴近于"4·25 事件"情景 s_o，取案例情景 s_1 的应急方案(F_{s_1})与应急效果(J_{s_1})作为应对突发事件 S_o 的实时决策方案的依据。

9.2.6 基于应急决策支持系统生成 DG 高速公路路域水环境突发事件应急处置方案

通过情景分析，对"4·25 事件"进行情景界定与三维结构表示，作出情景的贝叶斯网络构建与推演，并结合基于情景检索的"4·25 事件"案例推理应急决策方案生成方法，对当前"4·25 事件"进行相似情景检索，将上述突发事件分级结果作为输入，确定符合当前突发事件级别的历史案例，在符合设置的相似度阈值条件下，在确定级别的案例库中选择相似度最大的情景案例，通过案例库查询与决策者及相关专家对预案进行修正，然后输出对突发事件的应急处置方案。

根据前文应急决策支持系统的理论方法和设计过程，开发了高速公路路域水环境突发事件应急决策支持系统，目前该系统已经实现了本书系统设计研究的总体结构框架和部分功能模块，现以"4·25 事件"为例进行系统实现部分的展示。

9.2.6.1 系统开发与运行条件

1)系统开发主要技术

(1)采用 B/S 模式,使用 NET 架构进行软件开发。

(2)利用高速公路车辆安装的 GPS 和遥感技术的车载监控设备,通过车载录像,无线传输实时图像到监控指挥中心。方便动态实时地获取高速公路水环境突发事件的现场资料及车辆的调度、监控。

(3)使用 GIS 地理信息系统方式进行 GIS 应用开发,分图层进行资源的空间展示,GIS 引擎使用 ArcGIS4.0。

(4)采用 Microsoft SQL Server 2005 或以上版本作为数据库管理,考虑兼容 Oracel 数据库;使用 Web Service 技术进行系统及模块之间的消息通信。

(5)采用 Silverlight 4.0 技术增强 GIS 地理信息系统与应急指挥页面展示效果。

2)系统运行条件

系统软件编制完成后,根据软件开发规范,对应急决策支持系统软件进行内部测试,使其满足系统正常运行的条件,包括功能测试、性能测试、白盒测试、黑盒测试等。

在实现系统开发的部分功能模块的过程中,明确系统的运行条件:

(1)功能性方面。软件按照系统需求实现满足信息共享、信息展示、信息沟通等业务管理要求,集成 GIS、无线通信设备,提供数字、空间、语音、视频相结合的应急指挥管理手段;不同用户具有相应的业务功能权限,系统支持用户和角色设置,支持功能授权。

(2)安全保密性方面。对系统的安全性及数据保密性进行了测试,系统对常见的攻击进行了屏蔽,因此具有较好的安全性。

(3)易用性方面。系统用户接口清晰美观,各元素分布合理,具有较好的易用性。

(4)稳定性方面。对重要数据的输入进行了容错检查,操作中无系统异常退出情况,具有一定稳定性。

(5)可维护性和可扩展方面。提供了必要的设计开发过程文档,文档清晰易理解,方便用户对系统进行维护。同时,在系统设计上预留接口,方便系统的升级与业务的扩展。

9.2.6.2 系统实现效果

应急管理系统通过利用集成的信息网络和通信系统,集数据、语音、图像等信息资源为一体,辅助应急管理机构提供应急救援服务。在 DG 高速公路中设计开发了高速公路路域水环境突发事件应急决策支持系统主要界面及部分功能模块,下面从系统界面、应急监测与风险分析和预案推理三个主要方面介绍本系统在实际案例中的应用。

1)系统界面

系统的运用首先需要验证身份,进入系统的每一个人都对应一个用户名,系统启动首先通过登录界面,输入登录用户名和密码后进入系统主界面(图 9-5)。系统按权限大小不同将用户名分成三类,第一类是系统管理员拥有的用户名,即决策者的用户名,进入主界面后,可操作系统的所有功能,访问系统开放的所有信息,没有任何限制;第二类是一般管理人员的用户名,除对系统数据库进行管理(包括数据库的数据信息的编辑、存储、更新和维护等)外,系统其他功能都可访问并操作;第三类是应急决策的参与人员的用户名,他所能访问的只能是浏览系统开放的部分信息,如风险源信息、水环境事故案例、应急救援组织、应急救援设施分布情况等。

图 9-5 DG 高速公路路域水环境突发事件应急决策支持系统登录界面

系统主界面,左边设置下拉菜单项,对于常用的功能操作设置工具条,主要是方便决策者在应急决策分析过程中进行操作。系统主界面显示,该系统所包含的核心模块有地理 GIS、应急监测、风险分析、案例管理、应急预案推理与应急预案评估,而个性助理和个性设置对系统起着辅助作用,提供应急决策个性化信息管理功能和软件系统设置功能。系统将通过这些模块功能界面进行应急决策分析,实现应急决策的目标。系统主界面还设置有高速公路建设全程的地图,展示出了高速公路跨越的水域。

2)应急监测与风险分析

系统通过地理 GIS 子系统准确定位突发事件位置,如 DG 高速公路 CH 段突发事件现场视频监控连接实时采集数据参数,如图 9-6 所示。根据采集的监测数据,结合地理 GIS 进行信息查询和空间统计及分析,输入污染物类型和灾害体、抗灾体以及承灾体的节点变量,进行相似度情景检索;获取相似度最接近"4·25 事件"的情景表示。

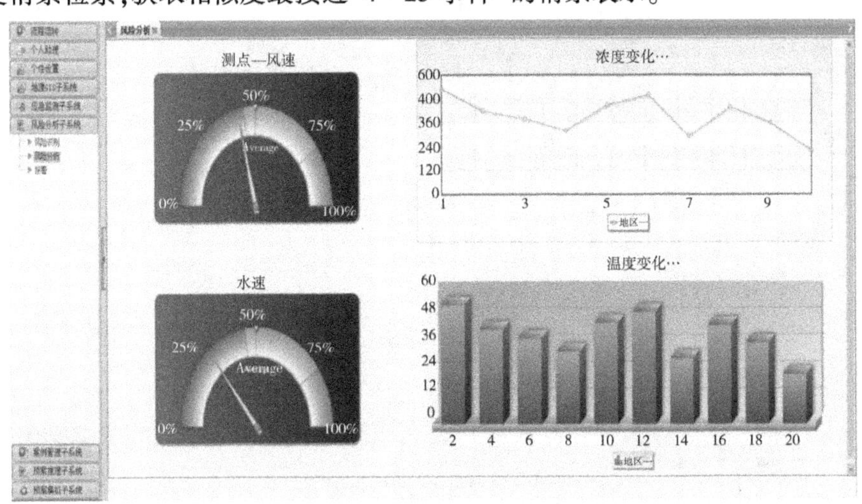

图 9-6 应急监测风险分析平台

3)预案推理

将"4·25 事件"分级结果作为输入,确定符合当前突发事件级别的历史案例,在符合设置的相似度阈值条件下,在确定级别的案例库中选择相似度最大的情景案例,然后系统输出对"4·25 事件"的应急处置方案。以下分别对各界面进行简要说明。

(1)情景检索。

DG 高速公路 CH 段发生水环境突发事件交通运输事故导致的苯乙烯和石油泄漏，首先输入当前水环境“4・25 事件”相关信息数据，如当前突发事件污染物名称(苯乙烯和石油)、数量和毒性等，当前受污水体的水速和流量等，事故现场基本状况等。情景检索界面如图 9-7所示。

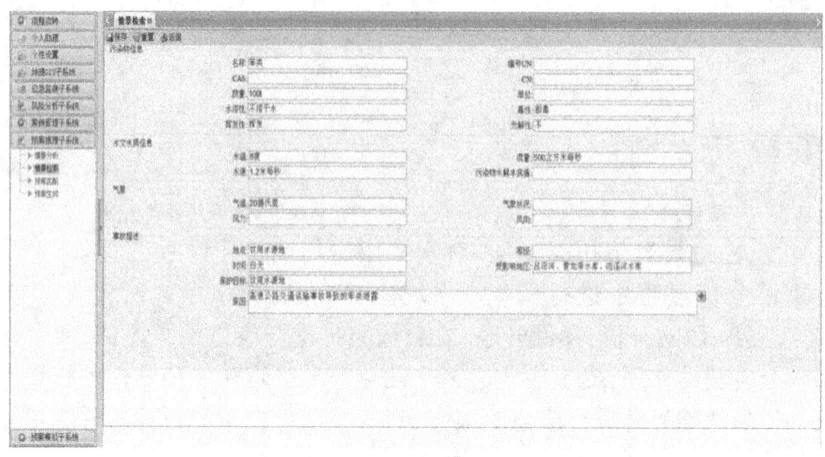

图 9-7　情景检索界面

(2)应急预案匹配。

通过案例推理，在符合设置的相似度阈值条件下查询到当前突发事件与 2005 年松花江硝基苯水环境突发事件最相似，系统给出关于此突发事件的详细信息、现场处置方案和应急恢复，如图 9-8 所示。

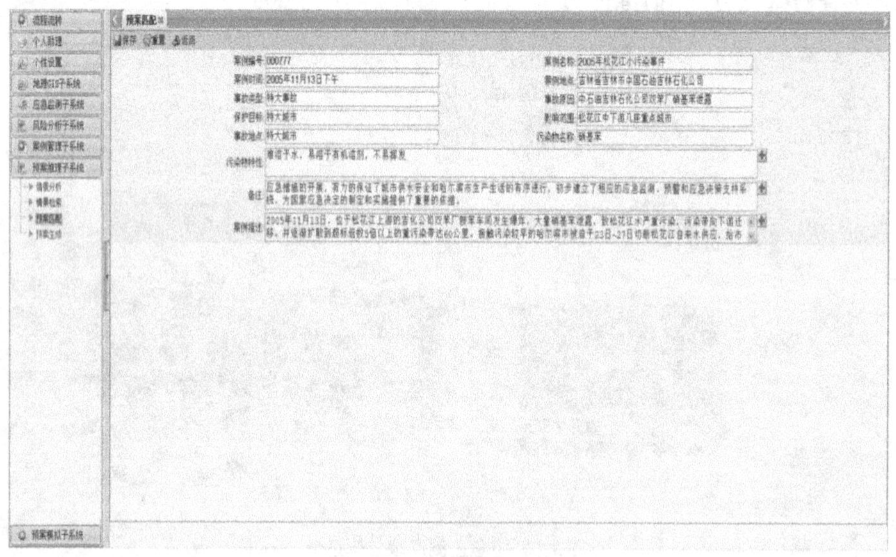

图 9-8　案例匹配界面

(3)应急决策方案生成。

通过基于情景检索的突发事件案例推理模型，生成当前水环境“4・25 事件”的应急方案，包括信息报告、人员保护、污染物处置和应急恢复等阶段具体应急措施，如图 9-9 所示。

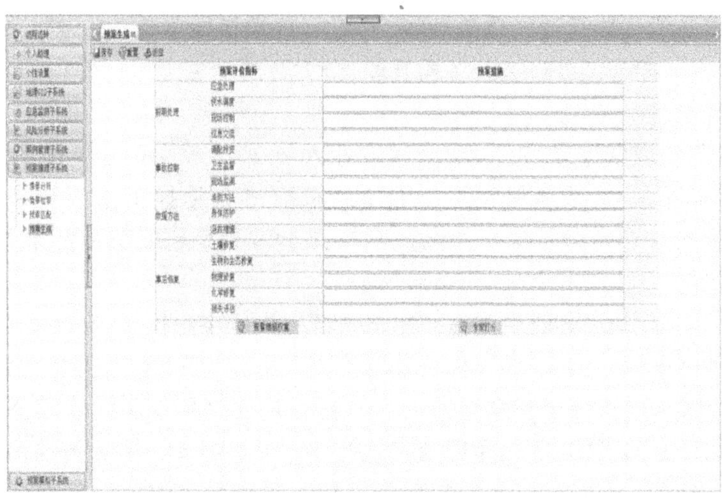

图 9-9 决策方案生成界面图

9.2.6.3 应急处置方案

通过决策系统检索到包含相似情景的案例，再将该案例的应急决策方案 F 作为决策依据，生成实时应急决策方案，然后由决策者结合事件特点和修正后的预案，作出最优决策。生成实时应急决策方案应达到以下两个目标：将水环境突发事件局部化，消除石油污染物扩散的条件，防止发生连锁事件和二次污染；能在水环境突发事件发生后迅速有效地实施应急措施处理，快速控制污染源，为应急过程提供科学可行的行动指南，同时，也丰富了决策系统的案例库。当前"4·25 事件"情景 s_o 的应急救援方案主要内容如下：

1）信息报告

事故发生后，DG 应急管理中心根据《突发环境事件应急管理办法》规定的"合适性原则"和"适宜性原则"，按照《DG 高速公路危险化学品泄漏应急预案》的要求和水环境突发事件应急决策支持系统生成实时应急决策方案，开展应急救援工作。因为发生了人员伤害和火灾的情况，同时向 110、119、120 报警。根据现场反映和"DG 应急中心"评判，"4·25 事件"超出了 DG 公司自身应急处置能力，DG 公司及时向集团公司、属地应急管理办公室、省应急管理办公室、省交通运输厅报告信息；同时在可变电子情报板上发布诱导信息，并通知相邻高速公路协助发布情报板提示信息。

2）现场处置

事故发生后，公司值班领导及当班的路政队长火速到达现场安全位置，迅速开展处置工作。其一，在事故后方用车载视频监控对准事故现场，同时，监控中心高杆视频监控设备一直关注现场，以了解事故的最新情况；其二，利用无人机直观、准确地航拍事故现场情况、车流情况以及危化品泄漏情况，及时地告知交警实施交通管制和危化品专业队伍进行现场处理准备；其三，协调救援队、养护单位加派人员、设备，做好救援和清障工作准备；其四，路政大队和收费站增派应急班组在地派、吕田、良口、温泉等收费站协助交警实施分流；其五，及时通知相关检测单位、设计单位到场对受损路面进行检测及评估。

3）现场指挥工作组成立

事故发生后属地政府、市应急管理办公室、公安、交警、消防、交通、安监、环保、水利、医院以及集团公司等单位陆续到达事故现场,并成立现场指挥工作组。在指挥工作组的统一部署下,各部门密切配合,反应迅速,各司其职,全力开展救援工作。

4)设备保障措施

DG 公司参与到现场救援 20 人次,救援专业人员 29 人次,10 台工作用车,2 台 31 吨重型拖吊,3 台 25 吨吊机,1 台 10 吨板拖,2 台 7 吨板拖,3 台拖挂车,2 台抢修车;消防部门到场 6 台泡沫水罐车,1 台抢险救援车,1 台高喷车,1 台洗消车到现场灭火、机械回收船一艘。

5)人员保护

交警、路政、监控中心、各收费站按照决策系统提供的应急措施,在现场指挥工作组的指挥调度下全力做好车辆分流、疏导工作。现场处置人员分为三类,一类是交警、路政,做好车辆分流、疏导,无关人员清理至安全地段;二类是消防、危化品专业化清污公司人员,做好现场灭火和危化品处置的工作,危化品现场应急处置人员根据苯乙烯和石油污染的特点,配备专业防护装备,采取安全防护措施,保护现场工作人员免受化学污染危害人体健康;三类是穿戴适当的防护装工作的人员。

6)建立现场工作区域

指挥工作组根据“4·25 事件”的危害、天气情况,现场设立了三类工作区域,即危险区、缓冲区、安全区。危险区域是紧邻突发事件污染现场的地域,一般用红线与其外区域分隔;缓冲区一般用黄色线分隔出来,此线也称为洗消线,进出此区域的人在此线上进行洗消处理,也是进行净化和限制通过的区域;安全区域在洗消线外,患者的抢救治疗机构、现场指挥机构设在此区。

7)危化品处置措施

(1)石油污染水环境治理。

治理石油污染水环境突发事件与其他污染治理不同,水体具有流动性,如若不及时处理会使污染范围以很快的速度不断扩大。

①灭火,由消防单位完成,避免发生爆炸。

②切断泄漏,堵漏困难可先用疏导的方法将内部液体倒入其他容器或储罐,或导入槽车运走。

③石油泄漏物处置。

a. 围堤堵截或围油栏收容泄漏物。现场以最快速度利用围油栏进行围控。在水面布放数道围油栏,防止溢油继续漂移扩散;溢流到水面的油,使用作业船,拉住围油栏的两端边、航行边进行围控,并尽快回收。

b. 泡沫覆盖,减少泄漏蒸发。使用泡沫覆盖,阻止石油泄漏物挥发,降低石油泄漏物对大气的危害,抑制石油泄漏物的燃烧性。

c. 水面溢油收集与处理。通过依靠机械回收船的方法将围控的浮油回收,对于水面上的油可用吸油材料活性炭、木纤维、稻草、锯末等进行收集。收集后的油与岸边混有沙土的溢油可转移到安全陆地上焚烧。

(2)苯乙烯污染水环境治理。

由于现场大部分苯乙烯已经起火燃烧,进入水体的只是小剂量,可采用吸油材料活性炭、木纤维进行收集;同时,为减少泄漏蒸发,使用泡沫覆盖阻止苯乙烯泄漏物挥发,降低蒸汽危害,用作业船防爆泵转移到专用收集器内,运至废物处理场所处置。

8)车辆拖离和现场清洗

救援、养护单位全力做好事故吊装、救援、清理工作。将槽罐车拖离现场并对其进行灭火、降温完毕后被吊起至牵引车拖离现场；现场采用木糠飘洒覆盖后再行清理，以防现场开放交通后过往车辆打滑的安全隐患；由环保部门专业清污公司对路面上的残留危化品、油污进行清洗，通过雨水处理站统一回收处理。

9)取水口应急处理措施

由于水环境事故发生地的下游在流溪河良口、温泉两处，分别设置了良口水电站和温泉水电站，"4·25 事件"采用案例情景 s_1 应急处置方案，在流溪河水电站泄洪口汇水池进行了粉末活性炭干粉投加，对突发性石油类污染进行去除，同时，安排了环保、水利部门检测单位进行检测，水体检测合格方水污染事故处理完毕。

9.2.7 案例成效与启示

DG 高速公路立项伊始，就十分重视路域水环境保护，尤其是跨越水源保护区路段。"4·25 事件"应用风险源识别方法、动态分级方法和基于情景的突发事件案例推理应急方案生成方法以及应急决策支持系统，及时生成有效的应急方案，控制事态发展，避免了连锁事故发生，提升了高速公路应急管理水平，为全国高速公路路域水环境突发事件应急决策提供了成功经验和借鉴，但是由于该领域研究还处于起步阶段、项目客观条件限制以及作者水平有限，仍有许多环节急需进一步完善和改进。

1)应急决策成效

(1)根据突发事件发生前辨识的风险源清单和突发事件清单、最大可信事故动态分级，突发事件发生时，迅速初步判别事件类别和级别，为后续应急方案生成提供基础信息。

(2)"4·25 事件"发生后，立即启动一系列应急保障措施，对事件进行动态分级，按照所属级别，在相应案例库匹配方案，基于情景检索的案例推理方法参数需要，收集相关信息，得出相似度最高的应急处置方案。

(3)水环境突发事件应急决策支持系统，为突发事件发生时及时准确地生成应急方案提供决策支持，解决突发事件应急决策的信息查询、收集和存储，提高突发事件应急决策的准确性与及时性；提升管理水平与决策效率，降低突发事件所造成的各种直接或间接的经济损失，具有巨大的社会、经济、环境效益。

(4)事件处置的时间约 10 小时，决策系统生成的应急方案指导性强，通过及时疏导事故现场车辆，全面收集和发布信息，快速诱导过往车辆绕行；消防、救援、危化品专业队伍的快速到场处理，现场应急保障物资和设备充足，路面上和进入收纳水体的污染物现场处置措施得当，受污染水体经处置后检测合格，现场事态没有进一步扩大和恶化，得到了有效控制，未造成不良的社会影响。

2)应急决策启示

(1)DG 高速公路穿越路段为流溪河水库和流溪河的二级水源保护区，环境保护要求较高。通过"4·25 事件"可以看出，突发事件处置可能涉及多部门的跨组织应急联动，需要各部门打破原有的组织边界，构建符合高速公路突发水环境事件应急管理的特点的多部门、跨组织间协同的应急联动组织。

(2)由于目前运营公司的应急方案主要依据行业垂直管理的应急预案,并没有和属地政府部门的应急预案相衔接,而属地政府也以运营公司是非属地企业为由,并没有纳入属地管理范畴。但根据实际应急救援的处置情况,需要扩大应急联动,现场负责突发事件指挥处置的主体是属地的应急管理办公室,而运营公司开展的救援工作,实际上也是遵循现场指挥部的指令协助开展救援工作,与公司行业管理的应急方案并不相符。

虽然开发的应急决策支持系统是对现场应急处置措施的补充,对辅助决策者果断决策起了重要作用;但是建议公司应急预案应该遵循属地管理的原则进行修改,预案修订完善后要到属地应急管理办公室备案,便于突发事件发生时实时生成纵横一致的应急方案。

(3)鉴于危化品的种类繁多和毒性各异,若处置不善,将会造成次生事故。建议要对危化品分类造册,区别制定详细、围绕实战情况的应对处置措施,进一步完善应急处置方案。

(4)突发事件应急决策支持系统虽然发挥了一定的作用,但是由于功能尚未完全开发,案例库仍需要进一步分类补充,数据收集与处理模块需要尽快开发完善。突发事件应急决策支持系统可以提高应急决策方案生成效率,缩短应急响应时间,有助于加强信息沟通,消除沟通障碍和信息孤岛,实现资源的合理配置和调配,将水环境突发事件的危害影响降到最低。

9.3 高速公路路域水环境突发事件应急救援——以SH高速“9·19事件”为例

在高速公路路域水环境突发事件发生后,若不能及时采取合理的应急救援措施,污染源可能会对高速公路附近水体产生污染,进而造成救援任务难度和社会损失扩大,其后果补救需要付出高昂的代价,这也是参与救援的任何一方都想要避免的。因此,在较短的时间内有效地处理高速公路路域水环境突发事件,是高速公路应急救援的核心工作。参与救援过程的任何一方,若想要通过引导对方的选择来提高自己部门的效率,其行为将被视为对其他部门的妨碍。因此,良好的组织体系是增强应急救援的关键,而组建高速公路路域水环境突发事件应急救援组织体系的核心就在于整个应急救援系统组织体系的构建和应急救援程序的安排。本节以SH高速公路“9·19”特大交通事故(以下简称“9·19事件”)为例,从应急救援组织体系和应急救援流程两方面分析高速公路应急救援工作。

9.3.1 SH高速公路“9·19事件”基本概况

2013年9月19日7时16分许,SH高速(茂名段)G15(3377km+200m)处路段发生一宗小汽车追尾碰撞油罐车(装载2号燃料油)的较大道路交通事故,造成3死1重伤,直接经济损失约300万元。该事故肇事者叶某驾驶粤K××××××轿车在沈海高速公路广州往湛江方向慢车道行驶,行至3377km+200m处时,追尾碰撞在前方慢车道由刘某驾驶正常行驶的湘E×××××重型半挂罐式车,导致刘某驾驶的货车罐体尾部左下角的卸油阀门脱落,罐体内装载的2号燃料油泄漏,引起燃烧。该事故造成粤K××××××号轿车上3名乘客当场死亡、驾驶员叶某特重度烧伤、两车及道路桥涵等设施严重损坏。另外,罐车上大量燃料油流出路外燃烧,在较大风势下迅速形成大面积流淌火,危及高速公路双向行车安全且在一定程度上殃及附近居民区。同时,泄漏的燃料油因路面渗流对路域水体产生危害。“9·19事件”现场如图9-10所示。

图9-10　“9·19事件”现场

针对此次运输事故,湛江分公司协同茂名市市政府各有关职能部门,积极采取应对措施,落实应急抢险救援,整个救援活动持续了7天。主要工作包括高强度交通管制和危桥加固,尽可能将事故损失降到最低并力保道路行车安全。至2013年9月25日18时许,突发事故路段成功实现双向临时恢复通车目标。在这场争分夺秒的应急保畅抢险战役中,湛江分公司和茂名市市政府的各有关职能部门紧密配合,实现了“五位一体”应急联动保畅体系的组织落实,进行了有效的实战性“演练”。

9.3.2　SH高速公路应急救援原则

1)保持通信渠道通畅

如果部门与部门之间因进入现场的次序与权限而发生冲突,同时处于冲突中的各方希望以较有效的方式解决问题,则应直接地或通过第三方(以现场指挥人员为主)间接地保持联络渠道通畅,以避免任何可能的误解。因为随着冲突级别的增长,通常存在减少正式沟通交流的趋势。例如,不考虑对方要求强行占据现场通道等。而在突发事件尚未解决期间,正值决策压力大、充满紧张感的高峰,此时最需要具有权威性且又清晰的通信联络。

当然,这一原则也包括向对方传送具体明确的信息。冲突发生时,部门之间对对方言行作出错误理解的可能性增大,笼统模糊的言行只能使冲突加剧,而具体和明确的建议有助于互相产生信任,从而可能得到预期的响应。

2)维持目标的有限性

成功的救援体系管理要求有关各方采取现实主义的态度,必须认识到在大多数情况下,最佳的救援目标是难以达到的,在突发事件发生后应当选择切实可行的有限目标。例如,确保受灾人员安全、尽早恢复公路运营、减少对周边社会影响或减少救援成本等。在有可能的条件下,各种类型的处理目标最好不要留待事件爆发后才仓促决定,它应属于战略性的事前准备工作之一。

3)用利益冲突而不是原则冲突的方式处理救援中的争端

一般情况下,部门与部门之间的冲突,大多产生于各自需要牺牲一部分效率,以便为另一方造就一个较好的救援环境。根据冲突理论,冲突中任何一方通常都不愿做出原则立场性的妥协,因此不应强调意识形态和原则立场方面的讨价还价,否则将导致部门之间互不相让。

4)避免用零和对策的观点看待和处理事件

部门与部门之间易于就次序先后和权责归属发生冲突的原因之一,就是大多数人习惯于用“零和对策”的观点看待或处理冲突(零和对策的观点认为冲突双方非输即赢,没有不输不赢或双赢的余地,零和是指一方所失正是另一方所得,如果用正负分别表示冲突中的得失,由于双方得失互逆且相等,从而其和为零)。按照这种观念,不是我输你赢、就是我赢你输,而事实上最终结果却常常是两败俱伤。其实,相当大一部分冲突都具有或可以转变为“正和对策”的性质,即每个局中人都可能在某种程度上获益,对策结局可以出现其和大于零的积极结果。高速公路突发事件的救援组织体系就是如此。在该体系中,部门间的相互依赖程度随事件后果严重程度的加重而加重,如继续用零和对策的观点看待问题,只会降低整体救援效果。也就是说,要在体系内各部门之间提倡合作和利益分沾的观点。

5)维持抉择的灵活性

维持抉择的灵活性也就是灵活反应或逐渐升级的原则。在其他途径不适用或已用尽时,为了避免事件危害后果的持续扩大,将事件处理的指挥与决策权交予更高级别的部门就很难避免了。此时,救援体系包含的范围应先限于局部,在事故升级的各个阶段上,应充分利用每个可能的时机争取转机。总之,在救援组织上应采取局部、报告和逐渐升级的反应方式,以保持采取各种方案和适时进退的自由。

6)分解冲突和分散危机状态

在高速公路突发事件的发展过程中,危机常常是由以往矛盾的积累并经意外事件而突然引发的。高速公路突发事件是有规律的,成因于公路常态运营中。在交通运输组织和交通设施管理组织中,建立一种对同质性高速公路水环境突发事故能够“免疫”并能预防和矫正各种交通灾害现象的“自组织”机制,可以防止和矫正交通事故的诱发因素的发生或发展,保证高速公路运输系统处于有秩序的安全状态。这一理论同样适用于救援行为,在事件转化为危机之前,利用预警的方法分散危机,是救援组织体系必须具备的一大功能。

7)寻求广泛的支持

高速公路突发事件救援组织仅限于“已建立的组织”,也就是常规反应组织,如高速公路公司、路政队、交警、医疗、消防以及特种物品处理部门等。当突发事件具有较广的危害后果时,救援组织的计划或已执行的措施需要通过媒体宣传得到尽可能多的周边社会的理解或支持。这时就出现了我们所说的“扩展的组织”,也就是由志愿者组成,随危机情景的需要配合救援组织提供一些服务的团体。当然这一原则常常与危机中需要做出快速反应的形势要求相矛盾,但它有助于减缓突发事件给社会造成的动荡性影响。

8)考虑救援行为的后继影响和先例效果

由于时间的紧迫性,高速公路突发事件救援人员在施救过程中,致力于当前和短期的目标是易于理解的。如果他们不能为眼前的灾害状态找到出路,就无从考虑长期的未来发展。但必须看到的是,在某种程度上可能将来在处理类似的事件情况时,突发事件的处理方式将成为一种具有消极或积极意义的先例。因此,在事件处理方式中限制那些可能带来不利的后续影响有其必要性。

9.3.3 SH 高速公路应急救援组织体系

建立高速公路水环境突发事件应急救援系统包括确立救援权限、设置救援机构以及构建所形成的组织制度和体系,组织体系的构建也是进行事故应急救援的基础。建立高速公路应急救援系统的原则是“统一规划,突出重点,满足需求,合理定位,充分利用现有设施”,其核心任务是构建应急救援组织体系。在构建应急救援组织体系过程中应结合高速公路突发事件的实际情况进行建设,着眼于重特大事故的应急处理,并兼顾日常安全管理工作的需要。

为及时处理“9·19 事件”这类环境污染事故,避免或减小这类事故对高速公路路域水环境产生的危害,高速公路应急救援系统的构建势在必行。SH 应急救援系统主要从组织体系的构建和救援程序两方面入手,并考虑协调调度、技术保障、信息通信、过程监控等机构的设立以及突发事件恶化后的管理。

9.3.3.1 *应急救援组织体系结构*

针对“9·19 事件”情形,结合其他高速公路水环境突发事件应急救援组织体系,为“9·19 事件”设计一个三级制的 SH 高速公路水环境突发事件救援组织体系,分别包括应急救援指挥中心组建、应急救援组织机构建立、应急救援小组建设,以此应对高速公路突发水环境污染事件,确保能在事故发生后,应急救援中心采取适当的应变救援行动。在设计 SH 高速公路水环境突发事件应急救援组织体系时,应保证系统结构简明,机构扁平化,尽可能将救援工作交由最接近事发现场的救援部门指挥。

若 SH 高速公路突发交通事故对附近路域水环境造成威胁,“SH 应急救援指挥中心”应根据国家及广东省下达的应急救援相关文件和预案指导文件,组织各部门紧急构建应急救援组织机构,对 SH 高速公路突发事件实施应急决策、指挥、救援、协调沟通、保障以及监控等方面的工作,再根据突发事件详细情况成立应急救援队伍,进行具体救援实施任务。SH 高速公路水环境突发事件救援系统如图 9-11 所示。

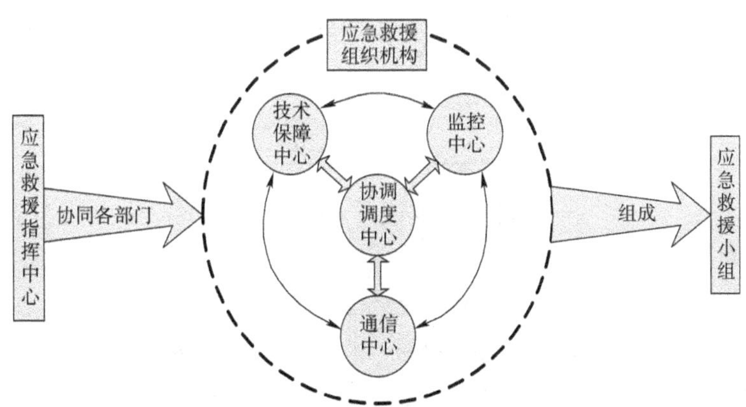

图 9-11 SH 高速公路水环境突发事件救援系统

SH 应急救援系统中组织机构的设置是重中之重。这是因为对高速公路路域水环境突发事件的救援组织体系而言,应急机构是为了在发生不同程度的水环境突发事件救援过程中,各机构能够快速按照某种方式构成一个整体,来应对突发事件;对于应急救援系统中各机构职能确立,则主要涵盖在突发事件救援过程中各机构在整个救援活动中所发挥的作用及功能,包括救援指挥中心对救援措施方式、方法的决策,人力、物力、财力的调配,等等。

9.3.3.2 应急救援指挥中心

“SH 应急救援指挥中心”协同各部门救援力量组建突发事件专项应急救援总指挥中心,各专项应急救援指挥中心及其下设各应急救援机构共同组成“9·19 事件”应急救援中心,以应对突发事件应急救援全过程任务。应急救援指挥中心的组建能够建立统一的指挥、协调和决策机制,便于救援行动的迅速有效进行,合理有效地调配使用各方应急救援物资,充分发挥人员在救援过程中的作用,有效避免突发事件应急救援过程中的盲目性,使救援过程中的损失降到最小,降低救援成本。

9.3.3.3 应急救援组织机构

“9·19 事件”应急救援涉及许多相关部门,包括公安、交通、医疗、环保和其他有关部门。“9·19 事件”发生在 SH 高速公路茂名段,由湛江分公司应急救援指挥中心与茂名市市政府各相关部门协同作战。在发生水环境突发事件时,“‘9·19 事件’应急救援中心”成立“现场应急救援指挥中心”来对下属相关部门的人员进行统一指挥和调配。各部门和应急救援小组在接到“现场救援指挥中心”的指令后,应按其各自的功能和职责分头执行命令,SH 高速公路“9·19 事件”应急救援组织机构如图 9-12 所示。

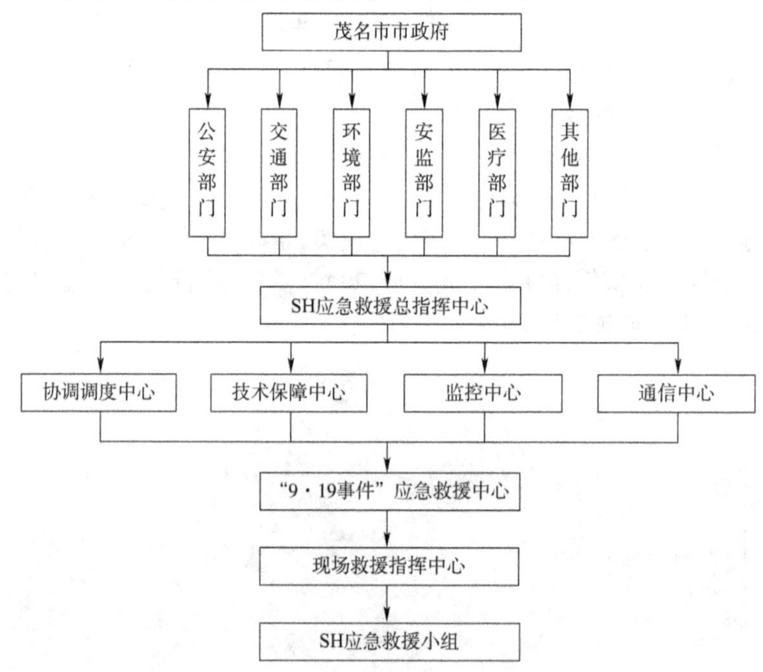

图 9-12 SH 高速公路“9·19 事件”应急救援组织机构

协调调度中心主要管理及设计参与 SH 高速公路水环境突发事件的各救援机构,并将这些机构联合起来共同应对水环境突发事件,协同开展应急救援活动。若各机构能够有效进行协同工作,则能够大大缩短处理突发事件及其清理现场的时间。水环境突发事件发生后,由“SH 应急小组”按照应急救援流程,对突发事件造成的后果进行处理,避免突发事件引起 SH 高速公路路域水环境的污染。

技术保障中心为救援活动准备一般性日常资料、装备和储备等,以在救援过程中,面对突发技术故障能够及时解决。对 SH 高速公路而言,日常技术保障活动包括 SH 高速公路周边地形地势以及道路走向、机构设施分布图、通信方式、应急计划、防灾资金投入、器械、粮食、淡水等储备等,同时,预先准备的应对举措、职权授予的书面文件等也包括在内。救援过程中的技术保障包括救援硬件设备维修人员、维修设备及备用设备等。

通信中心的任务主要有两方面:一是事件信息的搜集。信息搜集主要有三条渠道:①利用路况监控系统;②通过在各地之间建立的网络联络平台;③人员直接调查等。二是信息的集中与传递。通过各种渠道获得的信息应迅速地集中到应急救援中心,并传递给相关负责人。在这一过程中,信息的传递速度非常重要,信息的任何拖延都会使其失去价值。此外,由于水污染突发事件可能引起农田污染、饮用水污染、生态环境破坏等问题,故为了防止水污染影响周边的正常社会活动,各部门都应加强对信息本身的管理。

监控中心在高速公路救援中,面对发展变化迅速且无序的灾情,必须具有清醒的头脑来指挥人员参加现场救援。在救援过程中,随时随地密切注意灾情的发展变化情况,因时因地制定抢险措施,安全稳妥地组织救援。所以,监控中心在水污染突发事件应急救援中的任务是密切监视施救过程的进度与效果,并及时、准确地向上级指挥部门反馈信息。在监控过程中主要应注意两个问题:第一,保证监控信息来源的真实性、准确性,信息反馈的及时性、高效性。信息的来源不清、不准确或者反馈不及时,都会影响决策的制定和不良举措的纠正,给抢险带来巨大的隐患。第二,要确保通信联络渠道的畅通,与通信中心协同合作信息及时传达给应急救援中心。当在事件救援中出现异常现象时,应尽早汇报。

9.3.3.4 应急救援小组

应急救援小组是突发事件发生后实施现场救援活动的主力军。“SH 应急救援总指挥中心”在接到应急救援任务后,应及时成立“‘9·19 事件’应急救援中心”应急救援队伍,并对应急救援队伍成员分配任务、划分职责,由应急救援队伍在现场实施救援工作,SH 应急救援小组组成如图 9-13 所示。

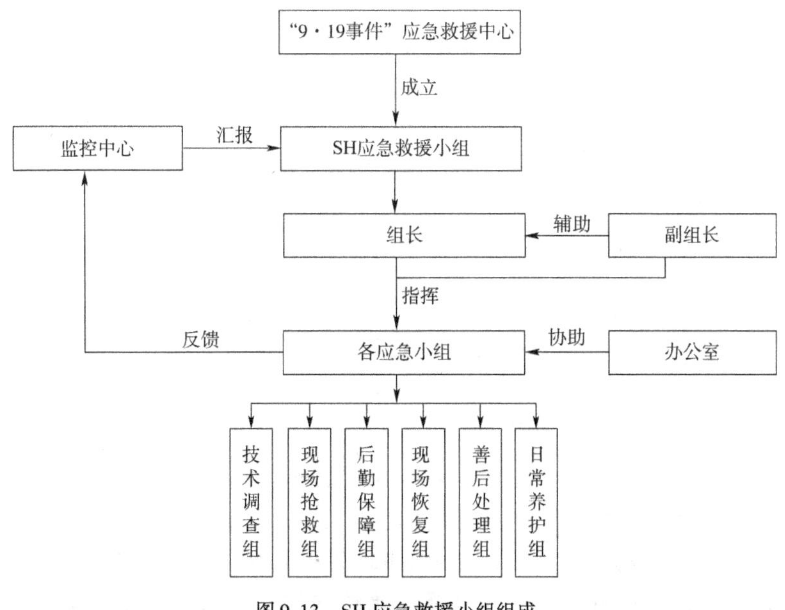

图 9-13 SH 应急救援小组组成

9.3.4 应急救援流程

茂名路政中心在接报“9·19 事件”后,迅速赶往现场并通过应急保畅系统向监控中心实时传递现场情况。湛江分公司值班领导获悉后第一时间赶赴现场,和各有关职能部门协同作战,通过紧急启动应急救援预案,有序落实现场降温、火势控制、伤员抢救、交通管制疏导以及水体污染源控制与处理等,尽可能将事故损失降到最低。“SH 应急救援总指挥中心”首先根据监控中心获得的突发事件监控报告和茂名市路政中心获得的接警信息,确定突发事件发生地点的救援需求以及救援队伍和救援物资种类与数量,进而确定参与应急救援的机构,同时综合考虑突发事件发生地附近环境特点,尤其是突发事件附近路域水环境特点,充分利用事件发生地现有资源进行救援配置,进行应急救援任务。

SH 高速公路应急管理小组针对“9·19 事件”制定的救援流程如图 9-14 所示。主要分为六个步骤:应急接警、应急响应、应急启动、救援行动、应急恢复、应急结束。

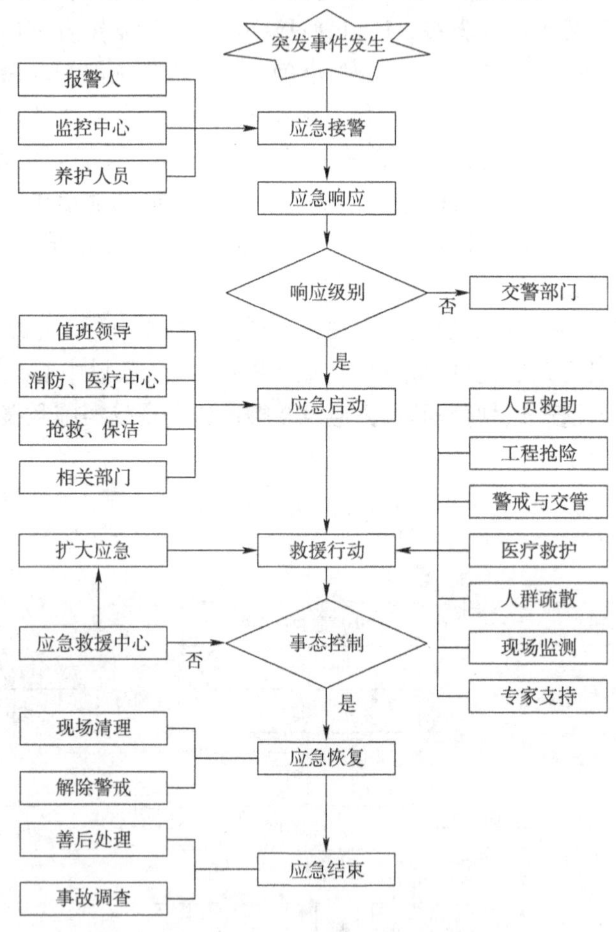

图 9-14 SH 高速公路水环境突发事件应急救援流程

9.3.4.1 应急接警

SH 高速公路(茂名段)突发事件发生后,事件当事人和目击者可以通过高速公路沿线紧急救援电话(SOS)、110 报警电话、高速公路紧急救助和咨询服务电话(96777)、高速公路视频图像、交警路政巡逻报告、养护部门定期报告和指挥调度中心电话等途径向接警中心发出紧急救援事件信息。监控中心在发现、接到事故当事人或目击者、交警或管理部门报警后应及时记录事故发生地点、污染物类别及数量,迅速通知事发现场附近的巡查养护人员赶往现场,并及时将突发事件情况上报至"SH 应急救援总指挥中心"。"SH 应急救援总指挥中心"针对发生的突发事件成立"'9·19 事件'应急救援中心",针对突发事件展开决策、救援、恢复等工作。

9.3.4.2 应急响应

"SH 应急救援总指挥中心"根据接警中心关于突发事件情况的报告,对接收到的信息进行甄别,并及时通过监控系统或者根据派往事故现场的巡视养护人员等掌握到的关于污染物类别、污染物泄漏情况和事故对路面交通的影响程度等相关信息,分析事故可能造成的影响及其衍生危害,从而对突发事件响应级别进行预判。如果警情尚未达到启动应急预案的触发条件则直接结束。如果根据警情和已掌握的信息判定需要启动水环境应急决策支持系统,则由值班领导根据系统输出的应急处置方案和预判响应等级,制定相应的应急处置方案并组织、调配相关"SH 应急救援小组"内部抢险救援人员赶赴现场进行处置。如果警情超出公司级所能控制范围,则应及时向市区级、省级提出扩大应急支援请求。

根据《国家突发环境事件应急预案》条例规定,突发环境事件应急响应坚持属地为主的原则,地方各级人民政府按照有关规定全面负责突发环境事件应急处置工作,环保总局及国务院相关部门根据情况给予协调支援。故应对 SH 高速公路所发生的水污染突发事件应由广东省政府牵头,联合突发事件事故所在地的相关部门进行应急救援活动。

按突发环境事件的可控性、严重程度和影响范围,突发环境事件的应急响应分为特别重大(Ⅰ级响应)、重大(Ⅱ级响应)、较大(Ⅲ级响应)、一般(Ⅳ级响应)四级。超出本级应急处置能力时,应及时请求上一级应急救援指挥机构启动上一级应急预案。一般Ⅲ级以上应急响应启动应急救援,"9·19 事件"属于Ⅰ级响应突发事件。

9.3.4.3 应急启动

应急启动事关应急救援工作成败。为避免出现多头指挥、相互干扰而错过抢险的最佳时机,由"SH 应急救援总指挥中心"启动应急救援程序,在突发事件发生后及时向下级组织和部门下达指令,并且所有指令都应由其统一发出。参与抢险救援的各组织部门和队伍在接收指令时应及时到位,全力以赴地投入救援工作,按照应急救援总指挥中心下达的命令,按照既定要求各尽其责、克服困难,着手开展应急救援行动,力求将损失和影响降到最低。现场人员也可以根据救援过程中遇到的问题、困难及建议向应急管理中心反映,供领导决策参考。

9.3.4.4 应急救援行动

应急救援行动是应急救援整个过程中最重要的组成部分。及时有效的救援行动是营救人员、控制污染扩散、降低环境破坏程度、减轻事故后果和控制交通的保障。

当 SH 高速公路发生"9·19 事件"时,茂名市路政中心首先接收报警信息,经监控中心确认后,判断该突发事件所属类别,再立刻向"SH 应急救援总指挥中心"通报情况。"SH 应急救援总指挥中心"通过调度中心调集事故现场指挥机构及相关救援机构和人员成立现场救援小组，并派遣应急救援小组在最短时间内赶赴事故现场，投入应急工作，对现场实施必要的交通管制。

实际上，高速公路应急救援行动主要是由应急救援小组实施的。根据分工不同，应急救援工作可分为现场抢救、后勤保障、现场恢复、善后处理和技术调查五个小组；救援的内容包括人员救助、工程抢险、警戒与交管、医疗救护、人群疏散、现场监测、环境保护、专家支持等。现场抢救组负责立即赶往事故现场，查看并向监控应急中心及时反馈事故现场情况，在能力范围内开展早期救援行动，配合交警维护事故现场秩序等；后勤保障组负责应急救援的物资保障，包括应急防护装备、应急抢险设施、应急抢险车辆等；现场恢复组负责异常状况的恢复、事故现场清障、路面清理，对被损坏的设施或桥面及时进行修复、核定事故造成的路产损失并办理赔偿手续；善后处理组负责信息发布、善后赔偿以及为相关工作提供资金保障；技术调查组负责调查异常状况或事故的原因，总结应急处置经验，提出改进方案，以书面报告形式提交应急救援领导中心。针对不同的水环境突发事件采取不同的救援行动。

1）水体污染

当突发事件引发水体污染时，现场应急救援处置措施有：①划定紧急隔离带。交警部门应首先对道路交通进行戒严；其次在专业救援人员判明危险化学品性状、危害程度等之前，严禁半幅通车；最后专业人员再依据事故发生点地形地貌、气象条件等，确定合理警戒区域。②快速评估事故性质。救援人员需迅速判明危险化学品种类、危险程度、扩散方式等，初步对事故作出等级评定。③查明事故影响区域内敏感目标。救援人员对事故作出评定后，还应迅速查明事故影响区域内的敏感点，其包括：1km 范围内的居民区（村庄）、公共场所、河流、水库、水源、交通要道等，并为群众转移做好前期准备工作；④环境应急监测人员快速制定应急布点方案，提供相关监测指标数据，为制定合理处置措施提供科学依据。

应对已导致水体污染的情况，常采用的应急措施有：救援人员及时控制污染源，将可能转移走的污染物质转移；及时对水中的污染物进行处理。对水中污染物处理的常用措施有人工（工程）处理法和化学处理法。人工处理法是将污染物（如燃油、未破损包装的有毒物质等）清理打捞出水或进行拦污隔离等，必要时可采用修筑丁坝、导流堤、拦河坝、围堰等工程措施，防止污染向外扩散；化学处理方法在污染区域内投放化学药剂，减轻和净化污染水域。常见的化学处理方法是根据污染物的化学性质确定，结合化学反应原理进行稀释中和，加速沉降或分解污染物。

2）危险品泄漏

发生危险化学品泄漏时，首先应切断污染源，尽可能使污染源得到控制，对已泄漏的污染物及时进行覆盖、收容、稀释等，使泄漏物得到安全可靠的处置，避免二次污染的发生。特别是对于处理剧毒品泄漏时要着全密闭防化服并佩戴正压式空气呼吸器（氧气呼吸器），在保障人员安全的同时收集废液后做无害化处理；已引起燃烧时，救援人员应积极冷静，稳定燃烧，防止爆炸，控制火势范围，并尽快灭火。

3）饮用水污染

特别地，对于突发交通事故区域内存在饮用水源情况时，现场所采取的应急救援处置措施有：①确定污染物及其毒性与危害。专业人员可通过初步判断和监测分析，确定污染物的种类及其毒性与危害，同时迅速确定与切断污染源。②掌握水源地取水口基本情况。确定下游供水设施供给面积及供给人口量、设计规模及日供水量、取水口名称、地点和距离等情况。③掌握地下水取水情况。确定地下水服务范围内灌溉面积、基本农田保护区情况等。④快速危急信息通报。及时通知下游可能受污染影响区域内的人群,避免人员误饮污染水质的状况出现。⑤开展实时监测工作。通过应急监测,了解水体中污染物的总量及各断面污染物浓度,以便为应急处置提供科学依据。⑥开展应急处置措施。常用措施有污染物的分段阻隔、稀释等,并启动备用水源等。

若采取救援行动后,水环境突发事件得不到有效控制,则需要扩大应急救援的范围,加强救援力度,快速控制突发事件对水污染的蔓延。

"9·19 事件"应采取以下救援工作展开应急救援活动:

(1)隔离疏散,控制火势。

"9·19 事件"发生后,对现场路段进行交通管制;对附近村庄群众进行疏散,保障人员生命安全;联系消防部门及时消灭火情。

(2)分流改道,保持通行。

SH 高速公路监控中心充分利用电子情报板实时发布交通指引信息,做好与相邻路段的协调并及时填报公路交通信息;在收费站出、入口及分流出口匝道前方增设多处分流绕行提示标志,及时通知沿途司乘改道,避免路面拥堵或发生二次事故;林头、茂名站现场临时借用 4 条入口车道及启用 7 条复式车道,保证 17 个收费亭同时操作,现场人员及支援人员坚守岗位,确保现场收费畅通,分流绕行解释指引到位。多方面采取事故应急救援措施,确保 SH 高速公路事故发生路段车辆运行通畅。

(3)多方巡查,修筑公路。

茂名市路政、交警、救援人员紧密联合,通过错时巡查来增加路面巡查频率,组织多个应急小分队(含 8 人次支援人员)轮流值守分流站点匝道口,加强交通安全管制力度,及时反馈最新路况;养护人员继续增设交通锥、水马设施,加大事故区域防护隔离力度,夜以继日进行桥梁加固工作,最大限度地保证双向路段早日恢复通车。

(4)吸附漏油,筑堤导流。

用水泥、沙土筑堤,将事故车辆泄漏在路面上的和流入排水沟中的燃料油进行截流控制;对于已泄漏的燃料油进行集中收集和路面清洗,防止大量漏油流入附近土壤,造成水体环境污染和次生事故发生。

(5)清理路面,恢复通行。

将事故路段的车辆残骸及修筑废料进行回收处理;在确认事故路段恢复正常后,解除隔离,恢复通车。

9.3.4.5 *应急恢复*

若经过各方力量的全力救援,灾情逐步化解直至完全解除,并且在认真细致地检查现场不存在水环境安全隐患后,可终止应急状态。同时将工作重点由抢险救援工作转移到灾后恢复。首先,妥善处理抢险过程中产生的废弃物,防止出现二次污染;同时做好现场清理、人员清点和撤离、警戒解除等工作。其次,做好事后分析、经验总结工作。对处置突发事件过程中的决策、应急救援方案以及遇到的次生问题都要记录在案,形成文字资料,丰富案例库的同时为以后妥善处置相似突发事件提供借鉴。

9.3.4.6 应急结束

当SH高速公路发生水环境突发事件的路段已得到修复;突发事件引起的水环境污染已经停止或得到有效控制;伤亡、被困人员已经救出并得到妥善安置;无二次污染和后续连环突发事件发生时,在获得应急总指挥中心及专家组同意且符合应急终止条件后可以结束应急行动。

9.3.5 案例成效与启示

1)应急救援成效

湛江分公司协同茂名市政府建立了包含救援指挥中心、救援组织机构以及救援小组的三级制应急救援组织体系。其依据各救援单位的行政职能划分,构建了SH高速公路应急救援的组织体系;依据公路运输事故处理一般模式,进一步明确了“9·19事件”应急救援的基本流程。最终,湛江分公司通过积极采取措施,落实应急抢险救援任务,持续实行近7天的高强度交通管制和危桥加固工作,尽可能地将事故损失降到最低,并力保道路行车安全。

2)应急救援启示

(1)建立高效、合理的应急救援组织体系。

构建高效、合理的高速公路应急救援组织体系,明确高速公路发生突发事件时救援人员的战斗位置、岗位职责、救援车辆行驶线路、车辆的疏散线路、各类救援人员的配合、事后清场等,将大大缩短应急救援的响应时间,提高救援的有效性和可靠性,并尽快恢复高速公路的通行能力,进而提高管理水平。在保证高速公路发生事故时人员财产安全的同时,最终增加运营公司的经济效益和社会效益。

(2)加强交通管制。

一方面,加强外籍危运车辆监管,严厉查处非标车辆上路的运营行为。通过前期的调查情况来看,外籍危运车辆及本地部分危运车辆存在“大吨小标”“大罐小标”等问题,给道路交通安全带来了隐患。市公安交警、交通、质监、安监等部门要按照市政府有关要求,建立完善的外籍危运车辆地方政府、主管部门沟通协调机制,提高外籍危运车辆来茂营运准入门槛,同时充分利用危险化学品运输车辆动态监控系统,加强对危险货物运输车辆的管理,严禁危险货物运输车辆在高速公路上低速行驶、随意停靠。对全市不符合相关安全技术标准、生产一致性要求的运输易燃易爆危险品罐式车辆,要进行全面排查和清理整顿。要建立驾驶员驾驶资质、从业资质、交通违法、交通事故等信息的共享联动机制,加强对危险货物运输车辆驾驶员的动态监管。

另一方面,加强交通秩序整治力度,强化路面监管。按照政府部门的统一部署,公安交警、交通、安监等部门要加大对摩托车、货车的整治力度,特别是要加强重点时段、重点路段、重点车辆的路面管控。严查超速、超载、客车超员、大型车辆不按规定车道行驶、高速公路路肩停车等交通违法行为;在城市道路,重点查处无牌无证、酒后驾驶等违法行为;在城乡接合部和农村地区,重点查处摩托车超员、不戴安全头盔、低速货车和拖拉机载人等违法行为,确保道路交通安全。

(3)加强交通运输从业人员的安全意识

加强对危险化学品行业管理和从业人员的应急培训,督促相关企业落实安全生产主体责任。积极督促生产经营单位制定并落实应急管理、安全培训制度,抓好入职培训、岗位培训、专业培训,使员工熟练掌握本企业应急处置程序、安全生产规程和自救互救常识,避免盲目指挥、盲目施救。加强与消防、急救医疗及其他拯救单位的联动机制。一旦发生较大交通事故,要确保消防、急救医疗及救援单位能及时投入施救,最大限度地减少财产损失和人员伤亡。

9.4 高速公路应急保障综合能力建设——以黑龙江省高速公路应急保障体系为例

高速公路横跨众多水域,包括河流、水库、自然生态区等,发生在高速公路上的突发事件也会对高速公路附近水环境产生影响,因此,提高高速公路应急保障能力,有利于提升公司高速公路水环境突发事件的应急管理水平。目前,高速公路应急保障综合能力还有待提高,因此,建立应急事件的相关制度,逐步完善高速公路水环境突发事件的应急保障机制势在必行。通过对通信、队伍建设、物资储备、财力建设、医疗、法律等方面建设保障机制,可以促进高速公路管理部门提高对水环境突发事件的应急管理能力。本节以黑龙江省高速公路应急保障系统建设为例,分析如何建设高速公路应急保障综合能力。

9.4.1 黑龙江省高速公路应急保障体系基本情况

黑龙江省位于我国的北方,大部分地区属于温带大陆季风气候,高速公路大多处于多年冻土与季节性冻土之上。黑龙江省区域高速公路最主要的突发事故是自然灾害和交通运输事故两类,其中交通运输事故会给高速公路路域水环境带来较大威胁。在黑龙江省区域内车辆安全事故发生频率不高,但是一旦发生,造成的后果十分严重,会给高速公路沿线居民群众带来生命和财产损失。

确定应急保障机制该如何建立首先需要了解当前存在的一些问题。结合当前黑龙江省高速公路应急管理和黑龙江省区域环境的特点,黑龙江省高速公路管理部门的应急保障存在以下普遍性问题。

1)资源分散,应急处置能力低

高速公路突发事件的应急管理一般由交通行政部门和经营业主、公安交警、消防、卫生、化工、环保等部门共同参与,各部门的资源缺乏有效整合,有时部分突发事件的人力、资源调配还关联到不同地区,相关职能部门各自准备的一些常规物资与装备削弱了应急物资的集中调配权,且不会对某些重点物资进行统一规划,事前没有很好地沟通与交流,往往出现问题之后才去寻找解决方案。

2)应急管理信息系统共享沟通不畅

黑龙江省高速公路跨径较长,连接多个市县地区,高速公路运营管理单位、路政、交警等的信息采集方式、采集重点、信息类型都有所差异。各省市、各部门之间不仅缺乏有效信息的共享沟通,而且所获取的信息融合度也较低;同时部门和省级单位之间缺乏应急协调;各省市之间缺乏信息共享、联动平台。这些都制约了高速公路应急管理。在建设应急管理系统时,很少能体现出应急联动性,各系统之间不能实现资源和信息共享,从而形成了应急管理信息系统的“信息孤岛”现象,使应急管理信息系统脱离了其他的协作群体。

3)应急管理标准不统一和经验不足

由于我国高速公路建设的时间不长,相关的应急处置经验缺失,加之以往人们对环境和生命的关注程度不高,尤其是应对水环境突发事件的应急产品与设施还不完善。同时,由于部分高速公路投资者在高速公路建设时,没有考虑同步建设或购置相应的应急管理设施,如遇高速公路水环境突发事件,只能依靠社会力量进行救援。这既不利于救援,也不利于高速公路管理部门的经验积累。如果没有统一的技术标准,就很难实现应急管理信息系统的联动,当发生较大范围的水环境突发事件时,各级政府很难在第一时间对应急体系的分管部门进行统一的指挥调度,无法体现其联动性与信息共享性。因此,统一的技术标准对应急管理信息系统建设具有重要意义。

4)缺乏应急指挥调度的机构

高速公路应急管理没有设立专门应对水环境突发事件的权威部门(如各级政府),导致各部门难以进行统一地指挥、协调和督办,事件发生后容易出现响应不及时、应急处置合作默契程度不高、施救协作不够融洽、施救效率较为低下等现象。尤其是当跨区域、跨省际、跨路段、影响范围广泛的突发事件发生时,各省、各部门的统一指挥和协调更为困难。

5)应急物资准备不足

目前,救灾物资主要由高速公路运营管理单位储备供应。在缺乏国家行政体系的充分重视和专项资金准备的情况下,高速公路应急资源准备还处在较为薄弱的初级阶段,应付一般突发情况尚可,一旦发生重大特殊情况或者发生大范围的重大突发事件,人、财、物、机械等应急资源的调用容易陷入捉襟见肘的局面,从而影响应急管理的高效进行。

为改善高速公路应急保障现状,黑龙江省高速公路管理部门应采取相应措施,提高本省应急保障能力。

9.4.2 应急保障体系建立

《突发环境事件应急预案管理暂行办法》中应急保障能力建设应包括人力资源保障、财力保障、物资保障、医疗卫生保障、交通运输保障、治安维护保障、通信保障、科技支援和其他保障。结合黑龙江省的实际情况,建立符合本省的应急保障体系。

9.4.2.1 人才队伍储备保障

配备专职应急管理和安全的人员,各级高速公路管理部门建立专、兼职应急和安全生产监管队伍,同时应提高应急救援人员素质,促进不同领域、地区的工作人员间的全方位、全天候、全监管的无缝隙密切合作,进一步提升工作人员应对、处理各种突发事件的能力,不断提高安全保障能力。

应急管理队伍应以“平战结合、因地制宜,分类建设、分级负责,统一指挥、协调运转”为原则;同时加强黑龙江省应急管理保障队伍建设,尤其是加强应急管理人才、专业人才和技能人才队伍建设,充分发挥专家学者的专业特长和技术优势;组建和整合以黑龙江省高速公路辐射地市为核心的应急抢险救援和运输保障队伍,规划应急救援和运输保障队伍的布局。

省、市、县各级交通应急管理机构在所管辖区域内建立交通应急保障队伍。通过协商达成突发事件运力调用协议,明确纳入应急运力储备的车辆数量、类型、技术状况,对运输人员和车辆管理的要求,应急征用的条件和程序,征用补偿的标准和程序以及违约责任,等等。

通过协议规范交通应急保障行为，并保障参与交通应急保障企业的利益。

建立利用市场机制来组织专业运输企业、非政府组织等社会力量参与应急管理与服务的长效机制，逐步形成专、兼职队伍相结合的灾害应急救援与运输保障队伍。在公路交通自有应急力量不能满足应急处置需求时，向同级政府提出请求，请求动员社会力量，协调人民解放军、武警部队参与应急处置工作。

黑龙江省高速公路管理部门要加强队伍保障，应从加强人员培训、救护知识普及、建设专项队伍三方面入手，有针对性地教育、培训队伍人员。

1）加强人员培训

指挥者就是决策者，操作者就是执行者，指挥者和操作者的素质是交通事故应急处理的重要因素。因此，建立培训机制，定期对指挥者和操作者进行培训是十分有必要的。同时，应急指挥中心还可以定期进行模拟演练，演练不仅能够为各类人员提供新技术的学习机会，了解各自职责，而且能够对处理程序和方案进行考察和检验。

2）救护知识普及

在许多情况下，早期救护对受伤人员的生存和恢复起决定性作用。突发事件中伤亡事件不占少数，但在实际情况下，首先到达现场的常常是没有受过正规救护训练的司乘人员或路政巡查等人员。因此，对他们进行基础的救护知识普及尤为必要。对于交警、路政等救援部门人员更应当开展救护专业知识的培训，帮助他们了解并掌握现场救护知识，及时抢救、运送伤员，避免加重伤亡损失。

3）建设专项队伍

要实现执行系统的一体化管理，在可行性的范围内，建议建设专项队伍。分别针对某一条高速公路设立专项队伍，至少应该在本部门内设立与高速公路对口的机动组织，在需要时迅速组建救援队伍，执行应急指令。例如，公安部门应用技术部门设立针对某一条高速公路的交、巡警专项队伍；医疗部门设立针对高速公路交通事故的紧急服务队伍等。

9.4.2.2 通信保障

在充分整合黑龙江省现有高速公路通信信息资源的基础上，加快与全国其他省市建立和完善“多网联动、快速响应”的应急管理平台体系。所建立的高速公路应急管理平台体系应包括高速公路运营公司、黑龙江省政府部门、国家高速公路管理相关部门三级应急平台，以及依托中心城市辐射而覆盖城乡基层的面向公众的紧急信息接报平台和面向公众的信息发布平台。黑龙江省高速公路联合高速公路运营公司下的各级应急处理平台，要根据高速公路路域水环境突发事件信息的接报处理、跟踪反馈和应急处置等应急管理需要，实现与上下级交通应急平台的互联互通，具有突发事件隐患监测、综合预测预警、信息接报与发布、综合研判、辅助决策、指挥调度、异地会商、应急保障、应急评估、模拟演练和综合业务管理等功能，并能够及时地向上级应急平台提供数据、图像、资料等，通信与信息保障机制也应考虑到许多新技术的应用。

为保障黑龙江省高速公路通信与信息良好，在建立全方位的高速公路路域水环境突发事件应急保障体系在通信信息方面保障能力建设方面有以下几点核心内容。

1）重视信息网络的维护与管理

不仅要做好包括恶劣天气、道路状况、车流等在内的基础信息模块的维护，还要维护和管理好包括事故地点、决策指令、处理进程、人员伤亡及财产损失程度、救援人员车辆准备等信息在内的事件信息模块。同时，要加强监控、通信系统的维护，保证所有信息交流快速、顺畅。

2）加强信息软、硬件建设

航空监视等新型监视途径使高速公路事件监控从使用电子摄像、闭路电视和能见度检测仪等单一方位监控途径向多维化空间转移。此外，GIS等以地理坐标为骨干的包含采集、存储、管理、分析与空间、地理位置有关信息的科技化信息系统的应用，对信息的分析及救援方案的生成起到很大作用，应当在实际操作中进行更有效的利用。

3）与其他专业技术部门建立常规协作

涉及化学品倾泻、有毒物污染等事件需要化工、环保、科研等专业技术部门的支持。因此，与上述部门建立常规性协作有利于畅通信息沟通和技术帮助的渠道。主要有以下具体技术措施。

1）数字集群

数字集群，即“专用移动通信系统”，除了提供个人移动通信的服务之外，还能实现个人与群体间的任意通信，可自主编控，是集GSM、CDMA、对讲机和图像传输于一体的通信网。数字集群通信在技术上的特点和优势决定了它不仅具备个人通信的全部功能，而且能控制与实现个人与群体间任意通信，保密性高、功能丰富，真正全面地实现了通信的智能化。

2）车载卫星通信系统

将卫星通信与运输车辆相结合，就能够构建移动方便、搭建迅速的车载卫星通信系统，更好地了解高速公路上运输车辆的实时情况。

3）便携式应急直放站

针对高速公路突发事件地建立的应急无线覆盖的便携式应急直放站系统，具有安装便捷、组网快、方便携带、自带电源供电、机内隔离度高等特点，数字自激对消技术可提高收发空间隔离度25dB，能在山区、水区、无须供电地区等特殊环境下工作。

4）便携应急通信机柜

便携应急通信机柜类似于活动机房，它可以将基站组成的无线、传输、电源等设备合理地组装在集装箱中，无须使用自卸吊运输搬迁就能在需要的地点提供基站服务。

9.4.2.3 物资设备保障

物资保障是高速公路管理部门应急管理的基础。物资保障主要体现在两方面：一方面是物资的储备供应；另一方面是物资的配置。只有做好这两方面的工作才能有效地实现物资保障。

1）物资储备

装备、物资的储备供应，是完成交通应急保障任务的重要保证，是落实交通应急保障计划、解决快速反应、最终完成保障任务的重要内容。积极建立实物储备与商业储备相结合、生产能力与技术相结合、政府采购与政府补贴相结合的应急物资储备方式，强化应急物资储备能力。

应急物资包括抢通物资和救援物资两类。各级应急管理机构应采取社会租赁和购置相结合的方式，储备一定数量的大型机械。同时，应在交通运输部的协调下，建立省级应急资源互助机制,合理充分地利用各省级应急物资储备和应急处置力量,以就近原则,统筹协调各地方应急处置力量来支援行动,对于跨省应急力量的使用,各受援地方应当给予征用补偿。

黑龙江省高速公路管理部门应根据事故应急抢险救援需求,落实配备消防、堵漏、通信、交通、工具、应急照明、防护、急救等各类所需应急抢险装备器材。

应急物资及装备应满足现场应急处置人员使用需要,并且在日常时段有专门机构负责管理及维护。对于一些大宗物资、大型设备,如砂、吊车和拖车等,在应急时可临时就近租用。

应急物资配备及日常维护应由企业日常管理组负责,日常管理组组长对应急物资及配备情况实行一月一检查,应急指挥领导小组对应急物资及配备情况实行一季度一检查;要确保应急物资配备齐全,安全有效;对各应急物资存放地点,应做到就近存放。

2)物资配置

应急物资配置的目的是保证所在应急节点所辐射区域内各类突发事件发生后实施应急救助活动的物资供给。交通应急节点的应急资源配置既要实现灾前的预防,又要满足灾时的应急救援,其核心问题在于对应急资源的合理管理。其原则可概括如下:灾前的预防——根据前文提及的交通应急节点的级别以及所要服务的应急范围合理配置相应的应急资源数量和种类;灾时的处理——根据事发地需要,除了调集应急节点配置资源之外,还可以向交通应急保障网络的其他应急节点寻求应急物资配置。总之,基于突发事件的特殊性,资源的配置要以应急救援最大化、人员财产损失最小化为原则。

9.4.2.4 财力保障

资金是政府防范和化解公共风险的重要防线和保障,也是应对灾害的一个必不可少的经济基础,毫无疑问,中央和地方政府的财政拨款是交通应急经费来源最重要和最根本的保障。因此,要建立政府财政资金为保障的资源征用补偿赔偿机制,并在法律上作出明确界定,切实保护被征用方的合法权益,增强参与应急保障的积极性,提高高速公路应急保障能力。建立财政应急机制需要加强以下几方面的工作。

1)统筹财政分配制度

应急物资运输保障所需的各项经费,应按照现行事权、财权的划分原则,分级负担,并按规定程序列入各级交通主管部门年度财政预算中。国家和地方公路交通应急物资储备中心的物资采购、运输、储存的相关费用,纳入各级财政预算。

要根据每年开展宣传、教育、培训、演练等日常工作所需经费编列年度预算,报应急领导小组审批,并统一负责该项工作经费的管理与使用。

2)建立预备费管理制度

按照现行《中华人民共和国预算法》的规定上限提取预备费,并实行基金式管理。每年安排的预备费,在当年没有突发性支出的情况下,或者用于突发性支出后的余额,不得用于其他预算开支,应进入预备费基金。此外,建立应急预算和核销补偿制度,并实施程序化管理,规范应急资金的使用。

3)建立风险分担的制度框架

在各级财政、政府各个部门以及政府与企业之间构建一个风险分担的制度框架,明确各自的风险责任,确保应急资金的合理分担和及时拨付。各级交通主管部门应建立有效的监管和评估体系,对交通灾害应急保障资金的使用和效果进行监管和评估。

4)建立救灾资金自然增长机制

中央和地方政府根据财力增长、物价变动、居民生活水平实际状况等因素逐步提高救灾资金补助标准;当救灾预算资金不足时,中央和地方各级财政安排的预备费要重点用于灾民生活救助。

财务部门将应急保障资金进行预算,做好事故应急救援必要的资金准备,确保事故应急处置装备的添置、更新及紧急购置的经费。

9.4.2.5 医疗卫生保障

高速公路路域水环境突发事件大多数由交通事故造成,不可避免地会造成人员伤亡,为避免事故发生而救治不及时导致当事人生命受到威胁,应建立应急医疗急救保障。以医疗卫生部门为主的医疗紧急救援体系建设十分有必要,这有助于提高高速公路突发事件的应急反应能力和医疗救治水平。一是“110”报警服务台、“122”交通事故报警服务台与“120”急救电话三者之间实现了交通事故信息互通和反馈;二是全面提升县医院、乡镇卫生院开展道路交通安全事故伤员医疗救治的能力,逐步形成专业化、网络化的交通事故抢救系统,确保交通事故伤员能够得到及时、有效地救治;三是积极推进院前医疗急救体系的建设,自新医改启动以来,将院前急救机构纳入专业公共卫生机构,人员经费、发展建设和业务经费由财政全额安排,并印发《院前医疗急救管理办法》(国家卫生和计划生育委员会令第3号),从规划布局、网络设置、人员及执业行为等方面推进院前医疗急救发展,提升保障道路交通安全能力;四是积极组织开展急救知识培训和急救演练,通过培训班、研讨会、知识大赛等形式,提高院前急救管理人员、专业技术人员能力;五是建立健全黑龙江省急救体系,形成与全国高速公路的急救和医疗服务相匹配的医疗网络平台。

在突发事件应急管理过程中,应急小组的后勤保障部负责落实与地方医疗卫生、职业病防治部门的应急医疗救援协议的签订,落实急救药箱药品、急救器材的配备与更新。同时,后勤保障部门还负责落实组织现场应急人员与医疗急救人员定期的医疗急救知识与技术方面的培训。

9.4.2.6 法律保障

应急预案的成功制定以及应急救灾措施的实现离不开法律保障,因而必须建立相应法律法规进行保障。目前,世界上的许多国家都已建立了完整的法律保障机制来对应急救灾的社会机制进行保障。例如,美国、日本等发达国家建立了形式、制度统一的保障机制。目前,《突发事件应对法(草案)》是我国处理危机事件的纲领性文件和基本法律,它标志着我国危机管理开始走向法制化轨道,以该法律为指导,各交通运输部门应加强对交通应急法规体系的研究,通过制定《突发公共事件应急交通管理条例》等交通运输条例,进一步细化和规范交通应急的保障行为,强化政府在交通应急管理中的责任,保障政府能依法行使应急管理职权。

此外,建立适应的法规政策。应急保障的物资装备、物资储备、物资供应应纳入我国相应的法规政策,各级政府要颁布法规性文件,各行业主管部门要制定法规管理细则,各保障单位要坚决执法,并明确职责和义务,使此项工作具有法律依据和约束力。

9.4.3 应急保障措施

为实现黑龙江省高速公路应急管理和应急保障体系的建设目标，需要采取以下保障措施。

9.4.3.1 加大应急保障体系建设投入

黑龙江省高速公路管理部门应结合本地区实际情况尽快落实路网管理平台所需的编制、职能和人员；积极协调高速公路与普通公路的行业管理部门对收费公路经营企业的统筹管理；落实与公安、气象、安监、卫生、水利、国土资源等部门间的应急联动与协作机制。此外，黑龙江省高速公路各级管理部门应与各省的各级政府、交通运输主管部门、公路管理部门和交通运输企业等加大对应急联动机制的建设投入，并将其纳入交通运输基础设施建设的年度和总体预算。

除了在资金上的投入之外，还需要加大人力投入，大力引进与培养应急管理方面的专业人才，根据路网管理平台的实际工作需要，培养熟悉公路管理、应急管理、路网运行监测设备管理、通信和网络系统管理维护、软件开发等方面的专业人才，通过培训、交流等手段，加强人才队伍建设。

9.4.3.2 加强与政府部门应急保障工作协作

黑龙江省高速公路管理部门不仅要加强自身应急保障综合能力建设，还要充分结合全国及黑龙江省高速公路沿线的各级政府、交通运输主管部门应急管理政策和支持，实现政企合作的应急管理模式。与相关政府部门合作可以充分利用政府提供的资源和帮助，提高管理效能。与各级政府协作应急管理的过程，能够统一黑龙江省高速公路应对突发事件的应急管理过程，逐步形成全线路统一的应急管理长效机制。在应对黑龙江省高速公路水环境突发事件时，使得应急管理工作统一化、规范化、制度化、法制化。

9.4.3.3 加强组织领导和监督检查

黑龙江省高速公路管理部门应进一步加强对应急保障管理实施的监督落实、组织领导、沟通协调，确保应急管理工作顺利进行，力争早完成、早见效。确保应急管理保障项目的落实，加强建设项目全过程的有效监管，保证工程建设的制度化和规范化。同时加强对应急管理工作执行情况的评估，各应急管理中心每年应当会同公司相关部门组织一次督促检查。

9.4.3.4 加大宣传普及应急管理知识力度

在突发事件发生后，确保各种通信途径通畅不但有助于黑龙江高速公路管理部门把握应急管理的主动权，稳定人心，平息情绪性反应，引导舆论和公众行为，而且可以保证公众的知情权，减少谣言，以保证突发事件得到快速、平稳、有序的处置。

因此，黑龙江省高速公路管理部门应结合中央及各级政府相关部门，利用媒体及互联网平台，大力宣传有关公路应急管理方面的法规、规章和规范性文件，充分发挥宣传教育的作用，深入宣传应急管理方面的工作，积极总结推广应急管理方面的先进经验和做法；加强对全社会的应急知识宣传教育工作，帮助公众掌握公路应急事件的预防、避险、减灾、救助常识，提高公众的危机意识、社会责任意识和自救互救能力，营造关注应急工作的舆论氛围，努力形成全民动员、预防为主、全社会防灾减灾的良好局面。

9.4.3.5 加快推进应急平台建设

黑龙江省高速公路管理部门应加快推进黑龙江省高速公路应急平台的建设，完善公路网管理与应急处置指挥场所、移动指挥平台、计算机网络、视频会议、图像接入等支撑系统建设,建设具有监测监控、预测预警、信息报送与发布、综合研判、辅助决策、异地会商、路网协调、辅助调度、新闻宣传、总结评估和模拟演练等功能的路网管理和应急处置平台,统一规划和设计安全保障体系,并充分利用已有设备和适用技术,合理配置安全加密、容灾备份、安全管理等设施;遵循国家或行业通信、网络、数据交换等方面的相关标准,加快制定数据共享与交换标准、共享机制和管理办法。

黑龙江省高速公路应急平台搭建完成后,依托于黑龙江省高速公路已有的通信专网、交通运输行业信息专网资源和公网资源统筹规划建设,满足路网管理平台数据交换、共享和传输的需要,通过路网运行监测设施设备,采集重点监控目标的交通流量、平均车速、车道占有率、气象状况、交通事件、施工占道、交通管制等信息,或者通过人工报告交通事件信息,并基于 GIS 地图显示和标绘,及时发现重点监控目标运行的异常情况。

9.4.4 案例成效与启示

1)应急保障体系建立成效

(1)完善黑龙江省高速公路应急保障体系内容。

黑龙江省高速公路应急保障体系的建立分别从人才队伍储备、通信、物资设备、财力、医疗卫生以及法律法规等方面着手。进一步完善了公路应急管理保障体系和工作运行机制,并切实加强公路系统应急管理保障能力的建设。

(2)提出黑龙江省高速公路应急保障建设意见。

针对黑龙江高速公路应急保障体系的建立提出具体措施,加速建立高效集中、协调有力的高速公路应急管理保障体系,最大限度地减少人员伤亡,才能发挥高速公路的综合效益。

2)应急保障体系建立启示

(1)提高灾害应变能力的基础是灾害交通应急的保障。

高速公路现在已成为人员出行、商业流通、工业生产以及文化交流的载体之一,突发事故中受伤人员的转移、物资运输、救援人员出行等各种灾害应急活动都离不开交通运输。它在保障国家和民众的生命及财产安全、稳定社会秩序方面起到重大作用。因而,高速公路应急保障是预防和减轻灾害的基础,在灾害应急过程中起着中流砥柱的作用。

(2)高速公路应急保障体系是完善和加强综合交通运输系统自身功能的需要。

我国在交通运输应急保障方面的建设比较落后,除了因为救援过程中的技术(包括先进的事故检测技术)和设施的不完善之外,还有一个相当重要的方面,就是应急保障体系的不完备,包括相关的机制、机构不健全,救援专业队伍的组建和训练不到位,以及救援的职责不严明。所以,我国急需建立一个设施齐全、功能完备的运输应急保障体系,从而保障交通运输的快速发展。交通运输应急保障系统不但可以控制突发事件的后果,提高道路交通安全性,而且对我国政府建设和谐交通也具有重要的意义。随着交通运输业的发展、交通需求的增加,运输应急保障系统的作用将日益突现,可以预见其必将成为交通管理与控制的关键。

参考文献

[1] Ahmed A, Habtemariam T, Oryang D, et al. Epidemiologic modelling of HIV and CD4 cellular/molecular population dynamics[J]. Kybernetes, volume, 2002, 31(31):1369-1379.

[2] Bood J, Bengtsson P E, Aldén M. Stray Light Rejection in Rotational Coherent Anti- Stokes Raman Spectroscopy by use of a Sodium- Seeded Flame [J]. Applied Optics, 1998, 37(36):8392.

[3] Brauers J , Weber M . A new method of scenario analysis for strategic planning[J]. 1988, 7(1):31-47.

[4] Calow P P. Handbook of environmental risk assessment and management[M]. New York: John Wiley and Sons, 1998.

[5] Zhang D , Zhou L , Jr J F N . A Knowledge Management Framework for the Support of Decision Making in Humanitarian Assistance/Disaster Relief[J]. Knowledge and Information Systems, 2002, 4(3):370-385.

[6] J Haynes. Risk as an Economic Factor [M]. Oxford University Press, 1895.

[7] Kiker G A, Bridges T S, Varghese A, et al. Application of multicriteria decision analysis in environmental decision making [J]. Integrated Environmental Assessment and Management, 2005, 1(2): 95-108.

[8] Mesmer B L, Bloebaum C L. Incorporation of decision, game, and Bayesian game theory in an emergency evacuation exit decision model[J]. Fire Safety Journal, 2014, 67: 121-134.

[9] Mietzner D , Reger G . Advantages and Disadvantages of Scenario Approaches for Strategic Foresight[J]. Social Science Electronic Publishing, 2005, 1(2).

[10] OECD. Guiding Principle for Chemical Accident Prevention Preparedness and Response, Paris, 1992.

[11] Anbalagan R, Singh B. Landslide hazard and risk assessment mapping of mountainous terrains - A case study from Kumaun Himalaya, India[J]. Engineering Geology, 1996, 43(4): 237-246.

[12] Ricci F, Avesai P, PERINI A. Cases on fire: applying CBR to emergency management[J]. The New Review of Applied Expert Systems, 1995, 5(6):175-190.

[13] Rijiberman. Different approaches to assessment of design and management of sustainable urbanwatersystem[J]. Environment in Pact Assessment Review. 2000, 129(3).

[14] Schoemaker R G, Debets J J, Struykerboudier H A, et al. Delayed but not immediate captopril therapy improves cardiac function in conscious rats, following myocardial infarction. [J]. Journal of Molecular & Cellular Cardiology, 1991, 23(2):187-197.

[15] Solit R W , Jr M K J , Smullens S , et al. Fundamentals of insurance[M]. Irwin, 1986.

[16] Wan H, Wan I, Ku-Mahamud K R, et al. Conceptual model of intelligent decision support system based on naturalistic; decision theory for reservoir operation during emergency situation[J]. International Journal of Civil & Environment Engineering, 2011, 11(2):6-11.

[17] Whyte A V, Burton I. Environmental risk assessment(Scope15)[M]. New York: John Wiley and Sons Inc, 1980.

[18] Xu Z X, Xi S R, Qu J Y. Multi-attribute analysis of nuclear reactor accident emergency decision making[J]. Journal of Tsinghua University, 2008, 48(3): 445-448.

[19] Yokoi H, Embutsu I, Yoda M, et al. Study on the introduction of hazard analysis and critical control point (HACCP) concept of the water quality management inwater supply systems [J]. Water Science and Technology. 2006. 53(4-5).

[20] 鲍全盛,王华东,海热提. 沙颖河闸坝调控与淮河干流水质风险管理[J]. 上海环境科学,1997(4):11-14.

[21] 陈宝智,吴敏. 事故致因理论与安全理念[J]. 中国安全生产科学技术,2008,4(1):42-46.

[22] 陈蓓青,谭德宝,程学军,等. 三峡水库突发性水污染事件应急系统的开发[J]. 人民长江,2006,37(5):89-91.

[23] 陈传全. 水上交通事故应急预案的制定与评价[D]. 上海:上海海事大学,2007.

[24] 陈德华. 基于案例推理的突发案件辅助决策系统研究[D]. 上海:上海交通大学,2007.

[25] 陈建民. 煤矿生产过程风险源辨识与评价研究[D]. 北京:中国矿业大学,2010.

[26] 陈玲. 基于 GIS 的湖泊水源地突发性污染事故应急预案自动生成研究——以昆山市傀儡湖为例[D]. 南京:南京师范大学,2007.

[27] 陈曦,吴以中,宗良纲. 石化企业环境风险等级评价指标体系与评价方法研究[J]. 江西农业学报,2008,20(8):122-125.

[28] 崔精. 公路路域生态恢复与评价[D]. 西安:长安大学,2013.

[29] 达世敏. 基于案例推理的应急决策支持研究[D]. 上海:上海交通大学,2008.

[30] 党永南. 完善应急评估机制,提升应急处置能力[J]. 广西电业,2017(6):49-54.

[31] 杜维民. 应急决策论[M]. 北京:中共中央党校出版社,2008.

[32] 樊治平. 突发事件应急方案选择的决策方法研究[M]. 北京:科学出版社,2016.

[33] 方志耕,刘思峰,施红星,等. 破解"蜈蚣博弈"悖论:"灰数规整"顺推归纳法研究[J]. 中国管理科学,2008,V16(1):180-186.

[34] 高鹏飞,王鹏,郭亮,等. 流域水污染应急决策支持系统中模型系统研究[J]. 哈尔滨工业大学学报,2009(2):92-96.

[35] 宫敬民. 应急管理信息系统的设计与实现[D]. 济南:山东大学,2012.

[36] 龚卫国. 突发公共事件应急预案评估及预警警示分析[J]. 湖南商学院学报,2007,14(6):41-43.

[37] 龟井利明. 危险管理论[M]. 北京:中国金融出版社,1988.

[38] 郭德贞. 广东省高速公路公共事件应急管理研究[D]. 长春:吉林大学,2015.

[39] 郭永龙,刘红涛,蔡志杰. 论工业建设项目的环境风险及其评价[J]. 地球科学-中国地

质大学学报,2002,(2):235-240.

[40] 郭振仁,张剑鸣,李文禧.突发性环境污染事故防范与应急[M].北京:中国环境科学出版社,2006.

[41] 韩同福.高速公路路域生态规划及其环境影响评价研究[D].天津:天津大学,2012.

[42] 韩喜双.城市突发事件政府应急管理决策模型与运行机制研究[D].哈尔滨:哈尔滨工业大学,2010.

[43] 韩晓刚,黄延林,陈秀珍.西安市黑河引水系统突发性污染风险源辨识[J].上海环境科学,2013,32(5):68-71.

[44] 赫伯特·西蒙.管理行为:管理组织决策过程的研究[M].北京:北京经济学院出版社,1988.

[45] 胡二邦.环境风险评价实用技术和方法[M].北京:中国环境科学出版社,2000.

[46] 黄伟宏.重庆市交通应急保障体系构建方案研究[D].重庆:重庆交通大学,2015.

[47] 计雷.突发事件应急管理[M].北京:高等教育出版社.2006.

[48] 江生忠.风险管理与保险[M].天津:南开大学出版社,2008.

[49] 江玉林,陈学平,李振宇,等.公路路域环境区域划分与环境特征的调查研究[C]//草坪与地被科学进展,2006.

[50] 江玉林,张洪江.公路水土保持[M].北京:科学出版社,2008.

[51] 姜卉,黄钧.罕见重大突发事件应急实时决策中的情景演变[J].华中科技大学学报:社会科学版,2009(1):104-108.

[52] 姜卉.应急实时决策中的情景表达及情景间关系研究[J].电子科技大学学报(社会科学版),2012,14(1):48-52.

[53] 姜兰.论我国突发事件应急管理体系的构建[D].上海:华东政法学院,2007.

[54] 姜丽红,刘豹.案例推理在智能化预测支持系统中的应用研究[J].管理科学学报,1996(4):63-69.

[55] 李弼程,王波,魏俊,等.一种有效的证据理论合成公式[J].数据采集与处理,2002,17(1):33-36.

[56] 李纲,李阳.情报视角下的突发事件监测与识别研究[J].图书情报工作,2014,58(24):66-72.

[57] 李耕俭,师利明.高速公路运输化学品对水源污染的风险分析及预防措施的研究[J].交通环保,1998,(5):5-9.

[58] 李慧.基于国际比较的企业环境污染事故应急预案评估体系研究[D].上海:华东师范大学,2010.

[59] 李建斌.高速公路突发事件紧急救援关键技术研究[D].西安:长安大学,2012.

[60] 李蕾.湘江航运安全事故应急预案研究[D].武汉:武汉理工大学,2007.

[61] 李秋虹,方欣,曹兆进.突发环境污染事件应急管理信息系统研究进展[J].环境与健康杂志,2008(2):177-179.

[62] 李绍飞,冯平,林超.地下水环境风险评价指标体系的探讨与应用[J].干旱区资源与环境,2007,21(1):38-43.

[63] 李仕明,刘樑,王博,等. 突发事件应急管理中的情景研究[C]//第四届国际应急管理论坛暨中国(双法)应急管理专业委员会第五届年会论文集,2009:341-344.
[64] 李述麟. 大型体育赛事突发事件应急预案编制的技术及应用研究[D]. 长沙:湖南大学,2010.
[65] 李晓玲. 重庆高速公路交通事故应急救援体系研究[D]. 重庆:重庆交通大学,2014.
[66] 李尧远. 应急预案管理[M]. 北京:北京大学出版社,2015.
[67] 李颖. 我国高速公路突发事件应急管理体系研究[D]. 南京:南京理工大学,2010.
[68] 李政红,毕二平. 地下水污染健康风险评价方法[J]. 南水北调与水利科技. 2008,6(6):47-51.
[69] 廖振良,刘宴辉,徐祖信. 基于案例推理的突发性环境污染事件应急预案系统[J]. 环境污染与防治,2009(1):86-89.
[70] 林长喜. 跨界重大水污染事故风险源识别技术体系的研究与应用[D]. 哈尔滨:哈尔滨工业大学,2011.
[71] 刘功智,耿凤,邓云峰. 企业重大事故应急预案编制探讨[J]. 中国安全生产科学技术,2005,1(5):59-63.
[72] 刘功智,刘铁民. 重大事故应急预案编制指南[J]. 劳动保护,2004(4):11-18.
[73] 刘铁民. 应急准备任务设置与应急响应能力建设——基于情景—任务—能力应急预案编制技术研究之二[J]. 中国安全生产科学技术,2012,8(10):5-13.
[74] 刘烯. 面向城市应急指挥的智能决策系统的研究与实现[D]. 广州:广州工业大学,2007.
[75] 刘霞,严晓. 非常规突发事件动态应急群决策:"情景—权变"范式[J]. 四川行政学院学报,2010(4):5-8.
[76] 刘杨华. 基于安全理论的突发性水污染事故环境风险源识别研究[D]. 哈尔滨:哈尔滨工业大学,2011.
[77] 柳永法. 制定预案应注意的问题(二)[J]. 中国减灾,2005(8):29-30.
[78] 罗春红,谢贤平. 事故致因理论的比较分析[J]. 中国安全生产科学技术,2007,3(5):111-115.
[79] 罗景峰,许开立. 基于集对分析的重大危险源动态分级[J]. Proceedings of 2010(Shenyang) International Colloquium on Safety Science and Technology,2010.
[80] 吕保和,王明贤,肖建兰,等. 我国高速公路交通事故应急救援体系的构建[J]. 中国安全科学学报,2006,16(7):76-80.
[81] 马奔,王郅强. 突发事件应急现场指挥系统研究[J]. 山东社会科学,2011(5):48-52.
[82] 孟繁静. 突发事件应急预案保障系统研究[D]. 天津:天津大学,2009.
[83] 缪旭明,李泽椿,田浩. 关于突发事件预警级别划分标准及对策的研究[J]. 中国应急管理,2011(5):33-36.
[84] 宁钟,王雅青. 基于情景分析的供应链风险识别——某全球性公司案例分析[J]. 工业工程与管理,2007,12(2):88-94.
[85] 逄勇,徐秋霞. 水源地水污染风险等级判别方法及应用[J]. 环境监控与预警,2009,1(2):1-4.

[86] 彭攀.高速公路运营阶段突发事件应急管理研究[D].长沙:长沙理工大学,2012.
[87] 齐二石,王嵩.国际工程项目突发事件应急管理系统的构建研究[J].天津大学·国际工程管理论坛,2008.
[88] 钱洪伟.STS 教育理念下应急管理学科知识体系架构策略[J].灾害学,2016,31(1):175-180.
[89] 钱宇宁.长江苏州段环境风险源环境应急管理研究[D].苏州:苏州科技学院,2013.
[90] 秦艳琪.岩溶区高速公路路基施工对路域水环境的影响研究[D].长沙:长沙理工大学,2012.
[91] 邱凉.城市水源地突发污染事故风险源项辨识与分析[J].人民长江,2008,(23):19-20.
[92] 覃容,彭冬芝.事故致因理论探讨[J].华北科技学院学报,2005,2(3):1-10.
[93] 阮璐.高速公路水环境影响后评价指标体系及量化模型研究[D].长沙:长沙理工大学,2010.
[94] 阮仁良,张勇.黄浦江上游水源地突发性水污染事故应急处置预案探讨[J].上海水务,2006(3):1-4.
[95] 闪淳昌.加强应急预案体系建设 提高应对突发事件和风险的能力[J].现代职业安全,2007(3).
[96] 邵磊.跨界突发性大气环境风险源分级评价研究[D].大连:大连理工大学,2009.
[97] 石浩.基于案例推理的城市应急决策支持系统的研究[D].杭州:浙江工业大学,2004.
[98] 宋莎莎,戴锋,卫保璐.基于模糊层次分析法和聚类分析的突发事件分级研究[J].科学决策,2010(10):68-72.
[99] 宋莎莎.基于模糊层次分析法和聚类分析的突发事件分级研究[J].科学决策,2010(8):68-72.
[100] 孙斌.基于情景分析的战略风险管理研究[D].上海:上海交通大学,2009.
[101] 唐伟勤.大规模突发事件应急物资调度基本模型研究[D].武汉:华中科技大学,2009.
[102] 汪季玉,王金桃.基于案例推理的应急决策支持系统研究[J].管理科学,2003,16(6):46-50.
[103] 汪立忠,陈正夫,陆雍森.突发性环境污染事故风险管理进展[J].环境科学进展,1998,6(3)14-23.
[104] 王广亮.欧共体关于重大事故的委员会指令的修正和重大事故报告系统[J].化工劳动保,2000,21(11):418-422.
[105] 王健,邵社刚.高速公路突发环境事件影响分析与应急处置[J].公路交通科技(应用技术版),2013,9(11):417-420.
[106] 王静爱,徐伟,史培军,等.2000 年中国风沙灾害的时空格局与危险性评价[J].自然灾害学报,2002,10(4):1-7.
[107] 王社宁.环境风险评价及其在工业项目环境管理中的应用[D].兰州:兰州交通大学,2001.

[108] 王微. 基于模糊决策的突发事件分级评估算法的改进研究[D]. 北京:北京工商大学,2011.
[109] 王微. 基于模糊决策的突发事件分级评估算法的改进研究[D]. 北京工商大学,2009.
[110] 王晓丽,王文杰. 基于 LabVIEW 的码头储罐区重大危险源动态分级方法研究[J]. 天津理工大学学报,2013,29(3):37-41.
[111] 王晓敏. 黑龙江省公路应急管理保障体系构建研究[D]. 西安:长安大学,2015.
[112] 王颜新,李向阳,徐磊. 突发事件情境重构中的模糊规则推理方法[J]. 系统工程理论与实践,2012(5):954-962.
[113] 王义成,丁志雄. 基于情景分析技术的太湖流域洪水风险动因与响应分析研究初探[J]. 中国水利水电科学研究院学报,2009,7(1):7-14.
[114] 王志荣,蒋军成. 液化石油气罐区火灾危险性定量评价[J]. 化工进展,2002,21(8):32-36.
[115] 魏科技,宋永会,彭剑锋,等. 环境风险源及其分类方法研究[J]. 安全与环境学报,2010(1):85-88.
[116] 魏科技,王毅力,宋永会,等. 突发性环境污染事故防范与应急研究进展及体系构建[J]. 安全与环境学报,2008,8(6):64-70.
[117] 吴宗之,刘茂. 重大事故应急预案分级、分类体系及其基本内容[J]. 中国安全科学学报,2003,13(1):15-18.
[118] 吴宗之,张峥,刘茂. 重大危险源评价指标体系的改进与应用实例[J]. 郑州大学学报(理学版),2005,37(3).
[119] 肖利民. 基于空间数据聚类的重大危险源动态分级技术的研究[D]. 赣州:江西理工大学,2008.
[120] 邢娟娟,陈江,郝秀清. 中小学突发事件应急管理与预案编制[M]. 北京:气象出版社,2009.
[121] 幸红. 政府在跨界水污染纠纷处理中协同治理机制探析[J]. 广西民族大学学报(哲学社会科学版),2014(2):146-150.
[122] 徐平. 公路交通事故河流环境风险评价方法研究[D]. 成都:西南交通大学,2005.
[123] 杨洁,毕军,李其亮,等. 区域环境风险区划理论与方法研究[J]. 环境科学研究,2006,19(4):132-137.
[124] 杨静,陈建明,赵红. 应急管理中的突发事件分类分级研究[J]. 管理评论,2005,17(4):37-41.
[125] 杨善林,胡小建. 复杂决策任务的建模与求解方法[M]. 北京:科学出版社,2007.
[126] 杨云峰. 公路建设项目水环境风险评价方法[J]. 长安大学学报(自然科学版),2006,26(3):84-86.
[127] 叶祥,刘晓佳. 基于模糊评价的水上事故分级研究[J]. 中国水运,2014,14(3):67-68.
[128] 易立新. 城市火灾风险评价的指标体系设计[J]. 灾害学,2000,15(4):90-94.
[129] 于辉,江智慧. 突发事件下分阶段启动应急预案模型研究[J]. 管理工程学报,2011(1):109-114.

[130] 于辉,陈剑.突发事件下何时启动应急预案[J].系统工程理论与实践,2007(8):27-32.

[131] 于婷.基于相似度计算的突发事件应急决策方法研究[D].大连:大连海事大学,2014.

[132] 于瑛英,池宏,高敏刚.应急预案的综合评估研究[J].中国科技论坛,2009(2):88-92.

[133] 于瑛英,池宏.基于网络计划的应急预案的可操作性研究[J].公共管理学报,2007,4(2):100-107.

[134] 禹竹蕊.论应急预案的动态综合评估[J].人民论坛,2011(14):138-139.

[135] 袁晓芳.基于情景分析与CBR的非常规突发事件应急决策关键技术研究[D].西安:西安科技大学,2011.

[136] 张百灵,江滔,李希昆.跨行政区域水污染纠纷解决机制研究[J].昆明冶金高等专科学校学报,2007,23(6):68-71.

[137] 张红.我国突发事件应急预案的缺陷及其完善[J].行政法学研究,2008(3):9-15.

[138] 张嘉治,杨建宇,常旭,等.水环境污染事故危险源的危险指数评价与计算方法研究[J].环境保护与循环经济,2011,31(9):59-64.

[139] 张建华,刘仲英.知识管理环境营建策略[J].科学管理研究,2003,21(5):94-97.

[140] 张巨俭,甘仞初.管理信息系统的发展方向及实现技术[J].计算机应用研究,2003(1):8-10.

[141] 张涛.地方公安机关应对群体性事件预案建设研究[D].西安:西北大学,2010.

[142] 张英菊,仲秋雁,叶鑫,等.基于案例推理的应急辅助决策方法研究[J].计算机应用研究,2009,26(4):1412-1415.

[143] 张羽.城市水源地突发性水污染事件风险评价指标体系及方法的实证研究[D].上海:华东师范大学,2006.

[144] 赵艳纳.高速公路路域生态景观恢复技术研究[D].西安:长安大学,2009.

[145] 郑胜利.应急预案体系构建研究[D].西安:长安大学,2013.

[146] 钟开斌,张佳.论应急预案的编制与管理[J].甘肃社会科学,2006(3):240-243.

[147] 朱丽.突发性水污染事故对饮用水源的影响及应急机制研究[D].扬州:扬州大学,2009.

[148] 朱双元.高速公路建设对饮用水源的影响及保护措施[J].山西建筑,2013,35(9):192-193.

[149] 宗蓓华.战略预测中的情景分析法[J].预测,1994(2):50-51.

[150] 邹文帅,寇纲,彭怡,等.面向突发事件的模糊多目标应急决策方法[J].系统工程实践,2012,32(6):1298-1304.